연극치료
Q n A

ⓒ 이효원, 2017

연극치료 Q n A

지은이 | 이효원
펴낸이 | 강동호
펴낸곳 | 도서출판 울력
1판 1쇄 | 2017년 12월 15일
등록번호 | 제25100-2002-000004호(2002. 12. 03)
주소 | 서울시 구로구 고척로12길 57-10, 301호(오류동)
전화 | 02-2614-4054
팩스 | 02-2614-4055
E-mail | ulyuck@hanmail.net
가격 | 16,000원

ISBN | 979-11-85136-37-0 03180

이 도서의 국립중앙도서관 출판예정도서목록(CIP)은 서지정보유통지원시스템 홈페이지(http://seoji.nl.go.kr)와 국가자료공동목록시스템(http://www.nl.go.kr/kolisnet)에서 이용하실 수 있습니다.(CIP제어번호: CIP2017032137)

· 잘못된 책은 바꾸어 드립니다.
· 지은이와 협의하여 인지는 생략합니다.
· 저작권법에 의해 보호 받는 저작물이므로 무단 전재나 복제를 금합니다.

연극치료 QnA

이효원 지음

울력

/ 차례 /

1장 / 연극치료의 둘레와 가운데

연극성·8 | 연극치료의 역사·12 | 예술의 치료적 힘·16 | 연극의 관점에서 연극치료·21 | 마음의 치료·32 | 감동적 관극 경험·36 | 축귀 의식·39 | 교육과 치료의 차이·45 | 통합 예술 치료·48 | 연극치료의 지향점·50 | 경청·57 | 낯설게 하기·61 | 액팅 아웃·64 | 연극치료와 연기·71 | 연극치료와 사이코드라마·73 | 상황극, 역할극, 즉흥극·76 | 연극치료와 무의식·80 | 연극치료와 투사·86 | 연극치료와 자크 라캉·90 | 연극치료와 질 들뢰즈·94 | 연극치료사의 직업적 비전·101 | 연극치료사 자격증·105 | 자전 공연·107

2장 / 연극치료 속으로 한 걸음 더

과도한 의존·112 | 부모 되기·118 | 불안 다루기·125 | 자존심·129 | 부정적 기억·135 | 고통의 재현·141 | 예술 치료의 매체 선택·147 | 정신 질환의 분류와 치료·150 | 정신과 치료·154 | 조현병·157 | 성폭력 피해·160 | 대상의 범위·163 | 연극치료가 힘든 대상·165 | 연극치료가 적합한 대상·168 | 연극치료의 위험성·170 | 재외상의 위험·174 | 본능으로서의 연극·177 | 혼자 하는 연극치료·182 | 작업 기간 정하기·185 | 적합한 공간·188 | 연극치료사와 연기·191 | 역할 바꾸기의 효과·194 | 치료적 변화의 인식·198

3장 / 새내기 연극치료사를 위하여

객관적 진단 · 202 | 진단 평가의 초점 · 205 | 치료사의 개입 · 208 | 개입의 방향과 순서 · 211 | 대표적 연극치료 접근법 · 216 | 개인치료와 집단치료 · 221 | 집단의 역동 · 225 | 이야기의 선택과 활용 · 232 | 다문화 집단 · 238 | 사회성 · 241 | 자존감 · 246 | 자기 연민 · 250 | 부정적 표현 · 256 | 분노와 공격성 · 258 | 극적 표현의 종류 · 265 | 자기 공개 · 270 | 치료에 대한 거부 · 273 | 삶과의 연관성 · 275 | 치료사의 유연성 · 280 | 치료적 목적의 공연 · 284 | 치료사의 무력감 · 288 | 에니어그램의 활용 · 295 | 슈퍼비전 · 303 | 건강한 치료사 · 305

지은이의 말 · 311
찾아보기 · 315

1장 연극치료의 둘레와 가운데

1-1. 연극성

Q 연극성이 무엇인가요?

답하기 쉽지 않지만 꼭 생각해 보아야 할 중요한 질문입니다. 검색엔진에 연극성(theatricality)이라는 단어를 치면 연극성 성격장애에 관한 자료들이 화면을 가득 채웁니다. 연극성 성격장애란 개인의 성격 자체가 적응을 방해하는 성격장애의 한 유형으로, 모두에게 관심과 사랑을 받고 싶어 하며 눈에 띄는 외모와 과장되고 변덕스런 언행으로 일견 매력적으로 비치기도 하지만 자신이 원하는 대로 다른 사람을 조종하는 이기적인 모습을 보이는 질환이지요. 여기에 '연극성'이라는 이름이 붙은 것은 연극과 배우에 대한 부정적 통념의 영향이 클 것입니다. 실제로 영어사전은 theatricality를 연극조, 과장된 어조로 풀이하고 있습니다. historionic personality disorder가 왜 연극성 성격장애로 번역되었는지를 짐작케 하는 대목입니다.

그 다음에 스크롤을 한참 내리면 연극 미학과 관련한 내용이 있습니다. 그것은 롤랑 바르트가 한 말로 "연극에서 텍스트를 제외한 나머지, 무대에 구축되는 기호와 감각의 중첩, 곧 감각적 장치, 몸짓, 어조, 공간적 배치, 소도구, 조명 등에 대한 총괄적 지각"으로서 연극성을 규정합니다. 이같은 해석은 아리스토텔레스가 시학에서 꼽은 비극의 구성

요소 가운데 장경(spectacle)에 해당하는 것으로 읽어도 좋을 것입니다.

연극치료는 이상과 다른 각도에서 연극성을 연극이라는 행위의 본질을 함축하는 특성으로 읽습니다. 연극은 누군가가 자기 아닌 다른 인물이 된 듯 사는 모양을 다른 사람들이 구경하는 것이라 할 수 있습니다. 다른 사람이 된 듯 사는 사람을 흔히 배우라 하고, 그것을 구경하는 사람을 관객이라 하며, 그 둘의 만남이 일어나는 곳을 극장이라고 부르지요.

여기서 연극성을 두 갈래로 나누어 볼 수 있는데, 배우를 중심으로 한 첫 번째 연극성은 자기 자신이 아닌 다른 인물이 된 것처럼 살 수 있는 능력입니다. 이 힘은 무리를 이루어 살아가는 사회적 동물인 인간에게 없어서는 안 될 생존의 필수 요건입니다. 우리는 사회에서 도태되지 않고 여러 사람과 큰 충돌이나 불편 없이 어우러지기를 바랍니다. 그리고 한 발 더 나아가, 살면서 다른 이들에게 배우고 얻은 것을 자신만의 것으로 익혀 다시 세상에 돌려주는 공헌의 삶을 꿈꾸기도 합니다. 그 바람과 꿈이 제대로 작동하자면 무엇보다 다른 사람에 대한 이해와 공감이 중요하지요. 우리는 누구나 나면서부터 죽기까지 몸이라는 공간적 제약을 벗어날 수 없고, 상상이 아니고서는 자기 아닌 다른 사람이 되어 볼 도리가 없기에, 애쓰지 않으면 주관에 갇힐 수밖에 없습니다. 다른 인물이라 믿고 그가 된 듯 말하고 느끼고 움직이는 연극성은 어쩌면 그런 필요에서 발달된 진화의 산물인지도 모르겠습니다.

실제로 연극치료사 수 제닝스는 관찰을 통해 태중에서 시작되어 7살 무렵 한 주기가 완결되는 연극성의 발달 과정을 밝혔습니다. 건강한 애착 관계를 통해 세상을 안전하고 살 만한 곳으로 받아들이는 신경-극 놀이(neuro-dramatic play) 단계, 엄마와의 융합 상태에서 몸에 기초한 개별성을 인식하는 체현(embodiment) 단계, 엄마라는 중심에서 벗어나 타자로 가득한 세상을 탐험하는 투사(projection) 단계, 타자를 내면화할 수 있는 역할(role) 단계가 그것이지요.

이를 연극적인 말로 바꾸어 설명하면, 신경-극 놀이를 하면서 두려워하지 않고 무대에 설 수 있는 힘이 생기고, 체현을 통해 신체상을 기반으로 한 자기가 세워지며, 투사 단계에서 앞으로 연기할 수많은 타자/인물에 대한 이해가 깊어지고, 역할에 이르러 드디어 자신이 다른 인물이라 믿으며 그로서 살 수 있는 연극성이 완성되는 것입니다.

이렇듯 연극성은 직업적으로 무대에 서는 사람들에게만 요구되는 전문적인 능력이 아니라 인간이라면 누구나 날 때부터 갖고 있는 잠재력이자 먹고 자는 것처럼 본능으로서 우리의 DNA에 새겨진 생존의 필수 요건입니다.

치료적 관점에서 연극성의 두 번째 갈래는 지켜보기입니다. 더 정확히 말하면, 행위하는 자와 지켜보는 자의 만남이겠지요. 어쩌면 무대를 구축하는 결정적인 조건은 배우보다 관객일지도 모릅니다. 배우가 아주 그럴듯한 연기를 펼쳐도 보아 주는 이가 없으면 연극이 되지 않지만, 아무렇지도 않던 빈 공간조차 응시의 시선이 주어지면 전혀 다른 밀도의 극적 공간으로 탈바꿈하니까요. 특히 연극치료는 '행위하는 자신을 지켜보는 또 다른 자기'에 주목합니다. 우리는 잠에서 깨어 다시 잠자리에 들 때까지 그리고 그 주어진 매일이 다할 때까지 일련의 경험을 지속합니다. 그리고 그저 입력된 프로그램을 실행하는 로봇이 아니기에, 한 축으로는 지속되는 경험을 관찰하고 선택하고 명명하며 이야기로 만듭니다. 그것을 흔히 '의식(意識)'이라고 하지요. 의식은 아직까지 그 실체가 정확히 밝혀지지 않았지만, 인간을 인간답게 하는 본질적 특징임에는 틀림이 없습니다.

연극이 행위하는 사람과 지켜보는 사람의 만남으로서 인간성의 근본을 이루는 의식과 그대로 겹쳐짐은 연극과 삶의 동형성을 보여 주는 것이며, 그것은 다시 연극이라는 은유로써 삶에 개입하는 행위(연극치료)의 지반이 됩니다.

1-2. 연극치료의 역사

 연극치료가 어디서 어떻게 시작되었는지 궁금합니다.

연극치료는 현실을 재현한 이미지와 언어가 다시 현실에 영향을 미칠 것이라는 믿음으로 행했던 종교 의식(ritual)에 그 뿌리를 두고 있습니다. 잘 알려진 라스코 동굴 벽화나 기우제 등을 쉬운 예로 꼽을 수 있겠지요. 선사시대의 사람들은 동굴 벽면에 들소와 사슴을 사냥하는 그림을 그리고 그 곁에서 사냥 행위를 흉내 내는 춤을 추면서 그것이 힘을 발휘하여 실제로 살진 짐승을 풍족하게 잡을 수 있게 될 것을 기대하고, 뜨겁게 달궈진 돌에 물을 붓는 상징적 행동을 통해 마른 땅을 적셔 줄 비가 내리기를 기원하였습니다. 연극치료는 가상과 현실을 그렇게 호환시키던 극적 제의에서 비롯되었습니다.

그러나 점차 시간이 흐르면서 극적 재현은 주술성을 벗고 미학적 관심의 대상에 한정되면서 연극 예술이라는 독자적 영역을 구축하게 되었고, 가상과 현실의 뚜렷한 경계는 그렇게 2000년 이상 지속되었습니다. 하지만 어떤 움직임도 그 정점에 도달하면 운동의 방향을 바꾸는 법이어서, 사실주의의 완성으로 가상이 현실을 거의 완벽하게 재현하는 데 성공하고 사진이나 영화처럼 현실을 그대로 포착하는 새로운 예술이 등장함에 따라 가상과 현실을 가른 완고

한 장벽에 균열이 생기기 시작했습니다. 그리고 선사시대의 극적 제의가 그랬듯이, 가상과 현실을 교차시키거나 적극적으로 통합하려는 움직임이 다시 나타나게 되었지요. 낯선 방식의 연극을 통해 질문을 던짐으로써 관객을 각성시키려 했던 베르톨트 브레히트의 서사극이나 산업화된 사회의 익명의 대중으로서 좀비처럼 살아가는 관객이 일체의 금기에 도전하는 충격적인 제의적 연극 경험을 통해 페르소나를 깨고 영적으로 거듭나게 하고자 했던 앙토냉 아르토의 잔혹극 등을 기억할 수 있습니다.

인류가 극적 재현이 미적 향유의 대상에 그치지 않고 현실에 영향을 미칠 수 있다는 사실, 다시 말해 연극이 가진 변형적 잠재력에 본격적으로 관심을 갖게 된 계기는 두 번에 걸친 세계대전입니다. 양차 대전으로 인해 정신적 외상을 겪은 사람들이 엄청나게 양산되면서 정신 건강에 대한 관심과 수요가 급증했던 것이지요. 독자적인 전문 분야로서의 연극치료는 1930~60년 사이를 본격적인 형성기로 잡을 수 있습니다. 당시 영국을 중심으로 한 서유럽과 미국에서 거의 동시에 연극과 심리 치료를 결합하려는 시도들이 일어났지요. 심리치료사, 사회복지사, 교사, 종교인, 의사, 간호사, 연극인 등 다양한 분야에 종사하던 분들이 각자 자신의 배경 속에서 대상의 심리적 회복과 성장을 위해 연극을 활용하였고, 그렇게 유사한 작업을 펼치던 사람들이 자연스럽게 네트워크를 형성하면서 연극치료라는 새로운 분야가 나타나게 되었습니다.

연극치료는 가상을 조작함으로써 현실에 영향을 미치려한 극적 제의의 주술성을 과학적으로 체계화한 것이라고도 말할 수 있습니다. 뇌 과학에 따르면, 우리의 뇌는 정교한 상상과 실재를 구분하지 못한다고 합니다. 운동선수들이 자주 사용하는 이미지 트레이닝이 뇌의 그런 특성에 착안한 훈련 방법이지요. 실제 경기에 임하기 전에 오감을 두루 이용하여 이상적인 동작으로 과제를 수행하는 장면을 구체적으로 상상하고 반복하면, 상상한 동작과 반응이 실전에서 자연스럽게 나온다고 합니다. 위약 효과(placebo effect) 역시 뇌가 가상과 현실을 구분하지 않는 데서 비롯된 현상입니다. 위약 효과는 약을 먹으면 나아질 것이라는 기대와 그 이유에 대한 나름의 가설이 협력하여 증상을 호전시키는 것인데, 위약을 먹은 뒤에 뇌 영상을 찍어 보면 진짜 약을 복용했을 때와 동일한 변화가 나타난다고 합니다. 그것은 뇌가 상상(가짜 약)과 실재(진짜 약)를 동일하게 받아들이고, 그 마음의 작용이 몸에 그대로 영향을 미치기 때문이지요. 이미지 트레이닝과 위약 효과는 선사시대의 주술적인 극적 제의가 터무니없는 것이 아님을 말해 줍니다. 가상과 현실이 동일한 경험치를 갖는 뇌의 특성을 고려할 때, 다른 어떤 재현의 매체보다 현실과 꼭 닮은 생생한 가상을 만들어 낼 수 있다는 점에서 연극의 변형적 잠재력은 충분한 가치를 갖습니다.

한편, 연극치료가 우리나라에 본격적으로 도입된 것은 1990년대라 할 수 있습니다. 교육 연극에 대한 논의와 실천이 먼저 시작되었고, 그 맥락 안에서 특수한 교육적 요구를 가진 대상들에 대한 관심이 연극치료로 심화 확장되면서 자연스럽게 독자적인 흐름을 구축하게 되었지요. 현재 연극치료는 우리나라 외에도 영국, 네덜란드, 독일, 동유럽, 이스라엘, 대만, 미국, 호주, 캐나다 등 세계 각지에서 활발하게 실행되고 있으며, 우리나라의 연극치료는 상대적으로 짧은 역사를 가지고 있지만 외국과 견주어 전혀 뒤지지 않을 만큼 활력 있게 세를 확장해 나가고 있습니다.

1-3. 예술의 치료적 힘

 예술 치료가 가능하다면 예술에 어떤 힘이 있기 때문일 텐데, 그것은 무엇일까요?

A 쉽지 않은 질문이네요. 짐을 좀 덜기 위해 예술 일반이 아니라 예술 치료에 한정하여 답을 해보겠습니다.

일단 치료 장면에서 사용되는 예술은 예술적 표현이나 그냥 표현으로 바꿔 말해도 좋을 것입니다. 직업 예술가가 아닌 참여자가 자신의 내면을 탐험하고 변형할 목적으로 다양한 예술 형식으로 뭔가를 표현하면서 그 과정과 결과를 느끼고 바라보는 것이니까요.

예술적 표현 방식은 현실과 관계 맺는 방식에 따라 재현(representation)과 제시(presentation)의 두 가지로 나눌 수 있습니다. 재현은 대상을 충실히 복제하여 마치 그것처럼 보이게 함으로써 말 그대로 있는 현실을 다시 있게 하는 방식입니다. 재현의 맥락에서는 원상과 현실이 그것을 복제한 모상과 가상에 대해 상대적으로 높은 지위를 획득하고, 작품의 가치는 그것이 현실을 얼마나 정직하게 담아내는가로 결정됩니다. 반면 제시는 현실을 참조하기보다 전에 없던 대상을 만들어 내는 표현 방식입니다. 없는 현실을 창조하는 것이지요. 그래서 제시와 관련해서는 그 창조된 현실이 얼마나 새롭고 독창적인가를 중요하게 봅니다.

회화를 예로 든다면, 르네상스 이후부터 19세기 말 사실주의까지가 재현의 완성을 위해 줄기차게 달려온 시기라면, 인상주의의 다리를 건넌 뒤로는 눈에 보이는 현실을 넘어 화면에 전혀 다른 세계를 구축하는 제시적 표현 방식이 주류를 이루어 왔다 할 수 있습니다. 파블로 피카소의 입체적인 그림이나 바실리 칸딘스키의 추상화, 마르셀 뒤샹의 레디메이드 작품 등을 꼽을 수 있지요.

이런 흐름은 연극에서도 비슷하게 나타납니다. 희곡이 우리 주변에서 볼 수 있는 인물의 삶을 일상의 언어로 개연성 있게 그려 낼 수 있게 되고, 극장과 무대가 사실적 환영을 만들기에 유리한 조건 — 실내 극장, 전기 조명, 박스 세트 등 — 을 갖추고, 배우의 연기가 과장을 벗고 내적 진실과 앙상블의 체계를 얻음에 따라 극적 재현의 정점인 사실주의가 완성되었지요. 그러나 헨릭 입센의 『인형의 집』에서 노라가 문을 박차고 나가자마자 연극은 급격히 제시로 선회하여 표현주의와 상징주의의 스타일을 지나 부조리극에 당도합니다. 특히 부조리극은 기존의 연극 문법을 모두 파괴한다는 의미에서 반연극(反演劇)이라고도 불린 형식이지요.

위험을 무릅쓰고 단순화하면, 재현은 기존의 현실을 모방하는 것이고, 제시는 원본 없는 새로운 현실을 상상하는 것입니다. 다시 말해, 예술적 표현은 모방과 상상으로 나뉜다 할 수 있습니다. 하지만 분별을 위한 개념이 모두 그렇듯, 재현과 제시, 모방과 상상 역시 일견 대립된 별개의 실체인 듯하지만, 자세히 보면 특정 속성이 연속하여 펼쳐진 양상의 일부로서 편의를 위해 임의로 나눈 것일 뿐이지요.

 모방의 경우, 아무리 '있는 그대로'의 기치에 충실하다 해도 모방하는 주체의 변수를 배제할 수 없습니다. 동일한 대상을 모방해도 A의 표현과 B의 표현이 다른 것은 현실을 각자의 방식으로 '있는 그대로' 해석했기 때문이며, 따라서 모방은 그런 식의 주관적 변형을 필연적으로 내포한다 할 수 있습니다.

 그럼 상상은 어떨까요? 엄밀한 의미에서, "있어 본 적 없는 새로운 현실"이 가능할까요? 앞서 든 제시적 표현의 예를 다시 불러내면, 마르셀 뒤샹의 〈샘〉은 그것을 전시장에서 처음 본 사람들에게는 분명히 충격적일 만큼 낯선 현실이었을 것입니다. 하지만 조금 머물러 생각해 보면, 그것이 놓인 맥락과 이름이 달라졌을 뿐 소변기 자체가 "있어 본 적 없는 새로운 현실"은 아닙니다. 부조리극 역시 표면적으로만 조리에 닿지 않아 보일 뿐 그 같은 파괴적 형식은 이미 와해되어 파편만 남은 우리의 내적 현실을 '있는 그대로' 모방한 것에 지나지 않습니다. 애초에 전적인 새로움이란 가능하지 않은 것이지요. 그래서 제시는 다만 변형의 폭이 큰 표현 방식이라 고쳐 말할 수 있을 것입니다.

 이처럼 모방과 상상은 모두 현실을 변형하는 표현의 방식을 이르며, 상대적으로 변형의 정도가 작은 것을 모방, 큰 것을 상상이라 구분한다 할 수 있습니다.

 모방과 상상의 예술적 표현이 가진 가장 큰 힘은 무엇보다 재미있다는 것입니다. 재미라고 하면 흔히 가벼워 대수롭지 않은 것으로 여길 수 있지만, 재미는 그것을 제공하는 대상에 자연스럽게 몰입하게 한다는 점에서 매우 중요합니다. 재미는 또한 정서적인 차원에서도 흥미를 자극하는 수준에서 존재를 뒤흔드는 감동까지 매우 넓은 범위에 걸쳐 있는 쾌감으로서 우리의 삶에서 없어서는 안 될 요건이지요.

이것은 빅터 프랭클이 쓴 『죽음의 수용소에서』를 통해서도 확인됩니다. 그는 아우슈비츠의 경험을 회고한 그 책에서, 한 장을 할애해 강제수용소에서 있었던 예술적 행위를 기록합니다.

수용소에서는 즉석에서 카바레 비슷한 것이 만들어질 때가 종종 있었다. 잠시 동안 막사 안을 깨끗이 치우고, 나무 의자를 밀거나 함께 못질을 한다. 그런 다음 프로그램을 짠다. 저녁이면 수용소 안에서 비교적 처지가 좋은 사람들이 그 곳에 모인다. 그들은 몇 번은 웃고 또 몇 번은 울기 위해 이 곳에 온다. 어쨌든 자기들이 처한 현실을 잊기 위해 오는 것이다. 노래를 부르고 시를 낭송하고 촌극을 하는데 그 중에는 수용소의 현실을 풍자한 것도 있었다.

이처럼 예술적 표현은 극한의 조건에서도 생존에 긴요한 행위였으며, 사람들은 그것으로부터 죽음으로 에워싸인 한계상황을 견뎌 낼 힘을 얻었던 것입니다.

모방과 상상의 두 번째 힘은 학습력입니다. 예술적 표현은 즐거우니까 자꾸만 하게 되지요. 그리고 그렇게 모방하고 상상하다 보면 미적 쾌감에 이어 학습 효과가 뒤따릅니다. 표현은 그 방식의 갈래와 상관없이 대상을 거듭 톺아 보고 느끼게 함으로써 추체험을 가능케 하고, 그것이 대상은 물론 표현 주체에 대한 입체적인 이해와 적극적인 수용을 촉진합니다. 생명이 모방과 상상을 본능으로서 우리의 DNA에 새겨 넣은 이유가 바로 이것이지요.

제가 생각하는 예술적 표현의 세 번째 힘은 주술성에 있습니다. 사냥에 성공하기를 바라는 마음을 담아 살진 소가 많이 잡히는 장면을 그림으로 그렸던 선사시대의 동굴벽화를 떠올리면 금세 알 수 있지요. 그것은 이미지가 그에 부합하는 현실을 불러낸다는 믿음에 근거한 행위였습니다. 그런데 현대의 신경 과학은 그것이 원시적인 믿음이 아니라 실제 우리 뇌가 작동하는 방식임을 밝혀냈습니다. 일종의 정보처리 체계인 인간의 뇌는 상상과 현실을 구분하지 않으며, 그래서 정교한 상상은 실제 경험과 동일하게 지각되고 처리된다는 것입니다. 가상과 실재가 같은 경험치를 갖는 것이지요. 이는 모방과 상상을 통해 필요한 장면을 생생하게 극화하기를 반복하면 그것이 실제 경험치로 신경회로망에 축적됨으로써 새로운 반응 패턴을 창출하게 되는 극적 변형의 기제를 훌륭하게 보여 줍니다.

재미와 학습력과 주술성, 이 세 가지가 제가 치료의 맥락에서 찾은 예술의 열쇠말입니다.

1-4. 연극의 관점에서 연극치료

 연극 예술의 관점에서 연극치료를 어떻게 말할 수 있을까요?

연극치료가 연극 예술을 기반으로 한 심리 치료라고 할 때 꼭 물어야 할 질문이라고 생각됩니다. 연극 곧 theater의 본질은 '만남'에 있습니다. 이것은 제 생각이지만 저보다 앞서 비슷한 말을 한 사람이 여럿 있었지요. 예지 그로토프스키(Jerzy Grotowski)[1]가 그랬고, 로페 데 베가(Lope de Vega)[2]가 그랬고, 또 기록되지 않은 많은 사람들이 그렇게 말했을 것입니다.

만남이라면, 연극에서 우리는 과연 무엇을 만나는 것일까요? 나와 만나고, 당신과 만나고, 그래서 우리들과 만납니다. 그와 만나고, 그녀와 만나고, 그들과 만납니다. 그래서 다시 내 속의 나를 만나고, 신을 만납니다. 어떻게 만날까요? 나로 만나고, 인물로 만납니다. 그럼 만나서 무엇을 할까요? 보고 말하고 느끼고 나누고 빼앗고 닮고 벗어

---

1. 예지 그로토프스키는 "가난한 연극," "원천 연극," "운반 수단으로서의 연극"의 다양한 이름으로 자신의 연극을 명명했지만, 그 이름과 형태의 변천과 상관없이 그의 연극 여정을 추동한 것은 "배우와 관객의 만남을 통해 이루어지는 직접적이고 살아 있는 영적 교감"으로서의 연극을 구현하고자 하는 욕망이었습니다.
2. 로페 데 베가는 "연극은 두 사람과 열정 그리고 무대다"라고 말했습니다.

내고 토하고 깎이고 그렇게 변화합니다. 그래서 다시 내가 되지요.

극장 안에서 우리는 배우와 관객이 되어 자기를 그리고 서로를 만납니다. 여기서 저는 특히 '배우와 관객'에 방점을 찍습니다. 배우와 관객은 다른 말로 행동하는 사람과 지켜보는 사람으로 풀 수 있을 것입니다. 연극은 가능한 여러 만남의 방식 가운데 행동하는 사람과 그것을 지켜보는 사람을 공식적으로 나누는 방식을 택합니다.

왜 나눌까요? 그렇게 나누면 무엇이 달라질까요?

우리는 눈을 뜨자마자 세상을 보지요. 자고 난 이부자리를 보고, 너무나 익숙해 어둠 속에서도 걸음 수를 헤아릴 수 있는 집 안의 살림살이를 보고, 텔레비전을 보고, 거리의 행인을 보고, 간판을 보고, 석양을 보고, 친구의 눈을 들여다보고, 과자 봉지 뒷면의 상품 설명을 보고, 보고 보고 또 보고 계속해서 봅니다. 그런데 우리가 맨눈으로 마주치는 그 풍경과 사진으로 찍은 풍경은 매양 같은 데서 나온 것임에도 불구하고 사뭇 다릅니다. 사진이라는 그 네모난 틀 안에 포획된 시간과 공간은 마치 처음 보는 것인 듯 팽팽한 긴장과 새로움으로 자기 안에 담고 있던 이야기들을 선보입니다. 익숙한 것, 너무나 낯익어서 잘 보이지 않고 들려지지 않고 감촉되지 않았던 것들이 프레임 안에 들어오는 순간 일상과 전혀 다른 밀도의 현실로 바뀌는 것입니다. 만남에서 이 프레임의 역할을 하는 것이 바로 '배우와 관객'이라는 자리의 구분이라 할 수 있습니다.

사실, 우리는 연극이 아니라도 무수히 많은 만남 가운데 있습니다. 아니 차라리 만남의 바다를 떠다닌다는 표현이 더 적절할지도 모릅니다. 그리고 혹은 그래서 우리는 만남을 만남으로서 제대로 만나지 못하고 스쳐 지나가는 데 지나치게 익숙해져 있습니다. 여기에 연극치료는 '배우와 관객'이라는 틀을 부여함으로써 스쳐 지나는 만남이 참된 만남, 진정한 조우로 거듭날 수 있도록 밀도를 높이는 것입니다.

'배우와 관객'이라는 틀을 조금 더 자세히 들여다볼까요? 아우구스또 보알(Augusto Boal)은 행동하는 자기와 관찰하는 자기가 분화되는 순간, 곧 감각하고 느끼고 생각하고 움직이면서 동시에 그렇게 하고 있는 자기를 바라보고 의식하는 또 하나의 자기가 생겨나는 순간에 비로소 인간은 인간다운 인간으로서 탄생한다고 말합니다. 행동하는 자기가 배우라면 관찰하는 자기는 관객에 해당하며, 그런 의미에서 인간에게 연극은 여흥이나 취미가 아닌 인간으로 존립하기 위해 필연적으로 요구되는 본질적 요건이자 본능이라고 선언합니다. 그에 따르면, 우리들은 모두 걸어 다니는 연극인 셈이지요. 따라서 이미 연극을 내장한 사람들이 연극을 하면 '배우와 관객'이라는 두 개의 틀이 겹치면서 일종의 액자 구조가 형성됩니다.

문학에서 하나의 이야기 속에 또 다른 이야기를 담고 있는 액자 구조는 이야기의 송신자와 수신자를 한 번 더 상정함으로써 전달 상황의 안정성을 가장 잘 확보하는 한편, 이야기를 다각적으로 전개할 수 있는 가능성을 열어 줍니다. 현실이라는 바깥 이야기 속에 허구라는 내부 이야기를 담는 연극의 액자 구조는 문학에서의 기능을 고스란히 이어받으면서, 동시에 안쪽과 바깥을 구분할 수 없거나 혹은 구분 자체를 무의미하게 만드는 지경까지 나아가지요. 허구의 현실성이 현실의 허구성을 드러내면서 종국에는 현실과 허구의 경계를 흔드는 것입니다. 다시 말해, 뜬눈으로 장자의 호접몽을 경험하는 것이지요.

연극은 구조적으로 뿐 아니라 내용적으로도 가상과 현실의 경계를 회의하는 작품들을 생산해 왔습니다. 밀라노의 영주 프로스페로스가 동생의 계략에 의해 섬으로 쫓겨났다가 마법의 힘으로 폭풍을 일으켜 복수한다는 줄거리의 『템페스트』를 예로 들 수 있습니다. 다음은 4막 1장에 나오는 프로스페로스의 유명한 대사입니다.

> 이 배우들은 모두 요정들일세.
> 이젠 대기 속으로, 그래, 엷은 대기 속으로 사라져 버렸지.
> 이 대지에 뿌리를 내리지 못한 환상의 세계처럼.
> 저 구름 위에 솟은 탑도, 호사스러운 궁전도, 장엄한 신전도, 이 거대한 지구도.
> 그래, 지구상의 삼라만상이 마침내 녹아서
> 지금 사라져 버린 환상처럼 흔적도 남기지 않는 걸세.
> 우리는 인간의 꿈과 같은 것으로 되어 있고
> 이 허망한 인생은 긴 잠으로 막을 내리게 되지.

그러나 연극치료가 주목하는 연극의 본질이, 우리가 '현실'이라 부르는 이 세계가 실은 허망한 꿈 혹은 한 편의 연극에 불과할지도 모른다는, 이러한 허무감은 분명 아닙니다. 허구의 현실성과 현실의 허구성을 맞닿게 하는 데서 연극이 기대하는 결과는 현실의 독점적 우위를 무너뜨리는 것입니다. 유일무이한 실재로서의 현실의 절대성에 균열을 가함으로써 삶에 대한 극단적인 밀착의 상태에서 벗어나 삶과 그 안에서 일어나는 현상들을 하나의 가능한 경험으로서 좀 더 온전하게 체험할 수 있는 거리를 확보하는 것이지요.

개미는 신발 상자에서 뛰어내리지 못합니다. 신발 상자의 높이를 인식하지 못하기 때문입니다. 3차원의 공간에서 2차원을 산다고 할 수 있습니다. 현실과 허구의 경계를 묻는 연극이 줄 수 있는 궁극의 경험은 개미가 신발 상자에서 뛰어내릴 수 있게 하는 것, 바로 차원의 확장입니다.

지금까지 배우와 관객 구조의 액자식 겹침을 다루었다면, 이제부터는 배우와 관객의 구조를 거리 조절(distancing)과 관련지어 생각해 보려고 합니다. 거리 조절은 연극치료의 핵심 개념 가운데 하나로, 자기와 다른 사람들 및 세상에 대한 태도를 밀착과 분리를 양 끝으로 하는 거리의 개념으로 나타냅니다. 밀착은 자기와 타자 사이의 경계가 결여되어 과도한 감정이입과 신체적·정서적 친밀성을 나타내고 여러 역할의 융합 현상을 보이는 상태를 말하지요. 그래서 밀착적인 성향의 사람들은 일반적으로 쉽게 상처 받고 욕구 불만이기 쉬우며, 감정 조절을 잘 못하는 것으로 나타납니다. 그리고 고통스런 감정에 압도되어 강한 불안을 느끼곤 합니다. 또 너무나 쉽게 다른 사람과 동일시하기 때문에 때로는 외부와의 경계가 상실되기도 하고, 진정한 자기를 상실한 채 다양한 페르소나들 사이를 미끄러져 다니게 될 수도 있습니다.

반면에 분리는 외부와의 경계가 과도하게 완고해서 감정을 억압하고, 사람들로부터 고립되며, 폭이 좁은 역할 레퍼토리와 경직된 행동 특징을 나타내는 상태를 지칭합니다. 분리적인 성향의 사람들은 대체로 지나치게 엄격하고, 통제적이고, 다른 이들과 단절되어 스스로 소외되곤 하지요. 이들은 외부 세계에 대해서 뿐 아니라 자기 자신에게서도 분리되기 쉬우며, 특히 감정적인 측면에서 그렇습니다. 고통스런 감정을 억압하면서 대신 생각의 세계에 빠져 지내는 것이지요. 갖고 있는 역할 자체가 한정되어 있고, 그것을 연기할 때도 유연하지 못한 모습을 보이기 쉽습니다.

로버트 랜디는 이 두 극단 사이에 양자를 성공적으로 지양한 지점이 있다고 말합니다. 즉, 신체적이고 정서적이고 지적인 측면에서 안정을 이루어 생각하면서 느낄 수 있고, 외부와의 경계가 분명히 있지만 상호작용의 양상에 따라 얼마든지 유동적인 탄력성을 발휘할 수 있는 균형의 상태, 미적 거리(aesthetic distance)가 존재한다는 것입니다. 그리고 그 미적 거리를 성취하는 것이 바로 연극치료의 관건이라고 이야기합니다.

이것을 배우와 관객의 틀로 다시 읽어 볼까요? 밀착이 행동하는 사람, 배우의 존재 방식에 가깝다면, 분리는 지켜보는 사람, 관객의 존재 방식과 유사합니다. 그리고 미적 거리는 관객과 배우가 연극 안에서 만나 카타르시스를 경험하는 순간과 정확하게 조응합니다. 우리는 연극 안에서 배우와 관객의 역할을 입고 거리 조절을 연습할 수 있습니다. 자기에게 어떤 옷이 더 익숙한지를 알고, 다른 옷으로 갈아입어 보기도 하며, 다양한 상황에서 어떤 옷이 더 어울리는지 실험해 볼 수 있는가 하면, 같은 옷을 입더라도 가장 멋지고 돋보이게 입어 낼 수 있는 노하우를 발견하기도 하고, 가까이 두고 언제든 갈아입을 수 있는 다양한 색깔과 질감과 디자인의 옷들을 자기 옷장 안에 마련해 둘 수도 있는 것이지요. 그렇게 해서 배우이면서 관객이기도 한 혹은 배우만도 아니고 관객만도 아닌 그 둘을 성공적으로 통합 혹은 지양한 미적 거리를 성취할 수 있게 됩니다.

 미적 거리에 있는 사람은 생각하면서 동시에 느낄 수 있습니다. 연극치료에서 자주 다루게 되는 과거의 고통스런 경험을 예로 들면, 분리 상태에 빠진 사람은 과거의 경험을 기억하되 그와 연관된 감정들로부터 자신을 분리시키고, 밀착 상태에 갇힌 사람은 과거의 경험이 주는 부정적인 감정에 사로잡혀 현재를 살지 못합니다. 그에 반해 미적 거리에 있는 사람은 과거를 정서적으로 충분히 다시 경험하면서, 동시에 현재에서 그 경험을 통찰할 수 있지요. 다시 말해, 관찰자인 분리의 역할과 정서적 배우라는 밀착의 역할을 병행하는 것입니다.

 이러한 미적 거리의 성취는 과거의 특정한 경험에 한정되지 않습니다. 배우와 관객이 미분화된 인간 이전의 상태에서 행동하는 자기와 지켜보는 자기를 한 몸에 내장한 연극적 인간으로 다시 태어나면서부터 우리에게는 다시금 그 분화된 자기를 성공적으로 재통합해야 할 과제가 주어집니다. 다시 말해 언제 어디서나, 바꿔 말해 지금 여기에서 미적 거리에 끊임없이 도달함으로써 초연극적(para-theatrical)(!) 인간으로 거듭날 수 있는 기회를 얻는다는 말이지요.

✳ ✳ ✳

관객 없는 연극은 논리적으로 성립하지 않는 모순이다. 행위하는 사람과 그것을 지켜보는 사람, 연극을 인수분해 한다면 필경 이 두 가지가 마지막에 남을 것이다. 그리하여 연극의 길고 긴 변모의 역사는 관객에게 다가가는 구애 전략의 변천사로도 읽을 수 있다.

 공연과 치료와 예배가 서로 뚜렷하게 나뉘지 않은 채 제의 안에 동거하던 시절에는 관객과 배우 역시 생식을 위해 필요한 때만 성별을 띠는 어떤 생물들처럼 개인 안에 그리고 집단 안에 공존하였을 것이다. 그리고 그렇게 분리되지 않았으므로 객석을 향한 무대의 구애란 가당치 않은 일이다.

 그러다 최초의 배우가 나타나고 곧 두 번째 배우가 뒤를 이으면서, 본격적으로 작가와 희곡과 연기와 무대와 시학을 갖

피터르 브뤼헐 그룹의 예술가, 마을 축제에서의 연극 공연 부분, 1600년경

춘 그리스와 로마의 연극이 출현한다. 그때부터 한 이천 년 동안 연극은 '관객을 위해' 존재한다. 아리스토텔레스가 말한 삼일치가 불가침의 신성한 법칙으로 존중받기도 하고, 또 그 기계적인 적용에 대한 반작용으로 무대에서 나름의 방식으로 초대형 블록버스터를 구현하기도 하며, 불경하다는 이유로 상연 행위 자체를 금지당해 극장 아닌 테니스 코트 공연을 하기도 하고, 수레 무대를 끌고 유랑하면서 사람이 모여들면 그곳을 극장 삼아 판을 벌이기도 하면서, 어쨌든 연극은 그것을 보는 이들에게 재미나 감동이나 교훈 또는 그 모두를 동시에 전하고 그 대가로 살아남았다.

그렇게 관객을 위한 연극은 사실주의에서 정점에 이르면서 '관객을 대신하여'라는 독특한 접근 방식을 성취한다. 전기 조명 설비의 발전으로 완전한 실내 공연이 가능해짐에 따라 진짜인 듯 착각을 불러일으킬 만큼 그럴듯한 현실의 환영을 창조하려는 움직임이 가속화되었고, 그것은 제4의 벽을 통해 관객이 무대 위의 삶을 엿보도록 하는 사실주의로 완성된다. 이 역시 크게 보면 '관객을 위한' 연극의 갈래에 속하겠지만, 그 이전의 흐름들이 관객의 존재를 공공연히 인정하거나 노출시킨 데 비해, 사실주의는 어둠 속에서 소리 없이 훔쳐보는 사람으로서 완전히 은폐함으로써 감정이입을 통한 대리 체험의 가능성만을 정당화한다는 측면에서 '관객을 대신하여'라고 구별하였다.

변화의 주기에도 가속도가 붙는 법. 사실주의가 사그라든지 채 50년이 지나지 않아 새로운 구애의 방식이 나타난다. 이른바 '관객을 향하여.' 이들은 매우 노골적으로 관객에 대한 관심을 표명하고, 어떻게 하면 체계적으로 그 관심을 전달하여 관객을 움직일까를 고민한다. 그중 한 사람인 앙토냉 아르토는 관객의 가슴을 겨냥했다. 관객이 극단적인 — 그의 표현대로라면 "잔혹한" — 연극을 보면서 통합된 존재로 형이상학적인 거듭남을 체험하기를 원했다. 그리고 다른 한 사람은 관객의 머리에 초점을 맞춘 베르톨트 브레히트다. 그는 현실의 모순을 비추는 연극을 보면서 관객이 극장 밖의 현실을 고민하고 거기에 어떻게 참여할 것인가를 성찰하기를 바랐다. 두 사람 모두 연극을 통해 관객에게 모종의 변화를 경험케 하고자 했다.

다시 그들로부터 약 30년 뒤에, 가난한 연극의 예지 그로토프스키가 출현한다. 그 역시 연극을 통한 변화에 천착했지만, 그 변화의 대상은 관객이기보다 연극을 만들고 상연하는 배우였다. 그는 관객을 위한 연기를 일종의 매음 행위라 일갈하면서, 배우의 연기란 자기의 진실과 대면하여 그를 파고드는 내적이고 외적인 탐험이 되어야 함을 역설했다. 초연극(para-theater) 단계에 이르러서는 아예 관객을 관객이라 하지 않고 방문객이라 말했다. 그에게 연극은 '관객과 함께' 행하는 미학적 구도 행위쯤이 아니었을까?

마지막으로 연극치료. 연극치료에서 참여자들은 배우나 관객으로서 고정된 역할을 수행하는 대신 필요에 따라 두 역할을 자유롭게 오가며 고루 체험하게 된다. 그럴 때 관객의 존재는 적극적인 증인이자 목격자로서 행위자의 체험의 밀도를 일상과 비할 수 없을 만큼 폭발적으로 증가시킴으로써 그 경험에 명확한 초점과 깊은 심도와 풍성한 울림을 제공한다. 그로토프스키의 관객이 배우의 진실을 관람하는 수동적인 관찰자라면, 연극치료에서의 관객은 배우의 진실을 촉진하는 적극적인 조력자라고 할 수 있을 것이다. 그러니까 연극치료의 구애 방식은 한마디로 '관객에 힘입어'가 되겠다.

1-5. 마음의 치료

 마음이 정말로 치료되나요?

짧은 말로 핵심을 짚는 질문이네요. 심리 치료가 정말 가능한 것인지, 우연이나 시간의 경과가 아니라 치료적 개입에 의한 변화가 가능하다면 그것은 어떤 원리에 의한 것인지를 손에 잡히는 좀 더 확실한 방식으로 설명하라는 요구로 듣겠습니다.

마음은 보이지도 만져지지도 않지요. 그래서 마음에 난 병도 쉽게 접근이 되지 않습니다. 그동안 수많은 심리치료사들이 어떻게든 마음을 다루기 위해 무의식, 원형, 보상, 인지적 오류, 대상관계, 의미, 인생 각본 등 다양한 개념과 전략을 펼쳐 왔지만, 그것들 모두 마음처럼 감각적 실체를 갖지 않기는 마찬가지이며, 그래서 마음이 어떻게 달라지는지에 대한 설명은 최근까지도 실증보다 믿음의 영역에 더 가까웠다 할 수 있습니다. 그래서 이 질문에 대해서는 본격적으로 '과학적인' 답변을 시도해 보려 합니다.

마음의 병에 대한 다양한 심리 치료적 설명을 관통하는 것은 '불편을 초래하는 비합리적인 행동 패턴이 있고, 특정한 처치를 통해 그것을 적응적으로 변형하는 것'이라 할 수 있습니다. 패턴(pattern)은 어떤 모양으로 굳어진 것을 뜻하며, 거기에는 무수한 반복과 지속 그리고 기왕의 형태를 유지하려는 완고한 힘이 내포되어 있습니다. 세 살 버릇 여든 간다는 우리 속담이 이것을 한마디로 잘 포착하지요. 세 살 버릇을 여든까지 반복케 하는 그 힘은 유전일 수도 있고 초기 경험에 근거한 방어기제나 기질 또는 성격이라는 이름의 팔자일 수도 있지만, 그중 어느 것이든 뇌의 구조와 기능으로서 발현됩니다.

신경 과학의 등장과 함께 드디어 우리는 마음의 거처 중 하나인 뇌와 그 작용을 자세히 들여다볼 수 있게 되었고, 신경가소성(neuroplasticity)을 발견하였습니다. 신경가소성이란 뇌의 구조와 기능이 특정 형태를 유지할 것이라는 통념과 달리 경험에 의해 달라지는 성질을 말합니다. 딱딱하게 굳어 있지 않고 말랑말랑하고 부드러워 다른 모양으로 바뀔 여지가 있다는 것이지요. 뇌의 신경회로는 일어나 걷고 말을 익히는 아동기에 가장 활발하게 움직이지만, 그 후에도 일정 수준의 가소성을 유지하면서 일생 동안 부단히 변화합니다. 가까운 예로 택시 운전자는 공간과 기억력을 관장하는 해마의 크기가 일반인보다 크다고 하지요.

신경가소성의 원리는 '함께 발화하는 뉴런들은 함께 연결된다'는 말로 설명됩니다. 즉, 외부 자극이 반복되면 그것을 처리하는 뉴런 사이의 시냅스 연결이 강해지고, 그 과정이 반복될 때마다 더 빠르고 뚜렷한 신호를 전송함으로써 회로화되어 해당 기술을 효과적으로 수행하게 된다는 뜻이지요. 이를 거꾸로 뒤집으면 '함께 발화하지 않으면 뉴런의 연결은 약해진다'고도 말할 수 있습니다.

그래서 신경가소성의 원리에 따라 말하자면, 심리 치료는 적응을 방해하는 행동은 발화를 억제함으로써 뉴런의 연결을 약화시키고, 치료적으로 바람직한 행동은 반복 학습을 통해 시냅스 간 연결을 촉진하고 회로화하는 것이라 할 수 있습니다. 예를 들어 고립될까 두려워 다른 사람의 요구를 거절하지 못하는 참여자의 경우에, 종전에는 거절을 시도할 때마다 벌판에 홀로 남겨진 이미지가 함께 발화되어 실패할 수밖에 없었다면, 치료적 개입을 통해 거절해도 버림받지 않는 경험을 한 다음 정서적 경계를 지키기 위한 방법으로 거절에 새로운 이미지를 부여합니다. 가령 자기가 선 자리를 중심으로 적당한 크기의 동그라미가 나타나는 이미지를 선택할 수 있겠지요. 그 이미지와 함께 거절 연습을 반복하다 보면 관련된 뉴런이 동시에 발화되면서 거절과 긍정적 이미지의 새로운 시냅스 연결이 기존의 것을 대체하는 것입니다.

신경가소성이 경험에 의한 변화가 가능함을 뇌의 차원에서 보여 준다면, 후성유전학(epigenetics)은 그것을 유전자의 수준에서 증명합니다. 후성유전학이란 DNA 염기 서열이 변하지 않은 상태에서 유전자 기능에 일어나는 유전 가능한 변화를 다루는 학문입니다. DNA의 98%는 감정과 행동 특성과 관련된 비부호화 DNA인데, 그것은 독소나 영양 결핍, 심한 스트레스 등에 영향을 받아 바뀔 수 있다고 합니다. 그렇게 환경으로 인해 적응 변화를 일으키는 세포 내 화학적 신호를 후성유전학적 태그라 하며, 그것이 DNA에

붙어 특정 유전자를 활성화하거나 침묵하게 만드는 것입니다.

후성유전학은 우리가 어떤 생각을 하고 무엇을 느끼는가, 곧 어떤 경험을 하는가에 따라 유전자의 발현 방식이 달라짐을 지지합니다. 그런 맥락에서 노먼 도이지(Norman Doidge)는 시각화, 명상, 긍정적 생각과 감정에 집중하는 것 등을 내면의 후성유전학적 개입이라 부르며, 그것이 치유를 촉진하는 후성유전학적 환경을 만들 수 있다고 말합니다. 그렇다고 할 때 연극은 시각화나 명상보다 생생하고 구체적인 경험을 가능케 한다는 점에서 이 후성유전학적 환경 조성에 훨씬 적합하다고 할 수 있습니다.

'패턴의 변형이 과연 가능한가?'라는 물음에서 시작하여 신경가소성과 후성유전이라는 물리적 근거를 통해 우리가 환경과 상호작용하면서 끊임없이 달라질 수 있고 달라지도록 예비된 존재임을 볼 수 있었습니다. 유전, 기질, 성격, 외상 충격이나 또 다른 무엇도 우리를 특정한 패턴에 가두어 둘 수 없으며, 우리는 우리가 선택한 경험과 함께 변화하고 성장할 수 있습니다.

1-6. 감동적 관극 경험

> 관객이 연극 공연을 보고 감동을 받아 문제 상황을 해결할 수 있었다면, 그것을 연극치료라 할 수 있을까요?

말씀하신 대로 연극 공연을 통해 충분히 카타르시스와 통찰을 경험할 수 있고, 그것이 관객에게 영향을 주어 불편한 상황이나 고통스러운 문제를 풀어 나가는 데 도움을 얻을 수 있습니다. 연극이 치유적인 효과를 발휘한 경우라 할 수 있겠지요. 연극은 삶의 특정한 국면을 극적인 방식으로 변형한 예술이며, 그렇게 대문자로 응축된 창조적 에너지는 객석으로 전염되어 관객의 삶을 변형하는 치유적 잠재력을 갖고 있습니다. 연극 예술의 본원적인 치유성이라 일컫는 것이지요.

하지만 그 공연이 관객의 치료적 변형을 목표로 제작 상연된 것이 아니라면, 그를 통해 어떤 관객이 마음의 위안을 받고 공연에서 얻은 깨달음에 힘입어 복잡하게 얽힌 문제를 해결하는 데 도움을 얻었다 해도 그것을 연극치료라 말하기는 어렵습니다. 왜냐하면 본격적인 치료 행위로 성립하는 데 필요한 요건 중에서 의도성을 갖추지 못했기 때문입니다. 연극치료란 심리적 변형을 위한 독자적인 극적 원리와 개입의 기술을 갖춘 체계로서, 그것은 소정의 자격을 갖춘 전문가로서의 연극치료사와 변화를 위해 연극치료를 선택한 의뢰인으로서의 참여자의 만남을 통해 실현됩니다. 다시 말해, 연극치료는 치료적 변형을 위해 의도적으로 실행된 접근에 한하며, 따라서 질문하신 경우처럼 일반 연극을 보고 경험한 변화는 우연히 그리고 부수적으로 얻어진 치유적 변화일 뿐 그 공연 자체가 치료를 위해 안배된 구조가 아니라는 점에서 연극치료라 할 수 없습니다.

예민한 독자는 벌써 눈치를 채셨겠지만, 저는 여기서 '치료'와 '치유'를 구분하여 말하고 있습니다. 치유는 한자로 다스릴 치(治)와 병 나을 유(癒)를 쓰고, 치료는 역시 다스릴 치(治)에 병 고칠 료(療)로 이루어진 단어입니다. 치유와 치료가 모두 병을 다스려 건강을 회복하는 것을 뜻하지만, 두 단어의 차이에 주목하여 그 뜻을 비교하면, 치료는 외부의 어떤 개입이 환자의 병을 낫게 하는 것인데 비해, 치유는 환자가 어떤 계기로 스스로 병을 떨쳐 내는 것을 말한다고 할 수 있습니다. 이 같은 차이는 영어에서도 반복됩니다. 보통 치유로 옮겨지는 healing은 성스러운(holy), 온전한(whole)을 뜻하는 그리스어 holos에서 유래하였고, 치료를 가리키는 therapy는 도움이 되다, 병을 고친다는 의미의 therapeai에서 나왔다고 합니다. 다시 말해, 치유가 경험적이고 정서적이며 영적인 개념으로서 아픈 사람이 내적으로 온전해지는 과정에 초점을 맞춘다면, 치료는 과학적이고 의학적인 처치로서의 행위를 강조하는 것이지요.

치유의 계기는 연극 공연뿐 아니라 어디에서나 만날 수 있습니다. 여행 중에 만난 어떤 장면에서 인생의 향방을 바꿈 깨달음을 얻기도 하고, 텔레비전 연속극을 보면서 깊은 위로와 공감을 느끼기도 하며, 매일 하는 운동이나 기도가 일상생활을 바꾸어 놓기도 하고, 누군가와의 만남이 새로운 문을 열어 주기도 하지요. 하지만 그것은 하나의 계기일 뿐 그 우연한 접촉을 변화와 회복의 기회로 사용한 것은 그 장면에 있는 사람입니다. 우리는 모두 그 치유적 본능을 갖고 있으며, 그것이 치료를 가능케 하는 원천이기도 합니다. 그러니까 연극치료는 연극치료사가 참여자의 치유적 본능을 이용하여 그가 증상을 완화하고 문제를 해결할 수 있도록 특정한 극적 구조와 경험을 제공하는 의도적 개입이라고 다시 말할 수 있습니다.

1-7. 축귀 의식

 TV에서 퇴마사가 빙의 상태에서 이상 증세를 보이는 사람에게서 귀신을 쫓아내어 본래 모습으로 돌려놓는 것을 본 적이 있습니다. 그런 것도 연극치료의 하나로 볼 수 있을까요?

원인을 알 수 없는 몸이나 마음의 질병을 나쁜 귀신이 붙어 생기는 것이라 보고 축귀 의식을 행하는 것이 엑소시스트가 하는 일이지요. 샤머니즘의 전통에서 사제이자 주술사이자 치유자로 기능했던 샤먼도 그 같은 원리로 질병을 고쳤습니다. 그리고 샤머니즘/샤먼과 연극치료/연극치료사가 의미 있는 관계인 것은 분명하지만, 질문하신 것처럼 퇴마나 축귀의 행위를 연극치료에 포함시키지는 않습니다.

지금의 거의 사라졌지만, 샤먼은 연극치료사의 원형(原型)으로서 치료적 변형을 포함한 심리적 성숙이 일어나는 과정을 생생하게 보여 줍니다. 샤먼은 눈에 보이는 세계와 보이지 않는 세계 사이에서 그 둘 사이를 연결하는 존재로서 죽음을 이겨 내는 여행을 통해 그 특별한 능력을 획득합니다. 일반적으로 샤먼으로 선택된 사람은 까닭 없이 오랫동안 앓는 경우가 많으며, 때가 되어 샤먼으로 서기 위해서는 입무(入巫) 의식을 치러야 하지요. 북을 치거나 금식을 하거나 약물을 복용하여 황홀경(trance)에 들면, 그 상태에서 특정한 단계를 거치는 상상의 여행을 하는 것입니다. 그 처음은 육신의 해체를 경험하는 것입니다. 하얀 뼈만 남을 때까지 자신의 몸에서 피와 살점이 모두 떨어져 나가는 모습을 지켜보면서 고통을 겪는 것이지요. 그것만으로도 충분히 혹독할 텐데 샤먼에게는 땅 속 깊은 곳이나 하늘 높이 있는 다른 세계로의 또 다른 여행이 기다리고 있습니다. 죽음의 자리에서 일어나 다시 한 번 전혀 낯선 세상으로 떠나야 하는 것입니다. 한 번도 가 보지 않은 길을 찾아 그 세상으로 들어간 후에도 샤먼의 여행은 호락호락하지 않습니다. 자신을 괴롭히고 없애려 하는 영혼들과 겨루어 이겨야 하는 일련의 시험을 거친 후에야 그 싸움의 대가로 장차 샤먼의 일을 도와 줄 무구를 얻어 다시 본래 있던 세계로 돌아올 수 있습니다.

샤먼은 이 입무 의식을 거친 후에야 이 세상과 저세상을 모두 아는 자로서 공동체의 바람을 저세상에 전하여 이루어지게 하고 보이지 않는 힘으로 인해 병이 난 사람들을 보살펴 낫게 하는 능력을 얻습니다. 샤먼의 입무 의식은 황홀경 상태에서 겪는 상상의 여행이기는 하지만, 그것은 죽음과 죽음에 맞먹는 역경을 무릅써야 하는 위험천만한 여행입니다. 그것은 스스로 죽음을 지나가 본 자가 아니면 다른 사람의 고통을 돌볼 힘을 얻을 수 없다는 엄혹하고도 당연한 원리를 구현합니다. 그리고 하나의 세계에 머물지 않고 또 다른 세계로 지경을 넓혀 지혜와 힘을 얻기 위해 필요한 것 역시 낯선 곳을 향해 자신을 던져 넣는 용기임을 말해 줍니다. 샤먼은 죽음을 통해 아픈 사람에서 보이지 않는 세계와 소통하고 다른 아픈 사람을 돕는 사람으로 거듭납니다. 환자에서 치유자로 다시 태어난 존재가 바로 샤먼인 것이지요.

이런 맥락에서 샤먼은 카를 융이 말한 '상처 입은 치유자(wounded healer)'의 원형이라 할 수 있습니다. 샤먼의 입무 과정은 상처를 통해 변형이 일어날 수 있으며, 그 변형의 여정은 반드시 죽음을 경유할 수밖에 없음을 보여 줍니다. 연극치료는 거기에 담긴 변형의 본질을 그대로 공유하며, 그런 의미에서는 샤머니즘을 연극치료의 원형이라 할 수 있습니다.

***

영웅(hero)은 구스타프 융이 말한 여러 원형 중 하나이며, 그에 대해 깊이 연구한 사람으로 신화학자 조셉 캠벨(Joseph Cambell)을 꼽을 수 있다. 그는 영웅의 이야기라 할 수 있는 세계 각지의 신화를 살피고 그 이야기들의 골자를 추려 '영웅의 여정(monomyth)'이라 명명했다. 작게 나누면 17개의 덩어리지만, 그 여정은 영웅이 집이나 고향처럼 평범하고 익숙한 공간에서 알지 못하는 낯선 세계로 떠나는 것(출발), 거기서 거듭된 시련과 싸움을 겪으면서 거대한 힘에 맞서 승리하는 것(입문), 그 대가로 얻은 보물을 가지고 떠났던 곳으로 돌아오는 것(귀환)까지 처음-중간-끝의 세 단계로 볼 수 있다. 떠났던 곳으로

생명을 구하는 꽃을 들고 있는 바리데기, 건들바우 박물관

되돌아오는 이 여정은 그 단순한 외양과 달리 무거운 결단과 살 떨리는 고통을 요구하며, 영웅이란 그림에도 불구하고 그 여정에 오른 사람을 말한다.

일곱 번째 딸이라는 이유로 버려진 아이가 있다. 아이는 다행히 늙은 부부의 눈에 띄어 그들의 품에서 곱고 튼튼하게 자란다. 아이가 처녀가 되었을 무렵 아비의 소식을 듣는다. 병든 아비가 버린 딸에게 저 살릴 약을 찾아 저승으로 가 주기를 청하는 것이다. 딸은 아비를 살리려 저승으로 떠나고, 그곳을 지키는 자에게 9년 동안 부림당하고 그와 혼인하여 일곱 아이를 낳는다. 그리고 그렇게 힘들게 얻은 생명수를 가지고 이승으로 돌아와 죽은 아비를 되살린다.

우리의 무조신(巫祖神) 바리데기 이야기다. 그녀는 영웅의 여정을 그대로 보여 준다. 아버지를 살리기 위해 산 자로서 죽은 자들의 세상으로 건너가(출발), 갖은 시련을 겪어 내고(입문), 생명수를 가지고 부모에게 돌아온다(귀환). 자신을 버린 아비를 위해 삶을 등지고 죽음을 향해 떠난다? 죽음은 사람이 상상할 수 있는 극한의 낯섦이다. 그래서 바리데기의 선택은 아비는 나를 버렸지만 그래도 내가 그에게서 왔음을 받아들이지 않고는, 나로서 겪은 삶의 빛과 어둠이 모두 그의 덕임을 기꺼 위하지 않고는 결코 가능하지 않은 사랑이다. 용서다. 두려움에 온몸을 던지는 용기이며, 오래도록 시련을 감당하는 겸손이다. 바리데기는 그렇게 다시 아비에게 돌아왔지만, 그녀는 이미 떠나기 전과 다른 사람이다. 그녀는 더 이상 아비의 딸이 아니라, 일곱 아이를 낳고 기른 어미이며 죽음을 돌이킬 수 있는 생명수를 가진 자다. 지나온 저승이, 영웅의 여정이 그녀를 변화시킨 것이다.

조셉 캠벨이 신화에서 발견한 이 영웅의 여정은 우리가 좋아하는 거의 모든 이야기에 녹아 있다. 이를 거꾸로 우리는 어떤 경험을 통해 주인공이 성장하는 이야기를 좋아한다고 말할 수도 있을 것이다. 그것은 우리 삶의 행로가 곧 영웅의 여정이며, 초능력을 가진 슈퍼맨만 영웅이 아니라 낯섦에 도전함으로써 스스로에게 변화와 성장의 기회를 허용하고 거기서 얻은 힘을 사람들에게 이롭게 돌려줄 때 우리들 모두가 영웅임을 뜻한다. 영웅은 우리 안에 원형으로 있다. 무의식에서 이미 거대한 에너지의 형태로 선취되었으므로, 우리가 할 일은 영웅인 나, 내게 주어진 보물, 내가 쟁취해야 할 보물을 알아차려 그 위험과 도전의 자리에 용기 내어 서는 것이다. 주저앉아 하염없이 구원자가 나타나기를 기다리는 것이 아니라 스스로 영웅이 되어야 하는 것이다. 조력자는 여정에 오른 영웅에게만 나타나는 법이니까.

1-8. 교육과 치료의 차이

Q 교육과 치료는 어떻게 다를까요?

 아마도 교육 현장에 계신 분의 질문인 것 같네요.
네이버 사전은 교육을 "지식과 기술 따위를 가르치며 인격을 길러 주는 것," 그리고 치료를 "병이나 상처 따위를 잘 다스려 낫게 하는 것"이라 말합니다. 이 둘의 연관성은 발달의 관점에서 잘 드러나지요.

사람이 살아가면서 단계마다 꼭 붙들고 씨름해야 할 중요한 도전거리들이 있는데, 그것을 제대로 숙달하지 못하고 지나쳤을 때 마음의 병이나 상처가 생길 수 있으며, 그것을 잘 다스려 낫게 하려면 멈춰 있거나 대충 지나간 시기로 돌아가 해당 단계의 과제를 충분히 반복함으로써 숙달하도록 도와야 합니다. 곧 발달의 순행(順行)을 촉진하는 것, 이것이 발달적 관점에서의 치료라 할 수 있지요. 교육 역시 발달 과정을 촉진하여 대상의 잠재 능력을 발현시킨다는 점에서 치료와 맥락을 같이합니다.

한편, 치료적 변화가 일어나는 과정을 기존의 세계관과 자아상과 대인 관계 기술이 어떻게 모자라고 왜곡되어 있는지를 깨달아 그 결손과 편향을 보완해 줄 새로운 지식과 기술을 찾아 익히는 일종의 학습으로 설명할 수도 있습니다. 그리고 교육이 학습을 본질로 한다는 것은 새삼 설명할 필요가 없지요.

이렇게 교육(education)과 치료(therapy)는 대상에 대한 돌봄과 성장을 주축으로 한다는 점에서 참 닮았습니다. 하지만 그렇게 닮았음에도 서로 다른 점이 있기에 교육과 치료라는 별개의 이름을 갖게 되었겠지요? 가장 중요한 차이는 아마도 대상을 누구로 하는가에서 비롯될 것입니다. 정규분포곡선, 종을 엎어 놓은 모양의 그래프, 아시지요? 교육이 그 곡선의 가운데 위치한 이들을 대상으로 삼는다면, 치료의 대상은 좌우 양편의 가장자리에 있는 사람들입니다. 표준, 정상, 일반인가, 거기서 벗어나는가의 문제죠. 서로 다른 대상을 품기 때문에, 교육과 치료는 돌봄과 성장, 발달과 학습을 공유하면서도 상이한 접근을 취하게 됩니다.

치료의 대상은 양적 측면에서 '노멀(normal)'하지 않으며, 그 양상이 개인에 따라 매우 편차가 큽니다. 질적 측면에서 사회 적응력을 크게 성숙한 수준, 적응적 수준, 병리적 수준으로 나눈다면, 치료가 필요한 사람들은 마음의 상처와 고통으로 인해 다른 이들과 함께 어울려 살아가는 데 불편을 겪는 병리적 수준에 있을 가능성이 큽니다. 그들을 돌보고 성장시키기 위해 치료는 일반 심리와 정상 발달뿐 아니라 이상 심리와 특수 발달을 이해해야 하고, 개인 간 편차와 특수성을 고려해 개별적 진단과 처치 곧 표준적인 학습량과 속도가 아닌 참여자의 상태와 페이스에 맞춘 개입을 원칙으로 해야 하며, 인지적 기술과 역량보다 무의식적이고 정서적인 경험을 중시합니다.

그래서 교육과 치료는 성장이라는 하나의 목표를 지향하되, 교육이 발전을 위한 돌봄이라면, 치료는 회복을 위한 돌봄이라고 달리 말할 수 있지 않을까요?

1-9. 통합 예술 치료

> 요즘에는 통합 예술 치료라는 말을 자주 듣게 됩니다. 통합 예술 치료는 무엇이고 왜 필요한가요?

A 통합 예술 치료에 대해서는 두 가지로 말할 수 있습니다. 둘 중 짧은 설명은 "두 가지 이상의 예술 매체를 복합적으로 적용하는 심리 치료 기제"이며, 좀 더 긴 설명은 "종합 예술의 전반적 창작 과정을 활용하여 심리학적 분석을 하고, 상담학, 정신분석학, 사회 보건학 등을 통합하여 치료 효과의 증진을 도모하는 접근"입니다. 첫 번째가 예술 매체의 복합성에만 초점을 맞춘다면, 두 번째는 그와 함께 환자의 회복과 관련된 다양한 분야와의 협력을 말하고 있습니다. 통합을 어떤 범위로 설정하든, 그것을 말하는 목적은 치료적 변형을 촉진하기 위함입니다.

예술 치료는 참여자의 창조적 상상과 표현을 자원으로 삼으며, 그 형식이 반드시 한 장르로 동일성을 고집할 필요가 없다는 것, 만일 그래야 한다면 그것은 참여자가 아니라 치료사의 편의를 위한 것이라는 게 통합 예술 치료를 말하는 이유일 것입니다. 저도 그렇게 생각합니다. 명칭은 다르지만 앞서 얘기한 통합 예술 치료와 맥락을 같이 하는 표현예술 치료는 그림, 춤, 음악, 스토리텔링, 드라마, 시의 양식을 자유로이 오가며 복합적으로 적용할 때 참여자의 이슈를 보다 깊이 탐험할 수 있으며, 어떤 형식을 어떤 비중으로 쓸 것인가는 참여자의 욕구와 필요에 준하여 택한다고 합니다. 매우 적절한 접근입니다.

통합 예술 치료가 가능하려면 치료사가 적어도 두 가지 이상의 예술 매체를 다룰 수 있어야 하며, 단순히 사용 가능한 수준을 넘어 여러 양식의 표현이 치료 목표를 이루는 데 조화롭게 기여하도록 잘 안배하는 것이 중요합니다. 더러는 통합적 접근을 위해 서로 다른 매체를 사용하는 예술 치료사들이 협업하는 경우도 있습니다. 그때는 이해와 소통을 기반으로 한 치료사들의 팀워크가 작업의 성패를 좌우하는 결정적인 요인이 될 것입니다.

저는 또한 연극치료가 통합 예술 치료의 현실적 대안이 될 수 있다고 생각합니다. 연극치료는 연극이라는 단일 예술에 바탕을 두지만, 연극성은 그 속성상 선행하는 다른 예술적 표현 능력을 집약하는 것으로서 발현되며, 따라서 그림, 춤, 노래, 스토리텔링, 시, 드라마를 모두 극적 표현의 흐름 안에서 자유로이 운용하기 때문이지요. 치료사 한 사람이 다양한 예술 매체를 일관된 목표를 위해 변용할 수 있다는 점에서 연극치료는 매우 효율적인 대안입니다.

1-10. 연극치료의 지향점

 연극치료가 궁극적으로 지향하는 것은 행복일까요?

 연극치료뿐 아니라 심리 치료 일반이 지향하는 것은 행복이라기보다 건강입니다.

물론 행복을 어떻게 정의하는가에 따라 정서적인 측면에서의 건강을 행복과 겹쳐 놓을 수도 있겠지만, 그때에도 행복은 오해의 여지가 많은 표현이라 생각됩니다.

"걱정이 없는 것," "가난하지 않고 아프지 않고 큰 문제없는 것," "하고 싶은 일을 하며 자유롭게 사는 것," 행복이 뭔지를 물었을 때 나오는 답들입니다. 강조하는 점은 조금씩 다르지만, 이 말들은 모두 '쾌적한 상태의 중단 없는 지속'을 가리킵니다.

그런 의미의 행복은 실현 가능하지 않지요. '쾌적한 상태의 중단 없는 지속'으로서의 행복은 일상현실에서 가능하지 않은 판타지 곧 극적 현실에 속한 것이며, 현재를 있을 수 없는 달콤한 허구에 저당 잡힌 채 과거나 미래에서만 결핍을 보상 받는 그 같은 극적 현실은 깨뜨려 마땅합니다. 그리고 거기서 나와 일상 현실을 직면해야 합니다.

해 나고 비 오고 바람 부는 것 모두가 삶과 죽음을 위해 그럴 수 있고 그래야 하는 것이듯, 기쁨과 아픔 역시 어느 하나를 가려낼 수 없는 인간됨의 조건임을 알아차려 받아들여야 합니다. 기쁘면 기쁜 대로, 슬프면 슬픈 대로, 외로우면 외로운 대로, 억울하면 억울한 대로 찾아오는 경험을 정성껏 만나는 것입니다.

여행은 삶을 빗대는 가장 상식적인 은유이지요. 우리는 왜 여행을 떠날까요? 행복하기 위해서? 그때의 행복이 앞서 말한 '쾌적한 상태의 중단 없는 지속'이라면, 여행은 그야말로 잘못된 선택이 아닐 수 없습니다. TV 광고에 나오듯, 하와이에 가고도 누구나 막상 돌아와서는 "집이 제일 좋다!"라고 하는 것만 보아도 여행의 불편함은 일삼아 설명할 필요가 없지요. 그럼 그 번거로움과 낯섦을 감수하면서 굳이 여행을 가는 이유는 무엇일까요? 경험일 것입니다. 디뎌 보지 않은 땅과 본 적 없는 풍경과 들은 적 없는 이야기와 알지 못하는 사람을 만나기 위해서일 것입니다. 그래서 여행에서는 소나기에 흠뻑 젖은 채 야간 냉동 버스에서 밤새 벌벌 떠는 것도, 상냥한 미녀에게 속아 가방을 통째로 잃어버려도 그 모두가 길에서 얻은 즐길 만한 경험이 됩니다. 그렇게 여행은 새로운 경험을 통해 자신을 다시 만나고, 그것이 또 익숙한 본디 자리를 흔들어 처음인 듯 다시 보게 해 주지요.

다시 말해, 그것이 인생이든, 심리 치료든, 여행이든, 우리가 바라보고 나아가는 곳은 행복이 아닙니다. 그저 가는 걸음 자체로서의 경험이며, 좋고 나쁨에 상관없이 모든 경험을 기꺼이 제 것으로 받아 안는 자족과 감사입니다.

존 윌리엄 워터하우스, 〈판도라〉, 1896

✳✳✳

그리스 신화에서 신들이 빚은 최초의 여인, 판도라. 판도라는 인류의 운명과 관련하여 참 무거운 이야기를 지닌 인물이다. 가장 잘 알려진 판도라의 이야기는 인간과 그 삶에 대한 매우 비관적인 이해를 담고 있다. 신에게 속한 불을 훔쳐 인간에게 전한 프로메테우스는 독수리에게 매일 새롭게 간을 쪼아 먹히는 형벌을 받는다. 그런데 그것으로 성이 차지 않은 제우스는 불을 차지한 인간에게 그에 상응하는 대가를 치르게 할 복수를 기획한다. 최초의 여인, 판도라를 창조하는 것이 그 첫 단계였다. 아프로디테에게서 아름다움을, 아테나에게서 베 짜는 솜씨를, 헤파이스토스에게서 참을성을, 헤르메스에게서 지혜와 말솜씨를 받아 매혹적인 여인을 빚었고, '모든 선물을 받은 여인'이라는 뜻의 판도라라는 이름을 주었다. 그리고 그녀를 프로메테우스의 동생인 에피메테우스에게 시집보냈다. "절대 열어 보면 안 된다"고 일러둔 조그만 상자와 함께. 그 뒤로 제우스의 복수는 판도라의 협조를 통해 완성된다. 궁금함을 이기지 못한 판도라가 상자를 열자, 제우스가 그 속에 봉인해 둔 온갖 재앙과 불행이 세상으로 튀어 나간 것이다. 그러자 세상의 계절이 바뀌고 사람들은 늙고 병들고 죽고 싸우고 굶주리고 생기를 잃게 되었다. 자신이 저지른 참사를 보며 두려움에 몸을 떨었을 판도라, 그녀는 다급히 상자 뚜껑을 닫았고, 그래서 희망만이 상자 안에 남게 되었다고 한다. 이것이 가장 널리 알려진 판도라 이야기고, 갖은 불운과 고통에도 불구하고 희망이 그 어둠을 뚫고 나아갈 수 있도록 인간에게 주어진 한 줄기 빛임을 말해 주는 것으로 해석되곤 한다. 하지만 그렇게 쉽게 읽고 넘기기에는 석연치 않은 점들이 있다. 제우스가 애초에 상자에 봉인한 것은 인간 세상을 단번에 지옥으로 만들 저주인데, 희망이 왜 거기에 속해 있을까? 또 희망은 상자 밖으로 나간 적이 없는데 어떻게 사람들이 희망을 갖는다는 것일까? 괴테는 『파우스트』에서 "불확실한 미래를 위해 현재를 포기하는 것으로서 희망은 악"이라고 했다. 사실 얼간이가 아닌 이상 희망의 재앙적 면모를 전혀 모른다 할 사람은 없을 것이다. 오죽하면 '희망 고문'이라는 말이 있을까? 그래도 두 번째 의문은 여간해선 풀리지 않는다. 신화의 행간을 상상으로 채워 보면 황망해하는 판도라에게 미처 상자를 빠져 나가지 못한 희망이 작은 소리로 "나 아직 여기 있어요"라고 말했고, 그래서 판도라는 고통에서 허우적대는 인류를 위해 속죄하는 마음으로 갇힌 희망을 내보내 주었는지도 모르겠다. 하지만 그래도 충분히 희망적이 되기에는 모자람이 있다. 저주로서의 희망이 극복되지 않았으니까. 그리고 어쩌면 제우스의 복수는 그때서야 비로소 완성되는 것일지도 모른다. 끝도 없이 희망의 헛바퀴를 돌려 부조리한 세계의 고통을 이어 가는 삶으로서.
한편, 이와 달리 꽤 낙관적인 판도라 이야기도 있다. 거기서는 판도라가 신들의 축복을 담은 상자를 들고 시집을 온다. 일종의 선물 상자인 것이다. 그런데 역시 호기심을 참지 못한 판도라가 상자를 열었고, 그 바람에 행복과 기쁨과 행운과 능력과 사랑과 환희와 믿음이 모두 허공으로 흩어져 버리고, 오로지 희망만 남게 된다. 그래서 신의 다른 선물은 모두 놓쳤지만, 그럼에도 불구하고 희망은 품을 수 있다는 게 이 이야기의 전언이다. 지복의 상태는 아니지만 희망이 있으므로 견딜 만한 삶이라 할 수 있겠다. 앞의 것에 비하면 이 판본이 훨씬 낙관적임은 부인할 수 없는 사실이지만, 여기서도 희망은 끝내 가질 수 없는 것에 대한 일종의 미끼 이상이 되지 못한다.

두 가지 판도라 이야기는 모두 '지금보다 나아지기를 바라는 마음'으로 희망을 말한다. 전자의 비관적 관점에서 인간에게 주어진 궁극의 재앙은 죽음일 것이다. 그 필멸의 한계 속에서 태어나고 늙고 병들고 다투는 인간의 조건을 모두 신의 저주로 이해한다. 그 와중에 지금보다 나아진다는 것은 과연 무엇일까? 오늘보다 좀 더 편안해지는 것? 더 많이 갖는 것? 천천히 늙는 것? 더 오래 사는 것? 더 강해지는 것? 더 즐거운 것? 더 자유로운 것? 더 잘 알게 되는 것? 그러나 어떤 희망도 재앙으로 주어진 죽음의 그늘을 벗어나지 못한다. 그리고 그 구체적인 희망의 속내는 나의 어제와 오늘을 견주거나 나와 남의 오늘을 나란히 줄 세우는 비교와 경쟁을 바탕으로 한다. 그다지 신이 나지 않는다. 그럼 상대적으로 낙관적인 두 번째 이야기에서 희망은 어떤 모양일까? 사랑, 능력, 기쁨, 환희, 믿음, 행운, 아름다움이 사라진 자리에 덩그러니 홀로 남은 희망! 그러나 아무리 희망을 품은들 흩어진 지복을 영원히 매어 둘 수는 없다. 다만 '지금보다 나아지기를 바라는 마음'으로는 사랑의 순간이, 환희의 찰나가 오늘보다 조금 더 길기를 혹은 내 친구보다 조금 더 강렬하기를 구하는 것만이 가능할 뿐, 역시 별로 재미가 없다. 여기서도 희망은 비교와 경쟁에 근거한 욕망의 궤도를 벗어나지 못한다. 그래서 저주인 죽음도, 축복인 몰입의 찰나도 질척한 욕망으로 뒤바꿔 버리는 판도라의 희망에서 나는 어떤 저열함을 본다. 희망과 탐욕이 그리 멀지 않게 느껴지는 것이다. 희망이 희망으로 남으려면 우선 삶의 한계를 기꺼이 받아들여야 한다. 생명의 필멸성과 몰입의 비지속성을 내 것으로 받아 안아야 한다. 죽음이 저주가 아니고, 지복이 밖에서 주어지는 것이 아니며, 남과 우위를 다툼으로써 얻어지는 상급이 아님을 거듭거듭 깨달아야 한다. 그 명확한 경계 설정 속에서야 비로소 탐욕의 갈증이 덜해지면서 생(生)과 로(老)와 병(病)과 사(死) 사이에서 만나지는 경험을 잘 겪을 수 있다. 그리고 그 희(喜)와 로(怒)와 애(哀)와 락(樂)의 경험을 하나하나 정성껏 대접할 때, 지복의 순간이 저절로 피어날 것이다. 나는 그것을 감사라 부른다. 그리고 그 힘이 나다운 성장을 이끌어 갈 것이다. 그러니까 희망의 본디 모습은 재앙과 축복을 가리지 않는 겸허한 수용이고, 그 안에서의 고요한 감사가 아닐까?

1-11. 경청

 심리 치료에서는 경청을 강조하는데, 귀 기울여 듣는 것이 왜 그렇게 중요한가요?

말씀하신 대로 심리치료사에게 가장 강조되는 태도 중 하나가 경청(敬聽)입니다. 귀 기울여 들을 수 있어야 한다는 것이지요. 비슷한 말로 '공감'이나 '안아 주는 환경'이 있지만, 저는 '경청'이 좀 더 연극적이고 보편적인 은유라고 생각합니다. 왜냐하면 경청은 우리를 저마다의 경험을 이야기하는 사람 곧 'storyteller'로 전제하기 때문입니다.

태어난, 아니 수정된 순간부터 숨을 거두기까지 우리는 경험의 지속을 경험하며, 그것을 이야기의 형태로 지각하고 소통합니다. 시점(1인칭이냐 3인칭이냐)이나 형식(사실이냐 허구냐)은 달라도, 일련의 경험 혹은 사건을 나름의 방식으로 배열하여 특정한 의미를 갖도록 한다는 데 이야기의 본령이 있습니다.

그러니까 우리는 일생 동안 크고 작은 이야기를 몸소 살아내고, 또 다른 사람이 사는 이야기를 들으며, 그것으로도 모자라 수없는 이야기를 지어내어 상상으로 겪습니다. 가히 이야기의 홍수라 할 만하지요.

우리는 왜 이렇게 많은 이야기를 필요로 할까요? 그것은 우리가 몸을 가진 존재이기 때문입니다. 몸이라는 제한된 공간과 시간을 생명의 바탕으로 하는 우리의 삶은 국지적일 수밖에 없습니다. 세계와 삶을 '나'라는 틀 밖에서 경험하는 것이 원천적으로 불가능하다는 것이지요. 그래서 경험을 위해 태어난 생명이 마련한 플랜 B가 바로 이야기입니다. 다른 사람들의 이야기와 또 상상의 이야기를 통해 세상과 삶을 조금이라도 더 넓게 깊게 생생하게 경험하고자 하는 것이지요. 이야기는 경험의 대체물이라 할 수 있습니다.

그럼 연극치료사에게 이야기를 듣는 것은 왜 중요할까요? 그것이 참여자를 주인공으로 만들기 때문입니다. 연극치료사는 경청의 태도를 취함으로써 먼저 관객이 되어, 참여자의 자리를 무대로 바꿉니다.

자연은 말이 없지만, 인간은 누구나 이야기를 갖고 있고 어떤 방식으로든 그것을 표현합니다. 그리고 희망을 담은 자신의 이야기를 정확하고 적절하게 자발적으로 소통할 수 있을 때 건강하다고 말할 수 있습니다. 그런데 치료 장면에서 만나는 참여자들은 자신의 이야기를 해본 적이 없는 경우가 많습니다. 그래서 자신이 어떤 이야기를 갖고 있는지, 어떤 새로운 이야기를 하고 싶은지, 그렇게 하려면 이야기의 어떤 대목이 어떻게 달라져야 하는지를 잘 모릅니다. 이야기를 공들여 들어주는 사람이 없었기 때문입니다. 그런가 하면 똑같은 이야기를 되풀이하는 참여자들이 있습니다. 그들에게도 역시 경청이 필요합니다. 특정 대상에 대해 한 가지 이야기만 갖고 있는 상태, 그것이 곧 편견입니다. 편견을 극복하는 방식은 기존의 이야기를 부정하는 것이 아니라 이미 있거나 있을 수 있는 다양한 이야기를 수용하는 것입니다. 그리고 경청하는 치료사는 그것을 위해 참여자의 반복을 반영하고 새로운 이야기의 단서를 함께 고민할 짝패로서 반드시 필요합니다.

다른 한편으로 누군가의 이야기를 함께 느껴 가며 듣는 것만으로도 치유가 된다면, 그건 왜 그럴까요?

> 모든 고통은 이야기의 일부가 될 수 있으면 견딜 만한 것이다.
>
> — 아이작 딘센(Isak Dinesen)

> 우리는 주변에 사람이 없기 때문이 아니라 자신이 중요하다고 생각하는 것을 남에게 전달할 능력이 없기 때문에 고독한 것이다.
>
> — 카를 융(Carl Jung)

흔히 상처 혹은 고통이라고 말하는 경험은 우리를 혼돈에 빠뜨립니다. 뭐가 뭔지 도무지 알 수 없는 느낌, 어디서부터 잘못된 건지, 뭘 어떻게 해야 하는지, 지도가 그려지는 듯하다 금세 흩어져 버리고, 막다른 골목에서 꼼짝도 못하는 상태 말이죠. 그때 누군가에게 그 경험을 말할 수 있다면, 이야기할 수 있다면, 그것만으로도 이미 치유가 성큼 진행된 것이라 볼 수 있습니다.

고통에서 오는 두려움과 고립감과 좌절감과 분노를 다른

사람 앞에 드러내고, 그것이 거부당하지 않고 수용될 때, 상처 입은 사람은 비로소 안전한 상태에서 자신의 고통을 제값대로 겪을 수 있습니다. 아무도 없는 데서 넘어진 어린 아이가 아무렇지 않은 듯 툴툴 털고 일어났다가도 엄마가 나타나면 그 품에서 엉엉 울며 편안하게 아픔을 느끼는 것과 같지요. 경청은 바로 그 엄마 품처럼 상처 입은 사람이 고통스런 감정을 피하지 않고 온전히 겪을 수 있도록 돕는 안전하고 신뢰할 수 있는 환경을 제공한다고 할 수 있습니다. 엄마에게 안겨 실컷 울고 난 아이는 어디서 왜 어떻게 넘어졌고, 그래서 어디를 얼마만큼 다쳤고, 또 그래서 어땠는지, 어떻게 하고 싶은지를 말합니다. 그렇게 이야기하면서 거꾸로 자기가 하는 이야기를 듣습니다. 그리고 그렇게 하면서 넘어져 다친 사건으로부터 거리를 두게 되지요.

심리 치료의 경우도 마찬가지입니다. 참여자가 처한 상황은 전후좌우 상하를 분별할 수 없는 혼돈이지만, 그것을 '혼돈(chaos)'이라 이름 붙여 말하면서부터는 순전한 혼돈에서 벗어나 특정한 형태를 띠게 됩니다. 다시 말해, 이야기는 '혼돈'을 '혼돈이었던 것'으로 만듭니다. 이야기란 본질적으로 처음-중간-끝의 흐름을 내장한 고도로 구조화된 소통의 매체이기 때문이지요. 그래서 상처와 고통에 대한 이야기를 되풀이하다 보면, 그것이 혼돈으로서 나를 압도하는 것이 아니라 내 삶에서 고유한 의미와 형태를 가진 하나의 경험으로 자리 잡게 됩니다. 거기에 막혀 붙들려 있지 않고(고착), 거쳐 지나갈 수 있게 (통과)되는 것이지요.

1-12. 낯설게 하기

 낯설게 하기는 무엇인가요?

"사람들은 대부분 실제로 꽃을 보지 않는다. 꽃은 너무 작고 사람들은 시간이 없다. 그래서 나는 다짐했다. 꽃이 나에게 무엇을 의미하는지, 내가 본 것을 그리겠다고. 나는 사람들이 놀라서 그것을 쳐다볼 시간을 갖도록 꽃을 아주 크게 그린다." 화가 조지아 오키프(Georgia O'Keeffe)의 말입니다.

저 말 속의 '꽃' 자리에 다른 단어를 넣어 보면 어떨까요? "사람들은 대부분 실제로 자기를 보지 않는다. 자기는 너무 익숙하고 사람들은 시간이 없다. 사람들은 대부분 실제로 가족을 보지 않는다. 가족은 너무 가까이 있고 사람들은 시간이 없다. 사람들은 대부분 실제로 삶을 보지 않는다. 삶은 쉼 없이 펼쳐지고 사람들은 시간이 없다. 사람들은 대부분 실제로 그것을 보지 않는다. 그것은 이미 알고 있고 사람들은 시간이 없다."

낯설게 하기(alienation)는 이렇듯 보면서도 보지 못하는 상태를 흔들어 깨우기 위한 방법입니다. 지나치게 익숙해져 버린 대상을 특정한 방식으로 변형함으로써 보는 사람의 주의를 끌 수 있도록 하는 것이지요. 낯설게 하기가 필요한 까닭은 우리가 생각하기 싫어하는 인지적 구두쇠이기 때문입니다. 생각하기는 생각보다 품이 많이 드는 일이거든요. 주어진 상황을 정확하게 관찰하고 이해하여 의미 있는 단서를 바탕으로 적절한 선택을 이끌어 내려면 상당한 에너지를 들여 애를 써야 합니다. 그래서 우리는 열심히 생각하기보다 지난 경험과 인상에 따라 빨리 판단해 버리려고 합니다. 생각마저 아끼려는 것이지요.

그래서 조지아 오키프는 실제로 보지 않으면서 보고 있다고, 알고 있다고 믿는 착각을 깨기 위해 작은 것을 크게 그립니다. 커 봐야 어른 손바닥 넘기 힘든 꽃봉오리를 열 배 스무 배로 당겨 그려 꽃의 속내를 보지 않을 수 없게 하는 것이지요. 당혹감과 놀라움을 동반하는 낯설게 하기로써 새롭게 보고 달리 생각하도록 만드는 것입니다.

연극에서도 낯설게 하기로써 관객에게 생각과 질문을 촉발하려 한 시도가 있었지요. 베르톨트 브레히트의 서사극이 그것입니다. 그는 당대의 연극 관습을 정반대로 비틀어 관객에게 충격을 가했습니다. 암전 없이 공연을 시작하고, 해설자가 나와 줄거리를 미리 일러 주고, 배우가 일상을 연기하다가 느닷없이 노래를 하거나 관객에게 말을 걸고, 드라마는 클라이맥스도 없이 찝찝하게 끝이 납니다. 부러 이상하고 불편한 관극 경험을 의도한 것입니다. 공연이 지속되는 동안 무대에 오롯한 하나의 현실이 진행되고 있다는 익숙한 약속을 깨고, 관객에게 '지금부터 당신이 보는 것은 그저 한 편의 연극이고 그래서 언제든 멈추거나 바꿀 수 있는 놀이'임을 일깨우면서 연극이 던지는 질문을 발견하고 생각하도록 하기 위한 것이지요.

　생각은 감정과 함께 우리를 움직이는 강력한 힘입니다. 그래서 연극치료도 참여자가 자기 자신과 중요한 타인과 삶과 죽음을 제대로 보고 만날 수 있도록 낯설게 하기를 사용합니다. 어쩌면 연극치료 자체가 낯설게 하기라 할 수 있을지도 모릅니다.

　일상의 언어 대신 극적 언어를 씀으로써, 멀리서 지켜만 보던 이는 가까이 다가가 느끼게 함으로써, 감정에 빠져 있던 사람은 거리를 두고 관찰하고 생각하게 함으로써, 돌고 도는 언어의 속임수에 걸렸을 때는 몸으로 느끼고 움직이게 함으로써, 감각과 충동에 휘둘릴 때는 섬세한 분별의 언어를 익히게 함으로써, 익숙한 자리를 떠나 새로운 자리에서 낯선 풍경을 만나게 하는 것이니까요. 우리 모두가 꽃으로서의 자기, 꽃으로서의 삶, 꽃으로서의 매 순간을 만날 수 있기를 바라면서 말이지요.

1-13. 액팅 아웃

Q 액팅 아웃은 흔히 부정적인 개념으로 사용됩니다. 그런데 연극치료는 참여자를 액팅 아웃하도록 자극하는 측면이 있는 것 같은데, 그것을 어떻게 이해하면 좋을까요?

A "저 환자 아무래도 조만간 액팅 아웃할 것 같으니 조심합시다." 이것은 정신병원 간호사를 위한 용어 설명에서 액팅 아웃(acting out)의 용례를 보여 주는 문장입니다. 말씀하신 대로 심리 치료와 관련된 대다수 임상 현장에서 액팅 아웃은 부정적인 뉘앙스로 쓰이고 있습니다.

흔히 '행위화'로 번역되는 액팅 아웃은 정신분석에서 유래한 개념으로, 환자가 무의식의 위협적인 충동이나 불안에서 자아를 보호하기 위해 취하는 방어기제의 하나입니다. 어린 아이가 어른의 관심을 끌기 위해 골질을 하고 떼를 부린다든가, 청소년이 기물을 부수고 약물에 취하거나, 애인과 헤어지고서 거리에서 어깨를 부딪친 사람을 무참하게 살해한 범죄자의 행동이 모두 액팅 아웃에 해당하지요. 임상 장면에서는 참여자가 난데없이 화를 내는 식으로 나타날 수 있으며, 환자가 중요한 다른 인물을 치료사에게 덧씌우는 전이 현상도 액팅 아웃의 범주에 포함시켜 보기도 합니다.

말하자면 액팅 아웃이란 첫째, 감정을 폭발적으로 드러내는 행위이고, 둘째, 그 행위가 대체로 부적응적이거나 반사회적이며, 셋째, 일련의 과정이 의식적 자각이나 통제를 벗어나 무의식적으로 일어나는 것이라 할 수 있습니다. 그래서 정신분석은 액팅 아웃을 성숙하지 못한 수준의 방어기제로 분류하며, 환자가 고통스러운 감정과 불편한 충동을 자기도 모르는 사이에 유해한 행동으로 격발시키는 대신 의식으로 끌어올려 그와 관련된 기억을 떠올리고 말로 표현할 수 있도록 돕고자 합니다.

그런데 심리 치료 전반에 중차대한 영향을 미친 정신분석이 액팅 아웃이라는 개념을 부정적으로 사용함으로써, 이후로도 오랫동안 임상 장면에서 환자가 몸을 움직여 행동하는 것 자체를 금기시하는 잘못된 관행이 지속되어 왔습니다. 그것은 정신분석뿐 아니라 행동과 언어, 몸과 마음, 구체와 추상, 경험과 통찰, 감정과 이성의 편을 가르고 둘 중 오른쪽 손을 높이 들어 주었던 서양 문명의 패착을 반복하는 것이기도 합니다.

그런데 참여자가 가만히 앉아 말만 하는 연극치료는 없으며, 연극치료는 어떻게든 참여자의 행동을 이끌어 내기 위해 애를 쓰는데, 과연 그것은 어떻게 설명할 수 있을까요? 앞서 보았듯이, 액팅 아웃은 고통스러운 감정을 부적절한 행동으로 터뜨리는 것입니다. 만일 그 감정을 알아차려 말로 하거나 예술적으로 표현하거나 임상 장면에서 안전하게 드러낸다면, 자신과 타인에게 해를 입히지 않는 건강하고 건설적인 행동이 될 수 있습니다. 그렇다면 문제는 감정을 행동화하는 것이 아니라 고통스러운 감정의 압력에 굴복하여 그것을 자각하거나 선택을 위한 사이나 거리를 갖지 못한 채 휘둘리는 것에 있다고 할 수 있지 않을까요?

 그런 의미에서 저는 '액팅 아웃'을 '행위화'로 옮기는 것은 적절하지 않다고 생각합니다. 그렇게 번역할 경우, 반사회적이거나 부적절한 행동 일부가 아니라 행동이라는 경험의 범주 자체를 문제시하는 우를 범하기 쉽기 때문이지요. 대신 초점을 감정으로 옮겨 '감정 발산'이나 '감정 격발'이라 말하는 것이 낫다고 봅니다. 둘 중에서는 '감정 격발'이 미처 의식하기도 전에 감정이 주체를 압도하여 부적절한 행동을 저지르게 내모는 느낌을 더 잘 표현할 것입니다. 그리고 이 같은 맥락에서는 연극치료에서 행동을 다루는 것은 전혀 문제될 것이 없습니다.

 이것이 액팅 아웃에 대하여 소극적으로 연극치료를 변호(?)하는 것이라면, 임상 장면에서 행동을 다루어야 하는 당위성을 제시하는 더 적극적인 방식도 가능합니다. 연극치료는 참여자를 행동하게 하지요. 연극치료에서 행동은 몸과 드라마의 두 가지 방향으로 접근합니다. 참여자의 경험을 몸화하고 극화한다고도 말할 수 있습니다.

 저는 여기서 '몸화'라는 새로운 말을 씁니다. 영어로는 'bodilization'이라고 하면 좋겠지요. 불편한 마음을 이야기하지 못하고 몸의 증상으로 우회적으로 표현하는 방어기제인 신체화(somastization)와 구별할 필요가 있으니까요. 신체화라는 개념에는 앞서 말한 것처럼 마음과 언어에 비해 몸과 비언어적인 것을 낮게 여기는 플라토닉한 태도가 스며 있습니다.

프로이트는 인간을 움직이는 의식 너머의 거대한 심리성적 에너지에 주목하여 그것을 무의식이라 명명하고, 삶과 죽음을 제대로 만나기 위해서는 증상(행동화된 고통과 충동)으로 반복되는 무의식의 외상을 의식으로 끌어올려 말해야 한다고 했습니다. 그것이 흔히 말하는 '무의식의 의식화'이고, 그를 실행하는 방식은 자유연상이나 꿈을 분석하는 것, 무의식의 언어인 비언어적 상징을 의식의 언어인 개연성 있는 이야기로 읽어 내는 것입니다. 그 과정에서 프로이트는 무의식이 발현되는 또 다른 통로이자 의식의 뿌리인 몸을 배제함으로써 정신분석의 가능성을 스스로 제한했습니다. 그 오류는 액팅 아웃에서도 보았듯이 문제의 양상(신체 증상)과 원인(무의식의 갈등과 충동을 의식하지 못함)을 혼동하여 표면적 증상을 과도하게 경계한 데서 비롯되었지요.

연극치료는 과감히 몸과 행동을 복권시킴으로써 정신분석의 오류를 바로잡습니다. 몸은 개별성과 정체성의 결정적 계기이며, 인간의 삶을 경험의 연속으로 정의할 때 그 경험이 일어나는 단위이자 방식으로서 마음과 똑같이 중요합니다. 마음이 언어와 이미지를 거처로 한다면, 몸은 크게 눈, 귀, 코, 입, 살갗, 내장의 여섯 가지 감각기관과 머리부터 발끝까지를 지탱하는 뼈와 근육과 장기로 이루어집니다. 연극치료에서 몸화를 말할 때, 그것은 주로 감각과 근육에 집중되며, 참여자의 마음을 감각과 근육의 움직임으로 구체화하고 공간화하거나, 거꾸로 감각과 근육의 움직임을 감정과 생각으로 추상화하고 언어화하는 두 방향으로 진행됩니다. 사건을 경험하고 그 경험을 바라보는 두 채널인 몸과 마음을 소통하게 하는 것이지요.

쉬운 예를 들어 볼까요? 무엇을 볼 때 두 눈을 모두 쓰지 않고 한쪽 눈을 감아도 대상의 형태와 색채를 감지하는 데는 문제가 없습니다. 하지만 대상과의 거리를 알기는 어렵지요. 왼쪽 눈으로 볼 때의 상과 오른쪽 눈으로 볼 때의 상은 각각 다릅니다. 두 눈 사이의 거리에서 발생하는 그 차이가 두 눈으로 함께 볼 때 대상이 얼마나 멀리 있는지를 알 수 있게 하지요. 두 시점을 통합하여 입체적 시각이 가능해지는 것입니다. 이처럼 경험을 몸과 마음의 두 시점에서 바라보는 것이 바로 몸화를 통해 연극치료가 하고자 하는 바입니다.

연극치료가 행동을 다루는 두 번째 방식은 극화(dramatization)입니다. 드라마란 어떤 인물에게 어떤 일이 일어나서 어떻게 되었다는 것을 조리 있고 흥미롭게 말해 주는 것이며, 거기서 가장 중요한 두 요소는 인물과 이야기입니다. 연극치료가 참여자의 경험을 극화한다는 것은 참여자의 삶의 방식이라 할 성격과 그 살아온 궤적과 봉착한 문제를 드라마 곧 특정한 인물과 그들이 만드는 이야기로 읽어 내고 변형함을 뜻합니다. 그것은 물론 극적인 것(drama와 theater)을 통하는 것이 연극치료의 본령이기 때문이며, 동시에 연극치료가 인간과 세계를 바라보는 방식을 말해 주기 때문입니다.

'이 세상은 하나의 커다란 극장이고, 우리는 그 무대에서 각자가 주인공인 이야기를 살아 내는 배우다.' Theatrum Mundi! 이것은 한낱 통속적인 비유에 머물지 않습니다. 1950년대 어빙 고프먼과 조지 허버트 미드를 비롯해 연극적 사회심리학파로 분류되는 일군의 사회학자들이 자아의 형성과 그 상호작용을 연극이라는 틀로 분석함으로써 theatrum mundi의 세계관을 과학의 영역에 편입시켰지요. 비슷한 시기에 미국의 정신과 의사 에릭 번은 극적 관점을 기반으로 한 심리 치료인 교류 분석(Transactional Analysis)을 창시하여 theatrum mundi가 인간의 본질에 깊이 닿아 있음을 다시 한 번 입증했습니다. 교류 분석은 개인의 자아를 부모(비판적, 양육적), 어른, 어린이(자유로운, 순응적인)의 다섯 가지 상태로 분류합니다. 그 자아 상태들의 구조로써 개인의 성격을 규정하고, 다른 사람과의 관계 역시 주된 자아 상태들 사이의 상호작용으로 분석하며, 개인의 삶을 이해하고 변형하기 위해 그가 연기하는 각본을 찾아냅니다. 교류 분석에서 말하는 자아 상태는 드라마의 두 요소 중 인물과 일치하고, 각본은 말 그대로 이야기와 겹칩니다. 교류 분석은 극적 관점을 적극적으로 도입하여 정신분석의 모호함과 폐쇄성을 일부 극복했지만, 자아 상태의 구조와 각본을 분석하고 변형하는 실제 작업에서는 여전히 행동이 아닌 말에 의존하는 한계를 넘지 못했습니다.

다시 theatrum mundi로 돌아와서, 연극적 사회심리학이나 교류 분석은 극적 세계관의 보편성과 친연성을 보여 주는 예라 할 수 있지요. 연극치료에서 드라마는 세계관이자 실행 방식입니다. 거미줄을 치는 거미처럼, 연극치료에서 참여자는 자기 안에서 상상의 실을 뽑아 가능한 이야기를 엮고 인물이 되어 그것을 몸으로 살아 냅니다. 그 생생하고 강렬한 극적 현실은 온전한 하나의 삶으로 경험되지요. 삶 속에 또 다른 삶을 품는 것입니다. 두 겹의 삶 혹은 극중극. 그것은 메타 인지를 작동시킵니다. 참여자가 자기 자신과 자신의 삶을 특정한 이야기와 인물로 표현하면서 동시에 그것을 가능한 하나의 드라마로 바라볼 수 있으며, 그 둘 사이의 거리가 자기를 돌아보는 능력인 메타 인지를 자극하여 새로운 발견과 학습이 일어나게 되는 것입니다.

다시 말해, 실행 방식으로서 드라마는 참여자가 만드는 극적 현실에 일상 현실에 준하는 경험치를 부여하며, 그로써 극적 현실과 일상 현실을 병립시킵니다. 꼭 닮았지만 미세하게 다른, 어느 한 쪽이 일방적으로 옳지 않은 두 세계, 그 둘 사이의 차이와 거리가 거기 담긴 자기와 세상에 대한 입체적 시각을 가능케 하며, 오른발과 왼발을 번갈아 내디뎌 원하는 곳으로 걸어가듯 우리를 변화의 길로 이끄는 것입니다.

1-14. 연극치료와 연기

Q 연극치료를 하면 연기도 잘하게 되나요?

참여자의 변화가 나타나는 통로 중 하나가 연기(acting)입니다. 극적 표현의 내용과 형식에 내면이 투사되므로, 연기가 참여자의 달라지는 양상을 담는 것은 당연하겠지요. 그렇다면 참여자의 연기는 어떻게 달라질까요? 간단히 말하면, 연기를 잘하게 됩니다. 그럼 다시 한 번, 참여자가 연기를 잘한다는 것은 어떤 것일까요? 그것은 전문적인 연기자를 닮아 간다는 것일까요? 답부터 말하면, 아니기도 하고 그렇기도 합니다.

먼저 아닌 이유는, 연극치료에서 참여자에게 요구되는 연기와 일반 연극에서 배우에게 기대되는 연기가 질적으로 다르기 때문입니다. 연극에서 배우는 누가 보아도 이해할 수 있는 적절하고 독특한 표현으로 관객을 설득하고 그 마음을 움직여야 하는 데 비해, 연극치료의 참여자는 특정한 가상의 상황을 구체적으로 믿고 거기서 유발되는 감각, 감정, 생각, 행동으로 충실하게 반응하기만 하면 됩니다. 보는 이를 염두에 두지 않아도 되기 때문이지요. 요컨대 전문적 연기가 미적 적합성을 목표로 하는 객관적인 극적 표현이라면, 참여자의 연기는 예술적 진정성에 근거한 주관적인 극적 체험이라 할 수 있습니다.

연기에 익숙하지 않거나 작업에 흥미를 잃은 경우, 참여자들은 흔히 영혼 없이 기계적으로 말하거나, 상투적인 반응으로 속마음을 숨기거나, 어울리지 않음에도 장난치듯 연기하는 진실하지 않은 반응을 보이곤 합니다. 하지만 내면의 변화가 진행되면서 점점 솔직하고 구체적인 표현이 나타나지요. '예술적 진정성'이 자라는 것입니다. 그리고 그것이 무르익다 보면 점차 '미적 적합성'에 근접하게 되며, 그것이 연극치료를 하면 연기를 잘하게 된다고도 할 수 있는 이유입니다. 주관적이고 감정적인 극적 체험에서 빠져나와 자기 자신과 자신의 경험을 거리를 두고 볼 수 있게 되면서, 거기에 객관적이고 보편적인 형식을 입히기를 시도하는 것입니다. 그때는 참여자 자신과 치료사가 작업 공간 밖에서 만나게 될 사람들을 대신해 관객의 역할을 맡아 줄 것입니다. 배우에게도 연극치료가 도움을 줄 수 있는 이유가 여기에 있습니다.

연극과 연극치료는 서로 다르지만 이웃해 있고, 같지만 경계가 있습니다. 그 둘에서의 연기 또한 그렇습니다.

1-15. 연극치료와 사이코드라마

Q 연극치료와 사이코드라마는 어떻게 다른가요?

 연극치료를 이야기할 때 빠지지 않는 질문이 바로 이것입니다. 그것은 이 분야에 관한 경험이나 정보가 적은 분들에게는 헷갈릴 만큼 연극치료와 사이코드라마(psychodrama)가 닮았다는 뜻이기도 할 테고, 그 질문에 답해야 하는 사람이 대개 연극치료사라는 것은 연극치료가 사이코드라마보다 늦게 자리 잡은 분야임을 말해 줄 것입니다.

사이코드라마를 발명한 사람은 스위스의 정신과 의사인 제이콥 모레노(Jacob Moreno)입니다. 이상적인 인간상을 신에게서 찾은 그는 정상증(正常症)에 빠져 기존의 사회 체계에 적응하기에 급급한 사람들을 일깨워 창조적이고 자발적인 상태에 근접할 수 있도록 즉흥적인 역할 연기를 바탕으로 주인공의 내면을 탐험하는 극적 체계를 고안하여 사이코드라마라 명명했지요. 1920년대 사이코드라마의 등장은 전체 심리 치료의 장면에서 큰 획을 그은 의미 있는 사건이었습니다. 대화에 의존한 개인 치료가 관행이던 당시에 최초로 집단치료를 시도했을 뿐 아니라 변형의 방법론으로 말이 아닌 극적 행동을 본격적으로 도입한 것이지요.

뚜렷한 철학을 가진 한 사람에 의해 집중적으로 일목요연한 체계로 태어난 사이코드라마는 집단원 중에서 선택된 한 사람을 주인공으로 그의 문제나 바람 혹은 꿈 등을 보조 자아의 도움을 받아 극화하고, 재현된 장면을 역할 바꾸기, 독백, 분신, 거울, 빈 의자 등의 특정한 역할 연기 기법을 통해 변형하면서 주인공에게 카타르시스와 통찰의 경험을 제공하는 것입니다. 짧게는 40분에서 길게는 서너 시간이 족히 걸리는 사이코드라마는 집단을 준비시키고 주인공을 선발하여 그의 주제를 극화하고 변형한 뒤에 그 경험을 집단 전체와 공유하는 전체 과정을 연출자가 주재합니다. 사이코드라마는 집단 규모로 실행되지만 주인공 한 사람의 특정한 주제를 다루는 데 집중하기 때문에 주인공에게 상당한 위험과 기회를 동시에 부여하며, 장면을 역할 연기의 방식으로 사실적으로 재현하기 때문에 주인공은 안팎의 삶이 그대로 노출되는 것에 부담을 느낄 수 있습니다.

연극치료는, 앞서 말했듯이 영연방과 미국을 중심으로 1940년대부터 한 세대에 걸쳐 연극 예술의 치유성을 교육, 재활, 간호, 복지, 상담, 목회와 접목하여 활용한 사람들이 네트워크를 형성하면서, 점진적으로 재발견된 느슨한 체계라 할 수 있습니다. 그 같은 형성 과정은 연극치료에 무한한 다양성을 허용하였고, 그 결과 연극치료에는 공연을 제작하고 상연하는 것을 주로 하는 것부터 일체의 구조를 배제하고 즉흥극으로 일관하거나 감각, 접촉, 리드미컬한 움직임에서 시작하는 극적 발달에 집중하는 것 그리고 인성을 역할 체계로 분석하여 변형하는 것에 이르기까지 제 나름의 철학과 방법을 갖춘 접근법이 많이 있습니다. 하지만 그 다양성의 중심에는 연극 예술이 있어 드라마와 연극의 가능한 스펙트럼을 모두 허용함과 동시에 그것이 단순한 재연의 기법으로 평면화되지 않도록 은유와 상징의 깊이를 부여합니다.

연극치료는 개인과 집단을 모두 대상으로 하며, 사이코드라마에 비해 그 초점을 유연하게 바꿀 수 있습니다. 필요에 따라 집단 전체를 주인공으로 세울 수도 있고, 개인을 주인공으로 할 수도 있는 것이지요. 그리고 주로 허구를 통해 참여자의 내면을 탐험하기 때문에, 참여자는 그 우회성을 방패 삼아 자기 노출의 부담을 내려놓고 좀 더 안전하고 자유롭게 치료 작업에 임할 수 있습니다.

하지만 이 같은 차이에도 불구하고 실제 현장에서는 연극치료와 사이코드라마가 혼용되는 경우가 늘고 있습니다. 그것은 참여자의 필요와 욕구에 맞추기 위한 선택일 것이며, 그렇다면 두 분야의 역사적이고 정치적인 차이를 넘어서 서로를 잘 배워 적절하게 사용할 수 있도록 통합적인 채널을 마련하는 것이 좋지 않을까 생각해 봅니다.

1-16. 상황극, 역할극, 즉흥극

Q 용어가 헷갈려요. 보기에는 모두 비슷한 것 같은데, 어떤 사람은 상황극이라고 하고, 어떨 때는 역할극이나 즉흥극이라고도 하고요. 모두 같은 말인지, 다르다면 어떻게 구분되는 것인지 궁금합니다.

A 실제 현장에서 혼용 혹은 오용되고 있는 용어들을 잘 짚어 주셨네요. 말씀하신 세 용어 중에서 연극치료나 교육 연극 분야에서 잘못 쓰이고 있다고 할 수 있는 것은 상황극입니다. 우선 상황극이라는 말은 그 정확한 어원과 용례를 찾기가 어렵습니다. 웹상에 떠도는 설명에 따르면 상황극이란 어떤 상황을 설정하고 거기에 맞게 즉흥적으로 연기하는 것인데, 방송 용어로 콩트라고도 하며 TV 예능 프로에서 자주 사용되는 것입니다. 그런데 방송에 나오는 상황극은 대개 시청자를 웃기기 위해 맥락 없이 진행되는 다소 억지스러운 촌극이라는 점에서 연극치료에서 사용하는 장면 구축 방식과는 어울리지 않습니다.

제가 짐작하기에 상황극이라는 말은 대상을 풍자하거나 촌철살인의 기지로 삶의 단면을 묘파하는 아주 짧은 길이의 소설인 콩트(conte) 그리고 셰익스피어의 『실수연발』처럼 한 상황에서 다른 상황으로 빠르게 옮겨 가면서 오해와 깜짝 놀랄 사건들로 웃음을 유발하는 상황 희극(situation comedy)이 뒤섞여 만들어진 방송용 신조어가 아닐까 합니다.

역할극(role playing)은 이와 좀 다릅니다. 역할극 역시 고정된 대본을 그대로 따르기보다 참여자가 특정 상황에서 특정 역할로서 즉흥적으로 살아 보게 하는 방식을 취하지요. 그런데 역할극은 교육 연극의 배경에서 태어났고 그 용례 역시 교육적인 목표를 주로 한다는 점이 나머지 두 용어와 구별되는 점입니다.

역할극은 연극적 재현의 강력한 특징 중 하나인 현실과의 유사성 곧 시뮬레이션으로서의 기능을 십분 활용하여 현실의 문제를 해결하거나 곧 맞닥뜨릴 상황을 미리 다루어 연습하는 데 주로 쓰입니다. 그래서 역할극은 참여자와 직접적으로 관련된 현실을 재현하는 것이 보통입니다. TV에서 흔히 보듯 부부 관계를 탐색하고 갈등을 완화하기 위해 서로 역할을 바꿔 본다든지, 특정한 상황을 설정하여 그 환경에서 외국어를 익히거나 리더십을 훈련하는 것이지요.

연극치료에서도 경우에 따라 역할극을 합니다. 그것은 주로 참여자의 학습 기능이 떨어질 때이며, 문제가 되는 장면을 최대한 사실적으로 재현하면서 참여자가 그 안에서 가능한 대안적 행동을 실험하고 반복을 통해 몸에 익히도록 합니다. 가령 발달 장애 성인을 대상으로 이성에게 호감을 표현하고 싶을 때 어떻게 하는 것이 적절할까를 탐험하는 회기를 진행할 경우, 역할극이 좋은 도구가 될 수 있을 것입니다. 일상 현실에서 있을 법한 상황 속에서 호감을 표현하는 사람과 그 대상이 되는 사람의 역할을 모두 경험하면서 다양한 방식의 시도를 탐색함으로써 좀 더 나은 제안과 수용 또는 거절 행동을 익힐 수 있는 것이지요.

즉흥극(improvisation)은 앞의 두 용어에 비해 더 넓고 오래된 개념입니다. 연극사에서 즉흥극이 중요하게 언급된 첫 사례는 이탈리아 르네상스기에 성행한 코메디아 델라르테입니다. 그것은 전형적인 인물과 대강의 줄거리라는 경계 안에서 객석의 분위기에 따라 배우들이 구체적인 대사와 행동을 즉흥으로 채워 나간 일종의 가면 즉흥극이지요. 그로부터 한참 지나 1960년대에 활동한 예지 그로토프스키와 리빙 시어터는 아무런 규칙이나 약속 없이 오로지 배우의 몸과 마음으로부터 그만의 몸짓과 언어를 길어 올리는 방식의 즉흥을 시도했습니다. 그렇게 만들어진 장면은 배우의 내면을 고스란히 담을 수밖에 없고, 그래서 연극치료는 지금도 그의 방법론을 중요한 자산으로 삼고 있습니다. 즉흥극은 또 리허설 과정에서 인물을 깊이 있게 이해하고 구축하기 위한 방법으로도 쓰이지요.

이처럼 즉흥극은 즉흥의 범위나 재현되는 현실의 종류가 매우 넓습니다. 고정된 대본이 있는 경우부터 특정한 주제나 약속을 따르거나 일체의 단서 없이 즉흥으로 일관하는 것까지 거의 모든 범위에 열려 있을 뿐 아니라, 참여자와 관련된 일상 현실을 주로 다루는 역할극과 달리 상상과 현실을 자유롭게 넘나듭니다. 연극사에서 즉흥은 텍스트를 수동적으로 모방하는 희곡 우위의 작업 방식에서 벗어나 배우의 몸과 자발적 창조성에 귀 기울이고자 하는 대안적 시도라 할 수 있습니다. 그런 측면에서도 즉흥극은 무엇보다 참여자가 주인공인 연극치료에서 취할 만한 접근 방식이지요.

그래서 저는 연극치료에서 사용하는 즉흥적인 장면 구축 방식을 '즉흥극'이라는 말로 기술하는 것이 가장 바람직하다고 생각합니다. 연극사에서 정확한 흐름과 선례를 찾을 수 있고, 실제 용례를 가장 정확하고 넓게 담아내며, 거기 담긴 미학적 의도와 치료적 의도가 잘 어울린다는 점에서요.

1-17. 연극치료와 무의식

Q 지그문트 프로이트는 무의식이 사람의 의식을 지배한다고 했는데, 연극치료에서는 무의식을 어떻게 이해하나요?

A 프로이트적인 의미에서 무의식은 사회화 과정에서 좌절된 동물로서의 인간이 갖고 있는 본능과 욕구가 거대한 에너지의 형태로 축적된 것으로서, 우리가 일상생활에서 쉽게 자각하기 어려울 만큼 의식의 수면 아래로 억압되어 있지만 실제로 인간의 행동을 지배하는 힘이라 할 수 있습니다.

신경증(neurosis)은 무의식과 의식의 소통이 차단될 때 무의식이 부적응적인 증상으로써 자신의 존재를 알리는 일종의 은유라 할 수 있으며, 그래서 신경증을 치료하기 위해 정신분석에서는 무의식의 언어인 자유연상을 통해 환자가 자신의 무의식이 말하는 바를 알아차릴 수 있도록 돕습니다. 그리고 억압된 무의식의 저변에는 성적 금기와 관련된 외상적 경험이 있는 경우가 많으며, 분석을 통해 환자가 자신의 증상과 그 원인을 연결해 이해하면 신경증이 사라진다고 보았습니다.

연극치료사 수 제닝스(Sue Jennings)는 이 같은 고전적 정신분석의 관점을 지나치게 환원적이고 편협하다고 강하게 반박합니다. 심리성적 에너지가 가득 고여 출렁이는 정체

불명의 무의식이라는 개념을 만들고는 환자의 증상과 꿈을 비롯해 은유와 상징을 통해 드러나는 무의식의 산물을 모두 초기 아동기의 성적 외상의 결과로 축소해 버린다는 것이지요. 저는 무의식 자체와 그 역동을 분석함에 있어 지나치게 성에 치중한 것을 한계로 지적하는 그녀의 비판이 설득력 있다고 생각합니다.

하지만 무의식은 이제 고전적인 정신분석의 울타리에서 벗어나 알아차리지 못하는 사이에 개인 안에서 일어나는 무수한 선택과 반응을 통칭하는 것으로 확대되어 여러 분야에서 여전히 중요하게 쓰이고 있으며, 연극치료 역시 예외가 아닙니다. 정신분석이 환자의 꿈을 분석한다면, 연극치료는 참여자가 깨어 있는 상태에서 극적 현실을 창조하게 하고 그것을 분석한다고 할 수 있습니다. 꿈과 극적 현실은 모두 은유와 상징의 구조물로서 그것을 만든 사람의 무의식을 고스란히 담아내지요. 그래서 정신분석과 연극치료는 상징과 은유라는 비약의 언어를 공유하며, 단 연극치료에서는 정신분석과 달리 그것을 과거의 특정한 경험으로 환원시키는 대신 다양한 변형을 통해 확장함으로써 본연의 예술적이고 영적인 깊이를 추구합니다.

연극치료에서 무의식을 말할 때 한 가지 더 주목할 것은 반복 강박(repetition compulsion)입니다. 반복 강박이란 학대 가정에서 자란 아이가 어른이 되어서도 자신을 학대하는 사람을 배우자로 맞거나 부모의 부정함에 상처 입었던 기억에서 떠나지 못하고 자신에게 충실하지 않은 사람을 골라 만나 배신당하기를 고집하는 것처럼, 고통스러울 것을 알면서도 문제가 되는 행동을 되풀이하는 것을 말합니다. 프로이트는 외상적 경험을 강박적으로 반복하는 이해하기 힘든 이 같은 행동을 설명하기 위해 '죽음 충동'이라는 개념을 제시했습니다. 무의식에는 영원한 안식이라는 극한의 쾌락을 추구하는 힘이 있고, 그 죽음의 충동이 생식 활동을 통해 유전자를 후세에 전해 불멸성을 획득하려는 삶의 충동과 함께 씨실과 날실처럼 우리의 삶을 직조한다고 생각했지요. 그러니까 환자들에게서 관찰되는 반복 강박은 결국 죽음을 동경하여 자초하는 자학적 경향이라 할 수 있을 것입니다.

한편, 반복 강박은 일종의 '안전지대'로 설명할 수도 있습니다. 어려서부터 지속적으로 부모에게 학대를 받은 경우에는 따뜻하고 부드러운 집단 분위기가 오히려 낯설고, 그 행복한 상태가 언제 사라질지 모른다는 불안감을 초래할 수 있으며, 그래서 자기도 모르게 폭력이 일어나는 익숙한 상황으로 자신을 몰고 간다는 것이지요. 고통스럽지만 반복을 통해 각인된 익숙함을 안전함으로 오인하는 것입니다.

그런데 조금 뒤로 물러나 시야를 넓히면 이 반복 강박을 우리 삶의 도처에서 발견할 수 있습니다. 우리가 흔히 개인의 고유한 특성이라 여기는 성격(性格) 역시 반복 강박의 산물이지요. 성격은 특정한 인지적, 정동적, 행동적 유형을 뜻하며, 유형은 반복을 전제하지 않고서는 가능하지 않습니다. 다시 말해, 성격이란 고통과 상관없이 익숙한 자극과 환경을 안전한 것으로 여겨 반복하거나 고통을 회피하기 위해 시도한 여러 행동 방식 중에서 효과가 있다고 판단한 특정한 방어기제를 되풀이한 결과 형성된 것으로, 그 형성 과정과 발현 방식이 모두 무의식적이어서 저절로 일어납니다. 그래서 그 무의식적 작동을 알아차려 멈추지 않는 한 우리는 사는 동안 내내 성격과 자신을 하나로 믿으면서 무한 반복 재생하게 되는 것이지요. 그 반복의 고리를 깨뜨리자면 한 번의 통찰로는 부족하고, 실수를 되풀이할 때마다 다시금 깨닫고 방향을 역전시키려는 노력이 필요한데, 그것이 곧 훈습(working through)입니다.

다시 짧게 말하면, 연극치료는 고전적 정신분석의 성적 편협성을 지양하되 무의식의 힘으로 외상적 경험을 되풀이하는 반복 강박에 대한 이해와 무의식을 표현하고 해석하는 상징과 은유의 언어를 정신분석과 공유한다고 할 수 있으며, 거칠게 말해 무의식을 의식화하는 것이 정신분석의 치료 원리라 할 때, 연극치료는 그것을 어렵지 않게 그리고 능숙하게 제 것으로 수용할 수 있습니다.

✳ ✳ ✳

맹점은 안구 안에 실재하는 부위로, 시각신경 다발이 뇌를 향해 나가는 곳에 있다. 망막의 시각세포에 맺힌 상이 뇌로 전달되어야 비로소 '볼 수'가 있는데, 맹점에는 시각세포가 없기 때문에 눈으로 아무리 대상을 보아도 뇌에서 지각하지 못하는 것이다. 보는 것을 목적으로 최적화되었을 감각기관에 반드시 맹점이 존재한다는 것은 아이러니가 아닐 수 없다.

 맹점은 눈에만 있지 않고 마음에도 있다. 내 행동의 이유와 방식을 잘 모르는 것이다. 마음에는 깊이가 있어서 그것이 움직이는 길을 상대적으로 쉽게 파악하고 이해할 수 있는 표층과 그렇지 않은 심층으로 나눌 수 있다. 표층의 의식은 말로 접근 가능한 영역이다. 그래서 자신의 선택과 행동을 관찰하여 인과가 합리적으로 연결되도록 설명하는 것이 그리 어렵지 않다. 그러나 그것이 전부는 아니다. 가령 조건과 환경이 다름에도 불구하고 특정한 유형의 선택과 행동이 반복된다면, 거기에는 의식이 말하는 것 이상의 무의식의 역동이 작용할 가능성이 크다. 하지만 그런 경우 무의식의 어떤 힘이 나를 움직이고 있음을 알아차리기란 결코 쉽지 않다. 그러니까 외부 세계가 아니라 나를 향한 마음의 눈에서는, 무의식의 지배를 받는 자리에 맹점이 분포하는 것이다.

 우리 몸은 이 맹점을 보완하기 위해 두 가지 전략을 사용한다. 먼저 눈동자를 끊임없이 움직인다. 시선을 고정하면 맹점에 배치되는 대상은 볼 수가 없으므로, 미세하게 흔들리는 움직임을 유지하는 것이다. 두 번째는 한쪽 눈의 맹점에 상이 맺히더라도 다른 쪽 눈이 보완해 줄 수 있도록, 얼굴 전면에 눈을 두 개 배치한다.

 마음의 맹점 역시 비슷한 방식으로 극복할 수 있지 않을까? 눈동자가 미세한 떨림을 유지하여 대상에 대한 초점을 흐리듯,

단단한 인과의 고리로 엮인 의식의 답을 부단히 의심하고 질문하는 것. 그리고 내 선택과 행동에 내포된 무의식의 개입을 읽어 줄 수 있는 또 다른 눈/사람의 도움을 받는 것. 그러나 마음의 맹점은 눈동자의 그것에 댈 바가 아니게 넓고 넓어서 이 정도 대안으로는 역부족이다. 그래서 우리가 정말 힘써야 할 일은 무의식의 말을 익히는 것일지도 모른다.

의식이 주로 쓰는 인과의 언어가 아니라 비약과 응축의 상징 언어, 몸, 감정, 관계에서의 반복적 선택과 반응으로 표현되는 증상을 읽어 낼 수 있는 힘을 기르는 것, 그것이 바로 마음의 맹점을 극소화할 수 있는 알아차리기 연습이 아닐까?

1-18. 연극치료와 투사

> 정신분석에서 말하는 투사와 연극치료에서 쓰이는 투사는 어떻게 다른가요?

정신분석에서 투사(projection)는 방어기제의 일종으로, 자신의 것으로 받아들이기 힘든 어떤 특성을 다른 사람에게 덧씌워 그의 것으로 지각하는 무의식적 과정을 말합니다.

연극치료는 정신분석적 투사에서 부정적인 함의를 벗겨 내고 그것을 훨씬 더 확장된 개념으로 사용합니다. 참여자가 자신의 생각과 감정을, 그림을 그리거나 노래를 부르거나 이야기를 하거나 시를 쓰거나 북을 치는 등, 자기 몸 밖의 도구를 통해 표현하는 방식을 투사라 통칭하는 것입니다. 투사적 표현은 그렇게 의식적으로 일어나기도 하지만, 정신분석에서 주목한 것처럼 참여자의 의도와 상관없이 그 내면을 고스란히 특정한 형식으로 옮겨 놓습니다. 그 점에 착안한 것이 바로 피험자가 만드는 그림이나 이야기를 통해 그 마음의 풍경을 짐작할 수 있도록 고안된 TAT(주제통각검사), 로르샤흐 검사, HTP 검사, 여섯 조각 이야기 등의 투사적 진단 평가 도구입니다.

연극치료에서 투사는 극적 표현의 매체가 참여자 자신의 몸인가(체현), 외부 대상인가(투사), 가공의 인물인가(역할)

에 따른 구분의 일종입니다. 하지만 조금 더 들여다보면, 어떤 매체를 경유하든 그것을 통해 표현되는 것은 참여자의 마음이며, 몸과 외부 대상과 가공의 인물이 약간의 차이만 있을 뿐 모두 마음 바깥에 있는 매체라 할 때, 체현, 투사, 역할은 모두 큰 범주에서 투사로 편입된다고 할 수 있습니다. 그래서 참여자가 어떤 극적 표현을 해도 그 안에 담긴 내면을 읽을 수 있고, 다시 그것을 필요에 따라 적절하게 변형할 수 있는 것이지요.

그런데 인간의 모든 표현이 투사라는 말에 조금 더 머물러 보면, 그것은 얼굴 표정, 말투, 걸음걸이, 옷차림, 즐겨 듣는 노래, 싫어하는 사람, 특정한 상황에 대한 반응을 포함해 그야말로 우리의 일거수일투족에 모두 내가 담겨 있다는 의미이며, 거기서 더 나아가면 우리가 어떤 대상을 보더라도 결국 거기서 만나는 것은 대상으로 인해 촉발된 나의 내면이라는 황망한 사실에 도달하게 됩니다.

그런 맥락에서 투사는 힌두교에서 말하는 마야(maya)와도 통합니다. 세계라는 실상과 접촉한다고 믿지만 실제로는 자기, 곧 자신의 신념, 감정, 욕구를 만나는 대상마다 덧씌워 반복적으로 경험하는 것이지요. 그것이 허상인 줄도 모른 채.

그리스 신화에서 이를 잘 보여 주는 인물이 바로 나르키소스입니다. 강의 신 케피오스의 아들로 태어난 그는 빼어난 미모로 뭇 사람들의 사랑을 받았지만 그 누구의 구애도 받아들이지 않았습니다. 한 번은 아르메니아스라는 청년이 간절히 그의 마음을 구했지만, 나르키소스는 매정하게 그를 내쳤고, 청년은 나르키소스가 준 칼로 스스로 목숨을 끊으면서 복수의 신 네메시스에게 그도 짝사랑의 고통을 알게 해 달라고 기도했습니다. 그 뒤로 얼마 지나지 않아 사냥을 나간 나르키소스는 목이 말라 근처 샘을 찾았다가 거기 비친 자신의 물그림자에 반해 넋을 잃고 말았지요. 너무도 아름다운 그를 물끄러미 바라볼 수만 없어 손 내밀어 만질라치면 어김없이 그 모습이 흩어지고 말았습니다. 나르키소스는 그렇게 눈앞에 서 있어도 그리기만 할 뿐 접촉할 수 없는 사랑에 애 태우다 그만 절명하고 말았습니다.

물그림자가 자기에게서 비롯된 형상임을 제대로 알지 못하고 다른 데 눈을 돌리지 못할 만큼 꼼짝없이 사로잡힌 것이 나르시스의 패착이지요. 신화는 그가 그렇게 자기만의 세상에 유폐될 수밖에 없었던 이유를 다른 이들의 사랑을 거부한 데서 찾습니다. 외부 세계와의 소통이 결핍되었기 때문에 자신의 마야를 깨뜨리고 나올 수 있는 계기를 만나지 못한 것입니다. 나르키소스라는 이름은 '잠' 또는 '무감각'을 뜻하는 나르케(narke)에서 유래했다고 합니다. 나르키소스는 '내가 만든 환영' 혹은 '나라는 환상'이라는 잠에서 깨어나지 못한 자가 맞게 되는 우스꽝스럽고 가슴 아픈 최후를 보여 줍니다.

그러므로 우리가 할 일은 투사에서 깨어나는 것이며, 그런 의미에서 연극치료는 투사로써 투사를 드러내는 일이기도 합니다.

* * *

히스테리(hysteria). 2000년이 넘는 동안 이 말은 일관성 없는 이해하기 힘든 질병을 통칭해 왔다. 그리고 이 병이 여성에게만 나타난다고 믿은 대다수 의사들은 자궁을 발병의 원인처로 간주했다. 여전히 명확하게 원인을 밝히지 못하고 있는 다양한 정신 질환과 심리적 장애에 대해 인류는 여러 태도를 취해 왔다. 그중 대표적인 한 가지가 환자 외부의 사악하고 초자연적인 힘에 귀인하는 귀신론(鬼神論)이며, 그런 관점은 마녀사냥이 횡행했던 중세를 넘어 샤머니즘의 형태로 현재에도 지속되고 있다.

사람들은 모르는 것 그래서 두려운 것에 대해 이렇게 남 탓을 한다. 그리고 그런 부정적 투사는 어리석고 약한 상태일 때 더욱 두드러지며, 어떤 측면에서 심리 치료는 밖으로 향했던 화살을 안으로 거두어 자신의 욕구와 소망을 보살피는 힘으로 변형하는 작업이라 할 수 있다.

그런데 문제는 부정적 투사의 주체가 어리석고 약할 뿐 아니라 힘 있는 사람/집단일 때다. 그런 경우 '남'의 자리는 사회적으로 약한 이들에게 돌아가기 마련이며, 기득권자의 어리석음과 약함이 악함으로 번짐에 따라 여자, 가난한 사람, 아픈 사람, 다른 나라 사람은 직간접적인 폭력의 희생양이 되고 만다.

1-19. 연극치료와 자크 라캉

Q 정신분석학의 대표적 학자는 지그문트 프로이트, 카를 융, 자크 라캉 등으로 알고 있는데, 연극치료의 학문적 차원에서 자크 라캉의 의미는 무엇일까요?

A 자크 라캉(Jacque Lacan)은 프로이트로의 복귀를 주장하면서 그를 나름의 관점으로 재해석하여 계승한 사람입니다. 그는 프로이트가 무의식과 이드를 편애하는 것에 반발하여 의식에 의한 통제와 조절에 초점을 맞춘 자아 심리학을 비판하는 데서 출발합니다.

자아란 아이가 거울을 보면서 거기 비친 자신의 몸을 하나의 이미지로 받아들이는 거울 단계를 통해 형성되며, 그렇게 신체적으로나 심리적으로 하나의 이미지를 만들고 그것을 관리하는 것이 바로 라캉이 보는 자아의 기능이죠. 그런데 프로이트의 정신분석은 그 이미지, 곧 자아라는 허상을 무너뜨릴 수 있을 때 비로소 성숙한 삶을 살 수 있다고 보기에, 라캉은 자아를 강화하는 자아 심리학자들의 분석 방식을 날카롭게 비판합니다.

또한 그는 상상계, 상징계, 실재계라는 개념으로 프로이트를 새롭게 읽어 냅니다. 상상계는 '엄마 품에 안긴 아기'로 표상되는 부족함 없이 충만하고 조화로운 세계이며, 그것은 엄마와 아이라는 두 사람의 폐쇄적 관계로 이루어집니다. 그러나 상상계는 기억에 의해 조작된 허구일 뿐 실재하지는 않으며, 아버지라는 제삼자의 개입과 함께 파괴됩니다. 하지만 상상계는 한 번에 무너지거나 극복할 수 없습니다. 어른이 된 후에도 우리는 삶에 치일 때마다 다시 한 번 상상계로 돌아가기를 갈망하며, 연애를 비롯한 다양한 종류와 강도의 중독을 빌어 그 꿈을 실현하지요.

그러나 사회 속에서 다른 사람과 어울려 살아가기 위해서는 둘만의 애착 관계에서 셋이 만드는 불편한 관계로 옮겨 가야만 합니다. 어머니와 연결된 정서적 탯줄이 끊기는 경험, 곧 거세를 통과해야만 하는 것이지요. 아이는 그렇게 소중한 것을 잃고 완전함과 완벽함이 불가능한 세상으로 편입됩니다. 그리고 그 불편한 세상을 라캉은 상징계라 이름 붙이지요. 상징계는 규칙과 법이 지배하며, 거기서 살려면 무엇보다 말을 익혀야 합니다. 언어는 알다시피 정확하고 진실한 소통에는 한참 모자란 불편한 도구지요. 우리는 그렇게 언어를 익히면서 뜻대로 되지 않는 세상으로 다시 태어납니다. 하지만 다른 한편으로 그것은 욕망의 시작이기도 합니다. 어머니와 분화되지 못한 채 그 욕망에 속해 있던 상상계를 벗어나면서 비로소 나의 욕망이 생기는 것이지요.

마지막으로 실재계는 주체가 상상계에서 상징계로 옮겨 갈 때 남겨지는 것인데, 라캉은 실재계는 상징계 밖에 있는 것이어서 언어로써 접근할 수 없으며, 따라서 궁극적으로 알 수 없다고 말합니다. 그저 신과의 접촉에서 오는 희열처럼 무섭도록 기괴하고 외상적인 경험의 영역이라고만 덧붙이지요. 프로이트가 말한 죽음 충동이 자리 잡은 곳 역시 실재계입니다. 실재계는 상징계의 중심에 있으면서 동시에 정답과 규칙이 통용되지 않는 영역이라고 합니다.

지금까지가 라캉에 대한 거친 그림이라면, 이제 그것을 연극치료에 견주어 볼 차례인가요? 제가 보기에 라캉의 이야기는 하나의 발달 이론으로서 치료적 가치가 있습니다. 유아적 전능감과 의존적 융합의 환상이 지배하는 상상계에서 언어와 규칙이 지배하는 결핍과 장애로 가득한 상징계로 이행하는 것이 인간 발달과 성장의 자연스럽고 당연한 수순임을 밝혔다는 점에서요. 상상계에서 상징계로의 이행은 간단히 말해 아이에서 어른으로의 탈바꿈일 것입니다. 치료 장면에서 만나게 되는 많은 경우가 몸은 어른인데 마음은 아직 아이에 머물러 있어 문제가 발생합니다. 마음처럼 소통되지 않고, 충분히 만족할 수 없고, 어딘가 늘 모자라며, 자주 참고 견뎌야 하는 어른으로서의 삶을 기꺼이 받아들이지 못해서 특정한 물질이나 감정이나 관계나 행동에 집착함으로써 그것이 주는 일시적인 상상계적 충족감을 추구하는 것이지요.

이를 연극치료적으로 다시 말하면, 일상 현실의 버거움을 벗기 위해 퇴행적인 극적 현실로 도피하는 것이라 할 수 있습니다. 그런 경우, 연극치료는 참여자가 매달리는 상상계적 충족감이 스스로 선택하여 만들어 낸 극적 현실, 곧 환영임을 깨닫게 함으로써 일상 현실에 대해 균형적 태도를 갖도록 도울 것입니다. 라캉이 말을 아끼는 실재계 역시 치료적 의미가 있을 것입니다. 하지만 거기까지 논할 만큼 제게 실재계의 실체가 명확하지 않아서 질문에 대한 답은 여기까지로 한하겠습니다. 좋은 질문 덕분에 저도 생각의 한 흐름을 정리할 수 있었습니다. 감사합니다.

1-20. 연극치료와 질 들뢰즈

Q 연극치료는 질 들뢰즈의 철학을 어떻게 읽나요?

A 연극치료는 점착성이 매우 강한 편이어서 다양한 갈래의 철학적이고 심리학적인 담론과 쉽게 연결됩니다. 질 들뢰즈는 특히 자기 자신에 관한 고정되고 일관된 이미지로서의 자아를 비판한다는 점에서 역할 접근법을 주창한 로버트 랜디와 만납니다.

우리는 흔히 개인을 타인과 구별되는 개별적 특성을 가진 존재로 이해하며, 개인을 동일성(identity)의 측면에서 바라보기는 심리 치료 전반도 크게 다르지 않습니다. 개인의 인성(personality)을 말한다는 것은 곧 우리 각자에게 나를 나로 만드는 변하지 않는 본질이 있으며, 자아라는 주체가 존재(being)의 그 고유함을 관장한다고 보는 것이지요. 그리고 자아가 훼손되거나 왜곡될 때 성장이 멈추고 병이 난다고 믿는 것입니다.

그런데 로버트 랜디(Robert Landy)는 여기서 동일성에 기초한 인성 대신 페르소나(persona)를 제시합니다. 페르소나는 가면이지요. 시시때때로 바꿔 쓸 수 있는 표면이자 외피입니다. 그것은 같은 모습으로 존재하기보다 끊임없이 달라지는 차이(difference)로써 새로운 모습으로 생성(becoming)되며, 그 배후의 또 다른 조종자를 상정하지 않습니다. 다만 특정한 페르소나의 영향력이 지나치게 강해서 다른 페르소나로 옮겨 가지 못하고 멈춰 있거나 유사한 페르소나를 전전할 뿐 더 이상 폭넓고 깊이 있는 차이를 만들어 내지 못할 때 건강에서 멀어진다고 말합니다.

  물론 개인을 다양한 역할이나 인물을 연기하는 배우로서 조명한 것이 그가 처음이 아닙니다. 그러나 셰익스피어나 어빙 고프먼이 말하는 배우로서의 개인과 연극으로서의 삶은 로버트 랜디의 역할 접근법이 뜻하는 바와는 사뭇 다르지요. 그리고 그 간극은 연극과 퍼포먼스의 차이로 압축됩니다. 간단히 말해, 연극은 재현(representation)입니다. 아리스토텔레스가 말하듯 처음과 중간과 끝이 있는 이야기를 사용하든, 부조리극처럼 그야말로 조리를 벗어난 이야기로 하든, 그 형식과 내용에 상관없이 연극은 자연과 세계를 일종의 서사로써 재현하지요. 그리고 그 속에서 배우는 자기 자신이 아닌 인물로 살면서 관객에게 전합니다. 연극의 배우는 자기 자신과 인물이 같지 않음을 확실히 압니다. 다시 말해, 배우의 연기와 그 결과인 연극은 당연하게도 모두 거짓인 셈이지요. 연극 예술이 허구임을 모르는 이는 없습니다. 그러나 그것이 삶의 유비로 쓰인다면, 그 거짓이 문제가 될 수도 있지요. 좀 과장한다면, 우리의 삶이 관객을 이용할 목적으로 장면마다 거기 어울리는 가면을 쓰고 거짓을 전시하는 일종의 사기 행각으로 전락할 수밖에 없기 때문입니다. 어빙 고프먼(Irving Goffman)의 연극적 사회 분석이 비판을 받는 것도 같은 맥락이지요.

로버트 랜디는 그에 대한 대안으로 퍼포먼스를 제시합니다. 퍼포먼스는 재현이 아닌 현존(presence)입니다. 무대의 형이상학적 잔혹함이 관객에게 전염되어 페스트처럼 인간적인 모든 것을 뒤흔들어 놓든, 사제로서의 배우와 참여자로서의 관객이 만나 자기 변형의 경험을 공유하든, 배우가 관객 앞에서 자기에게 총을 쏘든, 퍼포먼스는 그 자체로 하나의 사건(event)입니다. 행위의 표면 너머 무언가를 재현하지 않으며, 그렇기 때문에 거듭 되풀이될 수 없는 삶 자체인 것이지요. 거기서 배우는 가상의 인물이 아닌 자기 자신으로 사건을 경험하고 관객과 조우합니다. 물론 퍼포먼스도 예술 행위라는 측면에서는 삶과 구별되는 허구성을 그 뿌리로 합니다. 그러나 그것이 삶의 유비로 쓰일 때는 행위자의 행동이 그 자신의 것으로서 일치한다는 점에서 연극과 분명히 다를 수밖에 없지요. 다시 말해, 일종의 시뮬라크르인 페르소나는 그 '이면에' 어떤 기원이나 기초도 가지지 않는 외관들 그 자체입니다. 따라서 그 자체로서 생성되고 유동하는 페르소나의 삶은 거짓이 아닙니다.

이상에서 본 바와 같이 역할 접근법은 후기 구조주의의 개념을 바탕으로 하고 있습니다. 연극의 치유성을 재발굴하여 그것을 우리 시대의 언어로 잘 기술하고 있다는 점에서 로버트 랜디는 탁월합니다. 그는 또한 삶 자체를 끊임없는 창조적 변형으로 본 데서 멈추지 않고 연극치료사로서 그 변형의 기본 단위와 생성과 차이의 원리를 찾아냅니다. 그가 서구의 극문학에서 추출한 80여 가지의 역할 유형 분류 체계 그리고 역할 레퍼토리의 확장과 역할 병존을 목표로 내세운 역할 접근법이 그것입니다.

✳︎✳︎✳︎

I'm twenty three/난 수수께끼 Question/뭐게요 맞혀봐요/I'm twenty three/틀리지 말기 Because/난 몹시 예민해요/맞혀봐/한 떨기 스물셋 좀/아가씨 태가 나네/다 큰 척해도 적당히 믿어줘요/얄미운 스물셋/아직 한참 멀었다 애/덜 자란 척해도/대충 속아줘요/난 그래 확실히 지금이 좋아요/아냐 아냐/사실은 때려 치고 싶어요/아 알겠어요/나는 사랑이 하고 싶어/아니 돈이나 많이 벌래/맞혀봐/어느 쪽이게/얼굴만 보면 몰라/속마음과 다른 표정을 짓는 일/아주 간단하거든/어느 쪽이게/사실은 나도 몰라/애초에 나는 단 한 줄의/거짓말도 쓴 적이 없거든/여우인 척 하는 곰인 척/하는 여우 아니면/아예 다른 거/어느 쪽이게/뭐든 한 쪽을 골라/색안경 안에 비춰지는 거/뭐 이제 익숙하거든/Check it out/겁나는 게 없어요/엉망으로 굴어도/사람들은 내게 매일 친절해요/인사하는 저 여자/모퉁이를 돌고도/아직 웃고 있을까/늘 불안해요/난 영원히 아이로 남고 싶어요/아니 아니/물기 있는 여자가 될래요/아 정했어요/난 죽은 듯이 살래요/아냐 다 뒤집어 볼래/맞혀봐/어느 쪽이게/얼굴만 보면 몰라/속마음과 다른 표정을 짓는 일/아주 간단하거든/어느 쪽이게/사실은 나도 몰라/애초에 나는 단 한 줄의/거짓말도 쓴 적이 없거

제임스 앙소르, 〈가면이 있는 자화상〉, 1899

든/여우인 척 하는 곰인 척/하는 여우 아니면/아예 다른 거/어느 쪽이게/뭐든 한 쪽을 골라/색안경 안에 비춰지는 거/뭐 이제 익숙하거든/난 당신 맘에 들고 싶어요/아주 살짝만/얄밉게 해도 돼요/난 당신 맘에 들고 싶어요/자기 머리 꼭대기 위에서/놀아도 돼요/맞혀봐/어느 쪽이게/얼굴만 보면 몰라/속마음과 다른 표정을 짓는 일/아주 간단하거든/어느 쪽이게/사실은 나도 몰라/애초에 나는 단 한 줄의/거짓말도 쓴 적이 없거든/여우인 척 하는 곰인 척/하는 여우 아니면/아예 다른 거/어느 쪽이게/뭐든 한 쪽을 골라/색안경 안에 비춰지는 거/뭐 이제 익숙하거든

아이유의 노래 〈스물셋〉의 가사다.

나는 어른이기도 아이이기도 하다, 다른 사람들에게 잘 보이고 싶기도 하고 내 멋대로 하고 싶기도 하다, 지금의 내가 좋기도 하고 싫기도 하다, 사랑을 좇을까 돈을 구할까, 나서고도 싶고 죽은 듯 지내고도 싶다, 이 모든 게 나고 난 아무 데도 없기도 하다, 당신은 내가 어떻게 보이느냐는 내용이다. 스물셋에 겪음직한 혼란이라고 말할 수도 있겠다. 스물셋의 치기와 불안이 마주보는 두 욕망을 그 끝으로 치닫게 하는 가속기라고는 하지만, 상충하는 욕망들 사이에서 위태로이 줄을 타는 건 숨이 붙어 있는 동안 매양 우리가 하는 일이다.

제임스 앙소르는 자기 안팎을 빈틈도 없이 메운 그 욕망들을 가면의 형태로 잡아낸다. 아이유의 노래가 '이것 혹은 저것

아니면 그 어떤 것'으로 욕망을 구조화한다면, 마흔 살의 화가는 좀 더 뱃속 깊은 곳으로 내려가 음험하고 추한 욕망의 얼굴을 드러낸다. 그리고 그 한가운데 마치 거울을 보듯 가면들을 응시하는 자신을 그려 넣었다. 아마도 그것이 "맞혀 봐"라고 말하는 제임스 앙소르의 자아일 것이다. 그런데 그 바라보는 자(observing I)는 뭘까? 그야말로 가면이 덧씌워지는 맨 얼굴인가? 아님 그것도 또 다른 형태의 가면인가? 생각이 벽에 부딪힌다. 그저 그림을 본다. "내 속엔 내가 너무도 많아 당신의 쉴 곳이 없다"고 한 또 다른 노래가 떠오른다.

1-21. 연극치료사의 직업적 비전

Q 직업적 측면에서 연극치료사의 장점과 진로에 대해 현실적으로 답해 주시기를 부탁드려요. 연극치료사가 되는 데 유리한 전공과 도움이 될 만한 경험이 있다면 어떤 것인지도 궁금합니다.

A 저는 가장 정확한 명칭이라 생각해서 '연극치료'와 '연극치료사'라고 말하지만, 우리나라에서 통용되는 공식 명칭은 '연극 심리 상담'과 '연극심리상담사'입니다. 연극심리상담사가 되기 위해서는 연극 심리 상담에 대한 훈련, 임상 실습, 자격시험, 슈퍼비전 등 해당 교육기관에서 정한 절차를 따라 자격증을 취득하면 됩니다. 그 기간은 교육기관에 따라 6개월부터 18개월까지 다양하지요.

현재 연극치료사는 주로 복지시설, 초·중·고등학교, 정신병원, 일반 병원, 지역사회 기관, 군부대 등지에서 장애아동, 정신장애인, 탈학교 청소년, 다문화 가정의 부모와 자녀, 재활 환자, 새터민, 치매 노인 등을 집단 규모로 만나거나 개인 치료를 진행하기도 합니다. 지금까지는 특정 기관에 전일제 연극치료사로 고용되어 활동하는 경우보다 소속 기관 없이 프리랜서로 일하는 경우가 훨씬 많다고 할 수 있으며, 그렇게 어느 정도 경력이 쌓인 후에는 연극치료나 예술 치료를 전문으로 하는 센터를 내기도 합니다. 또 연극치료를 학문적으로 공부하여 석·박사 학위를 취득한 경우는 현장 작업과 더불어 연극치료사를 양성하는 기관에서 교육 업무를 담당하기도 하지요.

　우리나라의 경우, 연극치료를 비롯한 예술 치료에 대한 관심이 지난 10년간 현저하게 증가해 왔다고 할 수 있습니다. 마음의 병을 수치스럽게 여겨 숨기는 문화적 특수성과 전반적인 경기 침체로 인해 연극치료에 대한 수요가 급증하는 관심만큼 수직 상승세를 보이는 것은 아니지만, 점차 확장되고 있는 것은 사실입니다. 그리고 현재까지는 음악, 미술, 무용, 문학 등 매체를 불문하고 모든 예술 치료 관련 자격증이 민간 자격에 제한되어 있지만, 정부 차원에서 심리 치료의 문턱을 낮출 필요성과 예술 치료의 잠재력을 결합하려는 시도가 시작되고 있어 향후 10년 안에는 국가 공인 자격 과정이 세워지지 않을까 전망해 봅니다. 국가 공인 자격 과정이 생긴다는 것은 국가에서 예술치료사를 양성하고 관리하는 시대가 곧 온다는 뜻이지요. 그렇게 되면 현재보다 다양한 대상을 안정적으로 만날 수 있는 기회가 확대될 것으로 기대합니다.

　저는 연극치료사의 장점을 두 가지로 말하고 싶습니다. 첫째는 정년이 없다는 점입니다. 평균 수명은 80세를 훌쩍 넘는데 50세가 되기도 전에 퇴사를 준비해야 하는 게 우리의 현실이고, 그래서 요즘은 인생 이모작이라는 말을 많이 하지요. 인생의 초반부를 남들 하는 대로 따라가기에 급급해 정신없이 살아왔다면, 중년 이후는 자신이 주인이 되어 제대로 꿈꾸고 가꾸는 깊은 인생을 살아보자는 뜻일 것입니다. 저는 연극치료사가 그렇게 하기에 좋은 직업이라 생각합니다. 나이가 많이 들어서도 자신의 필요와 욕구에 맞게 원하는 만큼 활동할 수 있을 뿐 아니라 지속적인 자기 성장을 요한다는 점에서도 그렇습니다. 연극치료사로 일하는 데 있어 가장 큰 자산은 자신의 변형과 성숙의 경험입니다. 고통에 빠진 사람을 돕는 일을 지속하기 위해서는 연극치료사 자신이 조금씩이라도 꾸준히 성장할 필요가 있으며, 삶 속에서 끊임없이 자신을 가다듬어야 하는 것이 힘이 들기도 하지만 동시에 다른 일에서 찾기 힘든 독특한 장점이라 여겨집니다.

하지만 전문직으로서 연령에 제한이 없는 반면, 현재까지 직업의 안정성 측면에서는 상대적으로 불안한 것이 사실입니다. 특정 기관에 소속된 경우를 제외하고는 자격증을 취득한 후에도 대부분 6개월이나 1년 단위로 일자리를 새롭게 구해야 하고 초·중·고등학교에서 주로 일한다면 학기 중과 방학의 수입 격차가 클 수밖에 없습니다.

연극치료사가 되는 데 유리한 전공이 따로 있지는 않지만, 굳이 꼽자면 심리학, 상담심리학, 사회복지학, 특수교육학, 교육학, 신학, 인류학이나 연극, 음악, 미술, 무용, 문학과 관련된 전공을 말할 수 있을 것입니다. 하지만 그렇지 않은 경우도 크게 불리하지는 않습니다. 연극치료가 기본적으로 사람과 삶에 대해 다루는 것이기 때문에, 실은 어떤 학문이나 전공도 그 테두리를 벗어나지 않으니까요.

그리고 연극치료사를 준비하는 데 도움이 될 만한 일이라면 자원봉사와 연극 경험을 권합니다. 연극치료는 기본적으로 도움이 필요한 사람들에게 도움을 제공하는 것이므로, 대가 없이 내 시간과 열정을 들여 다른 사람을 좀 더 행복하게 하는 자원봉사를 통해 정말로 내가 연극치료를 하고 싶은지, 할 수 있는지를 가늠할 수 있으리라 생각합니다. 그리고 연출, 제작, 연기, 스태프 등 어떤 역할로든 연극 공연의 전 과정을 경험하는 것이 도움이 될 것입니다.

1-22. 연극치료사 자격증

 연극심리상담사 자격증을 어떻게 취득할 수 있는지 궁금합니다.

A 연극치료에 관심 가진 분들이 가장 많이 묻는 질문이 바로 자격증과 관련한 것이랍니다. 일단 전문적으로 연극치료를 시행할 수 있는 자격을 공식적으로는 연극심리상담사라고 합니다. 그리고 아직까지 국가에서 공인한 자격 과정은 없으며, 연극심리상담사 자격 취득이 가능한 다수의 민간 과정이 있지요. 그런데 그 많은 과정을 모두 파악하기는 어려워서, 제가 알고 있는 범위 안에서 답변하도록 하겠습니다.

2006년부터 연극심리상담사를 배출해 온 한국연극치료협회(KADT)는 연극심리상담사의 자격을 2급과 1급으로 구분합니다. 먼저 2급 자격증을 취득하기 위해서는 전문대 졸업 이상의 학력이 요구되고, 이때 학부에서 어떤 전공을 했는지는 상관이 없습니다. 3학기에 걸쳐 180시간의 교육과정을 이수하고, 180시간의 임상 실습을 한 뒤 필기시험과 구술시험과 슈퍼비전을 통과하면 2급 연극심리상담사가 될 수 있습니다. 자격시험은 일 년에 2회 실시하며, 자격증의 유효기간은 5년입니다. 자격증의 갱신을 위해서는 협회에서 규정하는 보수교육을 받아야 하구요. 그리고 1급 연극심리상담사 자격증은 2급 자격증 소지자가 자격 검정 시험과 슈퍼비전을 통과하고 연극 심리 상담과 관련한 논문을 발표하는 등의 조건을 만족할 때 해당 협회의 심사를 통해 취득할 수 있습니다.

또 다른 예로 한국공연예술치료협회(PATA) 역시 2급과 1급의 연극심리상담사를 양성하고 있습니다. 만 20세 이상이면 학력과 상관없이 취득 과정에 등록할 수 있으며, 총 48시간 4단계에 걸친 교육과정을 이수하고 자격시험에 합격하면 2급 연극심리상담사가 될 수 있고, 자격증의 유효기간은 5년입니다. 1급 자격 취득을 위해서는 2급 연극심리상담사 자격을 소지하거나 관련 학과의 학사 또는 석사 이상의 학력이 필요하고, 총 200시간 40주에 걸친 교육과정을 이수한 다음 슈퍼비전과 자격 검정 시험을 통과하고 소논문을 제출하여야 합니다.

1-23. 자전 공연

Q 연극치료사가 되려면 그 과정에서 자전 공연을 해야 한다고 들었습니다. 자전 공연은 무엇이고 왜 그것을 해야 하나요?

A 자전 공연(autobiographical performance)은 간단히 말해 자신이 살아온 삶을 원하는 방식으로 상연하는 것입니다. 자전 공연은 공연의 주체와 내용에 의해 규정되는 것으로서, 공연하는 사람이 자기 자신과 자신의 삶에 관한 어떤 내용을 극적으로 표현하되, 희곡을 쓰거나 연출을 하거나 연기를 하거나 무대를 만들거나 음악과 음향과 조명을 쓰는 것을 모두 자신이 책임지는 형식입니다. 그래서 모노드라마처럼 처음부터 끝까지 혼자 무대를 이끌어 가는 경우가 많지만, 다른 사람의 도움을 받아 여러 인물이 등장하는 장면을 만들기도 합니다.

물으신 것처럼 연극치료사를 길러 내는 과정에서 자전 공연을 필수로 규정하고 있지만, 자전 공연 자체가 연극치료에서 발생한 공연 형식은 아닙니다. 그것은 1960년대에 현실과 허구 혹은 일상과 극장의 경계를 무너뜨려 예술과 삶의 일치를 꿈꾸었던 전위적 연극 집단의 영향을 받아 배우가 가공의 인물이 아닌 자기 자신으로서 관객과 만나기를 시도한 데서 시작되었습니다. 그리고 곧이어 무대가 가진 힘을 발견한 여성, 소수 인종, 성 소수자들이 사회적 약자로서 살아온 자신의 삶을 소리 내어 말함으로써 그 존재를 드러내고 주장하는 방식으로 자전 공연을 즐겨 써 왔지요.

어른들은 아이에게 흔히 이런 칭찬을 합니다. "부모님 말씀 잘 들어라." "말 잘 듣는 착한 아이구나." 이때 아이에게 요구되는 '들음'은 단순히 소리를 듣는 것이 아니라 들은 바를 순하게 따르는 것입니다. 또 아이를 혼낼 때 어른들이 곧잘 하는 말이 있지요. "어른 말에 꼬박꼬박 대꾸하는 버릇 어디서 배웠어! 어른이 말씀하시는데 어디 눈을 똑바로 떠?" 이렇게 보면 어른이나 아이나 눈, 코, 입, 귀를 공히 갖고 있지만, 어른이 그 모든 것을 자유로이 다룰 수 있는 반면, 아이에게는 눈과 입의 사용이 제한적입니다. 어른을 응시나 대화의 대상으로 삼아선 안 되는 것이지요. 이는 어른과 아이가 대등하지 않기 때문이고, 감각기관 중 외부 자극의 감지와 수용에 집중하는 후각과 청각은 권력관계에서 열위에 있는 자에게 허용되지만, 감정이나 생각을 밖으로 드러낼 수 있는 눈과 입은 힘 있는 자에게만 속한 특권임을 말해 줍니다.

그리고 말하기에 대한 권력의 독점은 글쓰기로 확장됩니다. 역사가 승자의 기록이라는 말에서도 그것을 쉽게 알 수 있지요. 그렇게 인간의 오랜 역사에서 남자, 어른, 부자, 백인, 건강한 자, 이성애자는 중심에서 목소리 높여 자신을 주장해 왔지만 여자, 아이, 가난한 자, 유색인, 환자, 동성애자는 목소리를 빼앗긴 채 그림자로 주변을 서성거려야 했습니다.

"존재하는 한 이야기하라!"는 페미니즘의 명제는 바로 이런 맥락에서 나온 것입니다. 그림자로 사라지지 않기 위해서는 말해야 한다, 소리 내어 내가 여기 있음을 말해야 한다, 내 삶을 이야기함으로써 혼자가 아님을 느껴야 한다, 우리의 자리를 이야기하며 스스로 중심이 되어야 한다, 이야기를 통해 노예를 벗고 주인으로 거듭나야 한다는 절박한 깨달음이지요.

자전 공연은 그것을 가능케 하는 연극 형식입니다. 자전 공연에서 참여자는 다른 사람의 도움 없이 스스로 작가이자 연출가이자 배우가 되어 자신의 삶을 원하는 방식으로 극화하여 상연합니다. 무대의 힘을 빌려 듣지 못했던 자신에게 귀 기울이고, 보지 못했던 자신을 들여다보고, 말하지 못했던 자신을 이야기하면서, 자신을 피해자의 자리에서 일으켜 세워 주인공으로 변형하는 것이지요. 이것은 연극치료의 과정을 그대로 압축하는 것이며, 그런 의미에서 연극치료사가 되고자 하는 이들에게 중요합니다. 자신의 삶을 무대에 풀어 놓고 새롭게 만남으로써 스스로를 주인공으로 세우는 일종의 통과의례가 되는 것이니까요. 자전 공연을 통해 예비 연극치료사는 관객을 보고 관객 앞에 설 수 있는, 관객을 듣고 관객에게 말을 걸 수 있는, 관객을 느끼고, 관객을 움직일 수 있는, 자기 삶의 주인공으로 거듭나게 되는 것입니다.

2장

연극치료 속으로 한 걸음 더

2-1. 과도한 의존

Q 저는 요즘 제가 너무 중심 없이 다른 사람들의 말과 행동에 휘둘린다는 느낌이 들어 힘듭니다. 분명히 화를 낼 만한 상황에서 화를 냈는데도 금세 그 사람이 나를 싫어하면 어쩌나 싶어 사과를 하기도 하고, 다른 사람들을 도와주느라 정작 제 일은 뒷전이 될 때가 너무 많아요. 사람들한테 그렇게 집착하는 게 자존감이 낮아서 그런 것 같은데, 어떻게 하면 자존감을 높일 수 있을까요?

A 솔직한 마음을 나누어 주셔서 고맙습니다. 자신을 파악하는 게 쉽지 않은데 왜 힘이 드는지를 잘 설명해 주셨네요. 아마 질문 주신 분은 주변 사람들에게 다정하고 따뜻한 사람이라는 말을 자주 들으실 것 같아요. 그런데 지금은 그 배려와 사랑이 지나쳐서 문제가 되고 있지요.

나는 왜 사람들에게 집착할까요? 사람들이 나를 싫어할까 봐 할 말도 제대로 못하고 내 일을 못 챙길 만큼 다른 사람 일에 더 발 벗고 나서는 까닭이 무엇일까요? 아마도 거기에는 사람들에게 사랑받고 싶은 마음이 있지 않을까 생각됩니다. 사람들에게 좋은 사람, 사랑스러운 사람, 매력적인 사람이고 싶은 마음이지요.

우선 그 마음을 정확히 아는 것이 중요합니다. 그래야 그 마음이 일어나는 순간을 잘 알아차릴 수 있으니까요. 그동안은 납득되지 않는 방식으로 사람들에게 잘해 주려 하는 나를 멈추지 못했지만, 나를 그렇게 움직이는 밑 마음을 확실히 깨달아 정확하게 알아차리면, 적어도 문제가 되는 행동을 의식 없이 자동적으로 반복하지는 않을 수 있게 됩니다.

그리고 다른 한 축으로는 주변에 관심을 갖고 보살피는 데 쓰는 에너지를 줄여 나를 살피고 돌보는 데 조금 더 집중해 보시길 권합니다. 지금까지는 다른 사람의 이야기를 듣고 공감하는 데 힘썼다면 이제부터는 나와 독대하면서 고요히 혼자를 경험해 보세요. 혼자로도 괜찮을 때 정말로 함께 할 수 있으니까요.

그것을 자존감과 연결해 생각해 보면, 다른 누구보다 내가 사랑받아야 할 대상이 있다면 그건 바로 나 자신일 것입니다. 그리고 내가 나를 괜찮은 사람으로 여기면 다른 사람들에게 내가 어떻게 비치는가에 과하게 영향 받지 않을 수 있지요.

그럼 먼저 이것부터 시작해 볼까요? 줏대 없이 다른 사람들 말에 휘둘린다고 스스로 비난하고 창피해하지 않기. 다른 사람을 해친 것도 아니고 살다 보면 누구나 겪을 수 있는 일이니까요. 지나친 것이 문제일 뿐 약점은 쓰기에 따라 언제든 강점으로 변형되니까요. 또 마음에 들지 않고 버리고 싶은 못난 나를 그 모습 그대로 나로 인정하고 받아들이는 게 자존감의 출발이니까요.

응원합니다!

✳︎✳︎✳︎

메디아는 아마도 그리스 신화에서 가장 고약한 삶을 보여 준 여인일 것이다. 그 어떤 말로도 남편에게 고통을 주기 위해 자식들을 제 손으로 죽인 어미를 변명할 수는 없다. 그러나 메디아가 처음부터 독부이자 악녀였던 것은 아니다. 오히려 그녀는 남편 이아손에게 그야말로 모든 것을 헌신한 양처 중의 양처라 할 수 있다.

이아손이 아르고 호를 이끌고 콜키스에 왔을 때 둘은 처음 만났다. 이아손의 무엇이 그녀를 사로잡았는지, 메디아는 어떻게든 그를 자신의 남자로 만들겠다고 마음먹었다. 그래서 왕위를 되찾기 위해 황금 양피가 필요한 그에게, 자기가 도울 테니 원하는 대로 황금 양피를 손에 넣으면 함께 콜키스를 떠나자고 제안한다. 그리고 아버지 몰래 황금 양피를 지키는 용을 잠들게 한 다음 이아손에게 마법의 고약과 부적을 주어 불을 뿜는 황소와 유령 무사들을 피하게 했다. 둘은 약속대로 그리스로 향했다. 황금 양피를 가지고 돌아온 아들을 아버지 이아손은 두 팔 벌려 환영했다. 그런데 이아손은 예전 왕의 위엄은 간데없이 권좌에서 쫓겨 흔한 늙은이가 되어 버린 아버지가 못 견디게 안쓰러워 보였다. 그래서 마녀인 아내 메디아에게 아버지의 젊음을 되돌려 달라고 부탁한다. 메디아는 이아손의 무리한 청을 기뻐하며 흔쾌히 들어주었고, 그럼으로써 자신이 남편에게 특별한 사람임을 스스로 확인했다. 그녀는 또 한 번 남편을 위해 실력을 행사한다. 황금 양피를 찾아

앤서니 프레더릭 샌디스, 〈메디아〉, 1868

오면 왕위를 돌려주겠다던 숙부 펠리아스가 약속을 어기자, 이아손처럼 젊어지게 해 주겠다 속여서 끓는 약물에 빠뜨려 죽인 것이다. 그러나 그 일로 이아손과 메디아는 옆 나라 코린토스로 피신해야 했고, 거기서 예상치 못한 복병을 만난다. 코린토스의 왕 크레온이 이아손에게 딸과 혼인하면 왕위를 물려주겠노라 한 것이다. 그 제안을 듣자마자 메디아의 대경실색

할 얼굴이 떠올랐지만, 왕좌에 오르겠다는 필생의 꿈이 이아손의 등을 떠밀었다.

더 이상 사랑이 아닌 이아손을 위해 메디아는 그동안의 헌신에 값하는 피의 복수를 선물한다. 신부의 옷에 독을 발라, 예복을 입는 순간 온몸에서 치솟은 불길이 그 아비와 코린토스의 궁전까지 삼켜 버렸다. 그것으로도 성이 차지 않은 메디아는 이아손을 고통의 심연에 가두기 위해 차마 상상하기 힘든 일을 저지르고 만다.

헌신의 대상이 분노의 대상으로 바뀌는 것은 메디아의 경우만이 아니다. 입 안의 혀처럼 다른 이의 필요를 채워 주는 배려의 안쪽을 잘 들여다보면, 그 친절한 행위를 통해 인정과 사랑을 구하는 경우가 많다. 표면은 베푸는 것이지만, 자기도 모르는 속내에는 '내가 당신에게 이렇게 주었으니 당신도 내가 원하는 것을 주어야 해'라는 셈이 있다. 하지만 그 셈이 늘 통하지는 않으므로, 보살피고 주기 좋아하는 사람들은 돌려받지 못한 사랑에 서운함과 외로움을 느끼고, 그것이 심하면 배신감과 원망으로 이어진다. 메디아는 이렇게 받기 위해 사랑하는 사람이 겪는 불행의 극단을 보여 준다.

사람은 관계를 떠나서는 존립 자체가 불가하지만, 동시에 몸으로써 구별된 개체이기도 하다. 그런데 메디아가 보여 주는 유형의 사람은 개별성과 관계성의 두 축 가운데 관계에 치우쳐 있다. 그래서 혼자인 것을 잘 견디지 못하고, 다른 사람을 곁에 두어 그 결핍을 메우기 위해 타인의 관심사와 필요를 채우는 데 에너지를 쏟는 것이다. 그러나 받기 위해 주는 자신의 무의식적 패턴을 알아차리지 못하고 과도하게 거기에 의존할 때, 그 사랑과 헌신은 메디아의 그것처럼 자기 자신과 상대를 향한 독한 분노와 폭력으로 변할 수 있다.

  사람은 곁에 있을 수 있을 뿐 소유할 수 없음을 모르고 탐한 것, 고통이 다른 사람 탓이 아니라 자기에게서 비롯된 것임을 보지 않고 성낸 것, 모르고 보지 않았을 뿐 아니라 자신의 판단과 행동을 의심하지 않은 것, 메디아의 삼독(탐진치)이다.

2-2. 부모 되기

 심리 치료에 대해 공부할수록 부모가 되는 게 무서워져요.

이미 부모인 저도 새삼 그것을 자각할 때마다 흠칫 놀라고 마음이 무겁답니다. 그럴 땐 세상에서 가장 어려운 일이 부모 되기 임을 떠올려 스스로 다독이지요. 그리고 자녀와의 관계가 바로 서기 위해서는 나의 부모 그리고 배우자와의 관계가 튼튼한 바탕이 되어야 함을 다시 새겨 봅니다.

삶은 우리가 아이에서 어른이 되도록 합니다. 조금 다른 말로 하면, 자식에서 부모가 되게 하죠. 태어남에서 죽음까지가 한 삶이라면, 그것은 출산을 기점으로 두 개의 막으로 나뉩니다. 1막은 자녀/아이로서의 성장과 독립의 역사, 2막은 부모/어른으로서의 정착과 양육의 역사를 써 가는 것이지요. 이를 좀 더 자세히 들여다보면, 1막은 다른 삶의 정착과 양육의 역사를 울타리 삼아 일어나고, 2막의 안쪽에서도 또 다른 삶의 성장과 독립의 역사가 펼쳐집니다. 우리는 부모와 자식이라는 두 가지 역할을 통해 하나의 삶을 거듭 살고, 삶은 그렇게 역할 바꾸기로써 우리의 경험에 깊이를 부여합니다.

역할을 바꾸는 이유는 단순합니다. 상대가 되어 봄으로써 나와 그를 더 잘 만나기 위해서죠. 삶이 우리에게 아이/자식과 어른/부모의 역할을 경험하게 하는 까닭 역시 여기서 멀지 않을 것입니다. 부모 혹은 자식이라는 이름으로 주어지는 삶을 더 잘 만날 수 있도록 두 번의 기회를 주는 것이지요. 부모가 자식을 만날 때 가장 중요한 것은 아이를 있는 그대로 받아들이고 기뻐하는 것입니다. 딸이라서, 아들이라서, 나를 닮아서, 닮지 않아서, 빨라서, 느려서, 밝아서, 어두워서, 모나서, 둥글어서를 탓하지 않고, 그래서 기꺼워하는 것.

이것은 자식이 부모를 만날 때도 마찬가집니다. 그런데 우리는 갖은 이유로 자신의 불행을 부모에게 떠넘깁니다. 부모가 이혼해서, 가난해서, 다른 형제를 편애해서, 무관심해서, 너무 잘나서, 때려서, 못 배워서, 냉담해서, 과잉보호해서, 강해서, 아파서, 불행해서, 망해서, 바람을 피워서, 집을 나가서, 일찍 돌아가서 내가 이 모양이 되었다고 말이지요. 초기 발달을 중시하는 심리 치료가 이런 태도를 부추기는 경향이 없지 않습니다.

그러나 아이가 심각한 병이나 장애가 있어도 그 때문에 아이를 탓하지 않는 것처럼, 부모의 모자람과 넘침 역시 원망과 비난의 대상이 아니며, 오히려 왜 그렇게 할 수밖에 없었는지, 어떻게 그리 되었는지를 살펴 함께 슬퍼해야 할 일입니다.

아이는 작고 힘이 없기에 부모의 일거수일투족에 큰 영향을 받는 것이 당연합니다. 또 어린 것이 제 생명력을 마음껏 펼칠 수 있도록 안전하고 풍요한 환경을 만들어 주는 것이 어른의 도리이지요. 하지만 충분히 좋은 부모가 되는 것이 그리 녹록한 일은 아니며, 그렇게 하고 싶지 않아서 하지 않는 부모는 거의 없음을 이해할 필요가 있다는 말입니다. 자녀를 있는 그대로 기쁘게 받아들이는 것이 부모가 할 일이듯, 자식이 할 일은 부모를 있는 그대로 감사히 받아들이는 것입니다. 내가 원하는 사랑을 원하는 방식으로 주지 않았다고 원망하는 대신 부모가 주는 사랑을 그 방식 그대로 받아 안는 것이지요. 그렇게 부모의 사랑이 내게 온전히 전해질 때 나의 사랑이 내 자식에게로 흐를 수 있습니다.

심리 치료에서 초기 발달을 중요하게 다루어 부모와 관련된 결핍과 상처를 들여다보는 것은 병의 원인을 찾기 위함이 아닙니다. 부모는 세상에 태어나 우리가 처음 만나는 사람으로 다른 모든 관계의 모태이자 은유로 작용하며, 그래서 초기 기억이라는 거울을 통해 참여자의 현재를, 그에게 중요한 감정과 신념과 관계 방식을 비추어 보려는 것이지요.

설령 병이 난 까닭이 부모에게 있다 해도 어린 시절로 돌아가 그들을 바꿀 수는 없습니다. 변형할 수 있는 것은 오로지 참여자의 생각과 감정과 행동뿐입니다. 부모에게서 온 결핍과 상처를 슬퍼하는 것, 그것이 부모가 준 것이 아니라 그저 주어진 것, 어쩌면 자신이 선택한 것일 수 있음을 아는 것, 그래서 부모를 받아들이고 스스로 어른이 되어 자신을 보살피는 것이 전부입니다.

"내가 언제 낳아 달라고 한 적 있어? 왜 맘대로 낳아 놓고 이따위로 살게 하냐고!"

삶의 어느 대목에선가는 하게 되어 있는 어린 자식의 말입니다. 그것이 "낳아 주셔서 고맙습니다. 주신 것 모두 제 양분이 되었습니다"라는 어른의 말로 바뀌는 것이 성장일 것입니다. 어떤 말을 선택할 것인가는 전적으로 나의 몫입니다. 예전에도 그랬듯이, 모든 일이 그렇듯이.

***

이카로스는 하늘을 날았고 또 죽었다. 그는 태양에 가장 가까이 간 탐험가일 수도 있고, 규범을 거부하고 자신의 욕망에 한껏 귀 기울인 예술가일 수도 있다. 나는 그를 다이달로스의 자식으로 보려 한다.

죄 지은 아비를 따라 미궁에 갇혔을 때 이카로스는 몇 살이었을까? 어쩌면 그는 인생의 대부분을 아비가 만든 감옥에서 지냈을지도 모른다. 미노타우루스를 가두어 두었던 곳, 미노타우루스가 제물로 바쳐진 아테네의 젊은이들을 잡아먹었던 곳, 테세우스와 미노타우루스의 혈투가 벌어졌던 곳, 죽은 괴물의 시신이 썩어 가던 곳, 자연과 사람의 온기라고는 찾아볼 수 없이 세상의 그림자로 가득한 공간이 이카로스의 집이었다.

다이달로스는 그 안에서도 손을 놀리지 않았다. 아이의 침대며 목마며 장기판을 만들고, 아이가 기억하는 미궁 밖 풍경을 조각하기도 했다. 아이도 처음에는 아비의 손에서 빚어지는 그 세상이 신기했다. 아비의 솜씨가 못내 뿌듯해 유일한 창 너머로 날아든 비둘기에게 자랑을 하기도 했다.

앙리 마티스, 〈이카로스〉, 1946

하지만 언제부터였을까, 이카로스는 아무리 아늑한 척해도 감옥은 감옥일 뿐 집이 될 수 없다고 생각했다. 그리고 그 생각이 굳어질수록 아버지의 노력이, 아버지의 미소가, 아버지의 목소리가, 아버지의 일거수일투족이 혐오스러워졌다.

'내가 왜 여기 이렇게 있어야 하는 거지? 내가 저 사람의 아들이 아니었다면, 저 사람이 사람을 죽이지만 않았어도, 차라리 저 사람의 재주가 빼어나지 않았다면, 아예 나를 낳지 않았다면, 이 저주 받은 삶이 내 것은 아닐 텐데, 대체 왜, 왜, 왜?'

눈에 띄게 말수가 줄어든 이카로스를 보며 다이달로스는 마음이 급해졌다. 어떻게든 빨리 미궁을 빠져나가 아들에게 정상적인 삶을 돌려주려 스스로를 채근했다. 그리고 드디어 그 날이 왔다. 아비는 밀랍이 녹을지 모르니 너무 높이 날지도, 습기로 날개가 젖을 수 있으니 너무 낮게 날지도 말 것을 단단히 이른다. 하지만 아비와 눈을 마주치지 않는 이카로스는 빼앗듯 날개를 가져가더니 창에서 훌쩍 뛰어내린다. 더럭 겁이 난 아비가 서둘러 그 뒤를 쫓는다. 아들에게 당부의 말을 다시 전하려 해도 날갯짓에 소리가 흩어져 버린다. 이카로스는 허둥대는 아버지가 더 못마땅하다. 그의 소생이라는 덫을 벗어내기 위해, 이카로스는 있는 힘껏 날갯짓을 한다. 그렇게 눈부신 태양을 향해 오른다. 지상에 납작 엎드린 미궁이 저 아래로 보인다. 아버지 곁에서 맛보지 못했던 자유가 넘실거린다. 축축한 기운이 날아가고 온몸이 새로 가볍다.

'하나의 화살이 되어 태양에 꽂히리라. 온 누리를 밝히는 저 거대한 불덩이와 하나가 되자. 저것이야말로 내 삶을 밝힐 단

하나의 빛이다.'

마음을 굳힌 이카로스는 아버지 곁을 떠나 과녁을 향해 수직 상승한다. 아버지의 외침이 점점 작아져 들리지 않는다.

'이제야 비로소 나다, 이카로스!'

해방감도 잠시, 날개 깃털이 떨어지기 시작한다. 너무 환한 빛에 눈을 감은 지 오래인 이카로스는 오르기를 멈추지 않는다. 온몸이 붉게 달아올라 타는 듯 숨이 가빠온다. 그러나 돌이키지 않는다. 그 끝에 아버지가 있기 때문이다. 도리질을 하며 얼마나 더 날아올랐을까, 그예 이카로스는 정신을 잃고 만다. 추락이다. 날개도 벗겨져 버리고 맨몸의 이카로스가 무서운 속도로 떨어진다.

'잘 봐요, 당신의 죄가 어떤 결과를 가져오는지.'

바다와 충돌하는 순간, 이카로스의 얼굴에 설핏 미소가 번졌는지도 모르겠다.

이카로스는 아버지를 용서하지 못한 아들이다. 자식이 품을 수 있는 무한한 가능성을 자신이 지은 미궁으로 한정한다는 점에서 세상의 모든 아버지는 죄인이다. 그리고 자식들은 스스로 아버지가 될 때 비로소 제 아버지를 용서하면서 어른이 된다.

자식은 아버지 품을 떠나 다른 태양을 찾는다. 그것은 종교, 이념, 직업일 수도 있고, 반항과 복수심에 눈이 먼 경우에는 세상의 중심에서 이탈케 하는 약물과 범죄와 다양한 자해 행동이 그 자리를 채우기도 한다. 그러나 어떤 경우든 유사 아버지를 향한 수직 상승은 추락을 불러옴을 이카로스는 보여 준다. 아버지를 용서하지 못한 자는 어른이 될 수 없다.

2-3. 불안 다루기

Q 저는 낯선 사람들 속에 있을 때나 불편한 상황에서 심하게 긴장을 하는 편입니다. 그렇게 불안해지면 저도 모르게 크게 미소를 짓는다고 해요. 그렇게 웃는 게 어울리지 않는 자리에서도요. 어떻게 하면 불안을 극복할 수 있을까요?

A 저도 불안을 좀 타는 편이랍니다. 오랫동안 '난 내성적이라 그런 거야. 낯선 사람들과 함께 있어야 하는 자리가 싫은 것뿐이야'라고 넘기곤 했는데, 실은 그 불편함이 불안에서 온 것이더군요.

불안을 가라앉히는 법에 대해서는 여러 가지 구체적인 조언이 가능하겠지만, 저는 불안을 어떻게 만날 것인가와 관련된 조금 큰 덩어리의 이야기를 해볼까 합니다.

가장 힘주어 할 말은 불안은 극복의 대상이 아니라는 것입니다. 극복은 어떤 악조건을 이겨 내는 것 또는 적을 굴복시키는 것을 뜻하지요. 하지만 불안은 싸워 제압해야 할 대상이 아니라 내게 전할 말이 있어 찾아온 귀한 손님입니다. 그럼에도 우리가 흔히 불안을 비롯한 부정적인 감정을 극복하거나 해소해야 할 것으로 여기는 까닭은 그런 감정을 느끼는 것이 불편하고 고통스럽기 때문입니다.

하지만 불안은 내 생각과 태도가 치우쳐 있음을 알려 주는 일종의 신호라 할 수 있습니다. 아무리 곱씹어도 터럭 하나 달라질 수 없는 과거에 매여 후회와 자책을 반복한다든가, 다가오지 않은 미래를 비관한다든가, 별것 아닌 상대의 반응을 부풀려 근심하거나, 충분히 잘하고 있는데도 스스로 믿지 않고 더 잘해야 한다고 완벽해야 한다고 채찍질하거나, 알 수 없고 어쩔 수 없는, 이를테면 생로병사나 나라는 사람의 사람됨을 삶의 조건으로 받아들이지 못할 때 불안이 찾아온다는 말입니다. 그러니 만일 극복하거나 해소해야 할 것이 있다면, 그것은 불안이 아니라 그것을 일으킨 편향된 생각과 태도라 할 수 있겠지요.

제가 만약 "지금부터 30초 동안 절대 코끼리를 떠올리지 마세요"라고 하면, 아마 이 문장을 읽은 순간부터 여러분은 계속해서 등장하는 머릿속 코끼리를 지워야 할 겁니다. 불안도 꼭 그와 같습니다. '불안해하지 말아야지'라고 마음먹는 순간, 오히려 불안에 초점이 맞춰지면서 도처에 잠복해 있던 불안의 단서들이 고개를 드는 거죠. 그러니 불안과 싸우지 마시고 잘 대접해 보내세요. 불안은 귀한 손님이니까요.

어색하게 미소 짓고 있는 내가 느껴지면 '내가 지금 불안하구나'를 먼저 알아차립니다. 그리고 '불안해해도 괜찮아. 그럴 만한 상황이네'라고 불안을 받아들여 보세요. 그런 다음에는 불안을 느끼면서 지금 나를 불안하게 만드는 게 뭔지 마음을 살펴봅니다. 아마 그것은 대개 '~하면 어떻게 하지? 그럼 사람들이 나를 ~하게 볼 텐데' 하는 식의 말일 것입니다. 그것을 찾았으면 함께 있는 사람들에게 불안을 드러내 보세요. "여러분을 처음 만나는 자리라 그런지 많이 긴장되고 불안하네요. 아마 제가 여러분에게 아주 잘 보이고 싶은가 봐요." 그렇게 표현하고 나면 안에 담고 있을 때보다 긴장의 수위가 낮아질 겁니다. 압력솥에서 수증기가 빠져나간 것처럼 말이지요.

그렇게 하면서 다른 한편으로는 불안을 잘 담을 수 있도록 몸을 바꿔 보세요. 불안해지면 몸이 수축되고 숨이 얕아지는데, 그런 상태에서는 불안을 깊이 경험하기가 어렵습니다. 불안에 짓눌려 바라볼 수가 없는 것이지요. 불안을 느끼면서 동시에 그것이 전하는 메시지를 듣기 위해서는 몸통을 곧게 펴고 깊은 숨을 쉴 수 있어야 합니다. 그래서 불안이 알아차려지면 얼굴, 어깨, 손, 허리, 다리를 어떻게 하고 있고 호흡이 어떤지를 살펴 안정되게 바꾸어 보세요. 숨을 깊게 들이쉬고 천천히 내쉬면서, 불안이 파도처럼 밀려왔다가 다시 사라지는 것을 몸과 마음으로 잘 살펴 기억합니다. 그렇게 하면 다시 불안이 거세게 몰려올 때도 그것이 왔다가 지나간 과정을 떠올리면서 불안을 경험하는 것 자체를 겁내지 않을 수 있습니다.

그렇게 불안을 잘 겪어 보내고 나서는 불안을 가져온 나의 치우친 생각과 태도를 면밀하게 되짚어 균형을 잡는 작업이 이어져야 할 것입니다. 그것이 불안이 찾아온 이유이자 목적이니까요.

물론 그렇게 한다 해도 불안이 근절되지는 않을 것입니다. 한 치 앞을 알 수 없는 여행을 지속해야 하는 게, 그래서 불안과 동거해야 하는 게 삶의 숙명이니까요. 다만 바라고 익힐 것은 동거의 기술!

 이번에는 우리 모두 파이팅 입니다!

2-4. 자존심

Q 저는 자존심이 강하다는 말을 자주 듣는 편입니다. 그런데 그것이 나에게 도움이 되는 것인가 묻게 될 때가 종종 있는데, 치료적인 관점에서는 자존심을 어떻게 보나요?

A "거울아, 거울아, 세상에서 누가 제일 예쁘지?" 왕비는 매일 거울에게 묻습니다. "세상에서 가장 아름다운 분은 왕비님입니다"라는 대답을 듣고서야 살짝 떨리던 흑단 같은 눈썹이 차분히 내려옵니다. 옛 이야기 속에서 자존심이 세기로 백설 공주의 계모를 당할 인물은 별로 없겠지요.

자존심(自尊心)은 한자 그대로라면 자신을 존중하는 마음일 텐데, 실제로 쓰이는 맥락을 보면 그 뜻과 어긋난다는 것을 알 수 있습니다. 자존심이 강한 사람들은 힘든 상황에서도 '아쉬운 소리' 하기가 싫어 남에게 도움을 청하지 못하고 어떻게든 혼자 짐을 감당하곤 합니다. 다른 사람에게 부탁하는 것이 자존심 상하니까요. 또 마땅히 자기를 반겨 공대해야 한다고 믿는 대상에게서 기대에 못 미치는 반응이 돌아오면 무시당했다는 생각에 지나치게 상대를 비난하기도 합니다. 자존심에 상처를 입은 것이지요. 누군가 원하는 것을 얻기 위해 자신을 심하게 낮추면 "자존심도 없이 군다"고 흉을 보고, 거꾸로 자신을 낮추어야 할 상황에서도 손해나 고통을 감수하며 굽히지 않을 때는 "쥐뿔도 없는 게 자존심만 세다"고 말합니다. 이런 정황을 볼 때, 자존심이란 자신을 귀히 여긴다기보다 자신이 남들에게 중요한 존재이며 그에 걸맞은 대접을 받아야 한다고 믿는 마음에 더 가깝다 할 수 있습니다.

이를 달리 말하면 자존심은 사람들과의 관계에서 자신을 우위에 세우는 태도일 것입니다. 재력, 명예, 재능, 학식, 인기, 미모, 상대에 대한 의존도 등 각자의 가치관과 취향에 따라 자신이 중요하다 여기는 기준에 근거해 사람들을 일렬로 줄 세우고, 상대보다 자신의 자리가 앞쪽이면 자존심이 서고 뒤쪽이면 자존심이 구겨지는 것이지요.

자존심은 사람이 직접적인 비교 대상이 아닌 경우에도 작동합니다. '한 번도 시험에서 떨어진 적 없는데 내가 이깟 회사의 취업 면접에서 탈락하다니!' '내가 이걸 위해서 얼마나 애를 썼는데 점수가 고작 이거야?' 이렇게 그 준거를 외부, 곧 타인의 시선과 평가에 두는 자존심은 바깥의 변화에 꼼짝없이 휘둘릴 수밖에 없는 변덕스런 마음입니다. 뿐만 아니라 어느 누구도 대체되지 않을 사람은 없고 정점은 길지 않다는 것을 고려할 때, 자존심은 그것을 좇는 사람들에겐 마실수록 더한 갈증을 불러오는 바닷물처럼 끝내 채우지 못할 허기로 작용할 수밖에 없습니다.

백설 공주 이야기에서 세상에서 가장 아름답기를 고집했던 여인은 세상에서 둘째가는 아름다움을 가졌음에도 불구하고 상처 난 자존심에 걸려 넘어져 모든 것을 잃고 맙니다. 그러니 정신 건강을 위해서는 자존심의 거울은 과감히 깨뜨리는 것이 필요하지 않을까요?

✳✳✳

여든을 넘긴 리어 왕은 왕위를 딸들에게 물려주고 여생을 즐기겠다며 세 딸에게 말한다. "너희들 가운데 누가 제일 이 아비를 사랑하는가 말해 봐라. 효성이 지극한 딸에게 제일 큰 재산을 물려주겠다." 첫째와 둘째는 갖은 수사로 아버지에게 사랑을 고하지만, 평소 리어가 가장 아끼던 막내는 할 말이 없다고, 그저 자식 된 도리로 사랑할 뿐 그 이상도 이하도 아니라 한다. 이에 대노한 리어는 막내에게 주려 했던 재산을 몰수하여 다른 두 딸에게 나눠 주고, 막내는 프랑스 왕에게 등 떠밀 듯 시집을 보내 버린다. 그러나 두 딸이 약속했던 극진한 사랑은 왕좌에서 내려온 아비의 것이 아니었고, 집과 돈과 사람을 잃은 리어는 폭풍우 치는 황야를 헤매며 정신마저 놓아 버린다. 그리고 외친다. "이것이 생시냐? 꿈이겠지. 내가 누군지 말해 줄 사람은 없느냐?" 곁에 있던 바보 광대가 답한다. "리어의 그림자외다!" 행려병자 신세에서 막내딸에게 구원받은 리어는 오랜 잠에서 깨어나 정신을 차리고 참회한다. "내 잘못을 참아다오. 모든 것을 잊고 용서해다오. 난 늙고 어리석어." 그러나 셰익스피어는 가련한 부녀에게 해피엔딩 대신 아비와 세 딸이 모두 죽는 참극을 선사한다.

『리어 왕』은 흔히 명철하지 못한 비극적 결함이나 표리부동에 관한 이야기로 알려져 있으며, 그 잔혹함과 선정성에서 세

벤저민 웨스트, 〈폭풍우 속의 리어 왕〉, 1788

네카 비극의 영향을 보기도 하고, 혹자는 신의 장난 속에서 속수무책으로 고통 받는 인간을 부각시킨 부조리극의 원조로 읽기도 한다. 나는 리어의 하마르티아(hamartia)를 자존감의 결핍이라 본다. 위키백과는 자존감(self-esteem)을 자신이 사랑받을 만한 가치가 있고 뭔가를 성취할 수 있는 능력이 있다고 여기는 마음이라고 설명한다. 나는 그렇게 스스로 존중하기 위해서는 거꾸로 사랑스럽지 못하고 모자라고 때로는 나쁜 자신을 인정하고 받아들이는 것이 선결되어야 할 과제라 생각한다. 그렇지 않으면 자칫 자존감은 특정한 행위나 조건에 대한 다른 사람들의 반응과 평가에 휘둘리기가 쉬우며, 그렇게 지나치게 외부에 의존함에 따라 자존감이 끝 간 데 없이 올라갔다가 어느 순간 바닥으로 곤두박질치는 우스운 현상이 발생한다. 바꿔 말하면, 진짜 자존감은 쉬이 높아지거나 낮아지지 않는 안정성을 특징으로 하며, 그것은 개인의 행위나 그가 가진 조건이 아니라 삶을 경험의 기회로 받아들이는 자세 그리고 그 여행을 '나'라는 몸을 빌어 하게 되었다는 것에 대한 수긍과 감사에서 비롯된다.

셰익스피어의 상상 속 리어는 평생을 왕으로 살았다. 처한 조건으로만 보자면 자존감이 낮을 이유가 전혀 없는 인물이다. 그럼에도 그는 자신이 누구인지 몰라 계속해서 바깥을 향해 묻는다. 나를 얼마만큼 사랑하느냐고, 내가 과연 사랑받을 만한지를 다른 사람을 통해 확인하려는 것이다. 또 왕좌에서 내려와서는 모멸감에 몸부림치다 결국 현실을 외면하고 만다. 스스로를 존중하지 못하기에 존중이나 배려 따위 없는 황야를 견디지 못한다. 그러고는 급기야 소리친다. 제발 내가 누군지 말해 달라고. 달콤하게 비춰 주는 거짓 거울에 둘러싸여 맨몸의 자기를 만나지 못한 것이다. 권세도 명예도 재물도 맨몸에 덧씌워진 옷가지여서 벗겨지면 그뿐 더 이상 내가 아님을 보지 못한 탓이다.

무엇으로도 치장되지 않은 나의 나신(裸身)과 마주하는 것, 그것이 자존의 출발이 되어야 한다. 그렇지 않으면 흉터와 주름과 검버섯과 굽은 등을 바라볼 용기를 내지 못한 채 리어처럼 어리석게 늙어 참극을 부르거나 백설 공주의 계모처럼 무섭고 추하게 늙고 말 것이다. 어쩌면 『리어 왕』은 '잘 늙는 것(well-aging)'에 관한 이야기인지도 모르겠다.

2-5. 부정적 기억

Q 과거를 돌아보면 즐겁고 행복한 것보다 힘들고 아팠던 기억이 먼저 떠오르는데, 저만 그런 건 아닌 것 같아요. 이유가 뭘까요?

A 맞습니다. 우리들은 긍정적인 감정보다 부정적인 감정에 더 민감하지요. 저는 감정도 종류마다 끓는 점이 달라서 쾌적한 것들은 흔적을 남기지 않고 쉬이 휘발되는 데 비해 비등점이 높은 고통스러운 감정들은 사라지지 않고 몸과 마음에 오래도록 무겁게 들러붙어 있는 게 아닐까 상상해 보기도 했답니다.

실제로 우리가 감정을 나타내는 데 사용하는 어휘 중에는 부정적인 표현이 2/3를 차지하고, 긍정적인 단어는 나머지 1/3에 지나지 않는다고 합니다. 또 사람들은 감정을 조절하기 위해서 긍정적인 감정을 오래 유지하기보다 부정적인 감정에서 빨리 빠져나오는 데 훨씬 더 큰 노력을 기울입니다. 이 예들은 부정적인 감정이 우리에게 상대적으로 더 강력한 영향을 미친다는 것을 보여 줍니다.

진화 생물학은 이런 마음의 작동 방식을 '부정성 편향(negativity bias)'이라 부릅니다. 뇌에는 감정 조절과 공포 기억을 관장하는 편도체가 있는데, 그것은 뉴런의 약 2/3를 위협을 탐지하는 데 사용합니다. 그 결과, 자연스럽게 즐거움보다 고통이 장기 기억에 더 쉽게 저장되고, 지난 시절을 회상하면 긍정적인 장면보다 부정적인 장면이 압도적으로 많이 떠오르게 되는 것이지요. 뇌가 이런 기제를 갖게 된 까닭은 살아남기 위해서는 무엇보다 잠재적 공격을 걸러 내는 것이 중요하기 때문이지요.

하지만 치료적 관점에서 이것은 말 그대로 생존을 위해 뇌가 계발한, 사실과 무관한 편향적 이미지에 지나지 않음을 기억할 필요가 있습니다. 나도 모르게 스쳐 보냈을 수많은 중립적이고 긍정적인 경험의 자원을 소중히 붙들어야 합니다.

우리의 삶은 마음에 품고 있는 이미지에 엄청난 영향을 받습니다. 자기 자신과 세상을 어떤 생각과 감정으로 대하는가가 그 사람의 삶의 청사진이라 할 수 있으니까요. 그러니까 생존이라는 소극적 목표를 위해, 상처 받지 않으려고 과도하게 자신을 방어하는 뇌의 부정성 편향에 휘둘리는 대신 새로운 시각으로 치유적인 이미지를 구축하는 노력이 필요합니다.

✳ ✳ ✳

제우스가 소의 어떤 부위를 먹을 것인지를 두고 인간과 일종의 협상을 했다. 그때 프로메테우스가 끼어들어 인간이 살과 가죽을 차지하고 제우스에게는 뼈와 기름이 돌아가게끔 속임수를 썼다. 그를 괘씸하게 여긴 제우스가 인간에게서 불을 빼

장-루이-세자르 레어, 〈프로메테우스의 고통〉, 1819

앗아 버렸는데, 눈치도 없이 프로메테우스가 헤파이스토스의 대장간에서 불씨를 훔쳐 다시 인간에게 주었다. 제우스는 자신을 두 번이나 욕보인 프로메테우스와 인간에게 혹독한 대가를 치르게 했다. 인간에게는 판도라라는 여인을 만들어 세상을 어지럽힐 재앙의 상자를 들려 보내고, 프로메테우스는 코카서스 바위산에 묶어 두고 독수리가 그 간을 쪼아 먹게 했다. 티탄인 프로메테우스의 간은 없어지지도 않고 날마다 새롭게 자라나 끔찍한 고통을 되풀이해야 했다.

'무의미한 고통의 반복'이라는 동일한 형벌을 받은 이가 또 있다. 시시포스. 코린토스를 세운 그는 삶에 대한 애착이 어찌나 강했는지 교묘한 술수로 저승의 신을 납치하고 감금하여 주어진 명을 훌쩍 뛰어넘도록 오래 살았다. 하지만 그 대가로 큰 바위를 언덕으로 밀어 올리는 일을 해야 했다. 엄청난 무게와 싸우며 가까스로 바위를 꼭대기에 올려놓으면, 바위는 시시포스를 조롱하듯 빠른 속도로 언덕 아래로 굴러 떨어졌다. 처음부터 다시 시작인 것이다.

프로메테우스와 시시포스에게 주어진 형벌은 우리의 일상과 삶을 은유하는 것이기도 하다. 니체가 말한 그리스인의 비극적 인식, 곧 '무의미한 고통의 반복'으로서의 인생관이 뚜렷하게 드러나는 대목이다. 나는 여기서 왜 그 고통은 무의미한가, 어떤 경우에 고통은 의미를 얻는가를 묻는다.

어떤 행위나 사건이 '의미 있다'고 할 때, 그것은 대개 변화와 관련된다. 골수를 추출하는 것이 힘들지만 한 사람의 목숨을 구할 수 있기에 의미가 있다든지, 이번에는 방법 A를 써서 실패했지만 적어도 그것이 대안이 아님을 확인했다는 점에서 의미 있다거나, 두려움을 무릅쓰고 낯선 곳을 혼자 여행한 뒤 경험의 지평을 넓혔다는 의미를 부여하는 식이다. 다시 말해, 우리는 다른 사람이나 미래 혹은 자기 자신과의 연결성을 강화하는 변화에서 의미를 구하는 것이다. 그렇다면 무의미는 그런 변화를 수반하지 않는 사건/행위의 단순한 반복을 가리킬 것이다.

프로메테우스의 간 쪼아 먹히기와 시시포스의 바위 굴려 올리기는 과연 변화와 무관한가? 답부터 말하면, 그렇지 않다. 물론 프로메테우스와 시시포스가 행위 자체를 선택하거나 변형할 수는 없다. 하지만 '그 행위를 어떻게 수행할 것인가'는 뜻대로 선택하여 바꿀 수 있는 여지가 있다. 고통에 대한 일반적인 반응은 회피다. 고통에 맞서 싸우는 것도 회피의 일종으로 볼 수 있으며, 의미 있는 변화를 위해서는 고통을 인정하고 제 것으로 받아들이는 자세가 필요하다. 바로 그것이 고통의 반복을 고통의 창의적 변주로 전환시키는 힘이 된다. 행위자가 동의하지 않은 무의식적이고 강제적인 반복은 영혼을 말라죽게 하는 저주이지만, 자발적이고 의식적인 반복은 차이를 빚어내는 성장과 변형의 열쇠이기 때문이다.

고통의 정도나 변화의 크기 혹은 차이의 스케일은 그리 중요하지 않을 수 있다. 사방 1m 안에서 고작 3~4년을 사는 피그미 카멜레온과 30m에 달하는 몸집으로 온 바다를 누비고 다니는 흰긴수염고래의 삶의 규모는 극히 판이하지만, 그것들이 경험하는 삶의 경이와 권태는 대동소이하고, 그 생명의 무게 또한 오차 없이 동일하듯, 사람의 삶과 저마다의 고통은 그 견성(見性)의 크기를 계량하고 비교하지 않는다.

그러나 어찌 되었든 고통은 고통이며, 삶은 고통에서 시작된다는 것이 신화의 시각이다.

2-6. 고통의 재현

Q 연극치료를 하면 떠올리기 싫은 고통스러운 일을 자꾸만 물어보고 이런저런 방식으로 표현하라고 해서 힘이 듭니다. 잊고 싶은 기억을 들추어내면 부정적인 기운이 더 강해지는 것 같은데, 제 생각이 틀린 건가요?

A 아픈 경험을 표현하는 건 누구에게도 쉽지 않습니다. 재현하는 동안 그것을 다시 한 번 겪어야 하니까요. 하지만 심리 치료 과정에서는 반드시 해야 하는 게 또 고통의 재현이랍니다. 좀 거칠게 말하면, 참여자의 입장에서 심리 치료는 일종의 '사서 고생'일 수도 있습니다.

그렇다면 왜 사서 고생을 해야 할까요? 우리는 보통 불쾌한 자극과 경험은 피하고 쾌적한 자극과 경험을 추구합니다. 그래서 불쾌의 정도가 심각하여 고통스럽고 두려운 경험에 대해서는 어떻게든 그것을 정면으로 통과하지 않기 위해 없는 듯 부정하거나, 의식의 수면 아래로 억압하거나, 그럴듯한 거짓말로 자신을 속여 합리화하는 방식으로 회피하지요. 하지만 그렇게 제대로 소화되지 못한 경험은 우리의 바람과는 달리 사라지지도 작아지지도 않습니다. 잠시 그런 듯 착각할 수 있지만, 종내는 어떻게든 자신의 존재를 드러냅니다. 우리가 고통을 외면하기 위해 애써 구축한 거짓 현실에 균열을 내는 것이지요. 그것은 불면증이나 불안의 형태를 취하기도 하고, 관계에서의 갈등과 고립을 초래하거나 무기력과 우울 증상을 넘어 심하면 현실감을 붕괴시킬 수도 있습니다. 상처와 혼돈을 제대로 겪지 않았을 때, 마음의 병이 되돌아온다는 말이지요. 실제로 카를 융은 "모든 신경증은 정당한 고통을 회피한 대가"라고 말하기도 했습니다.

심리 치료에서 고통을 다루는 이유가 거기에 있습니다. 제대로 마주하지 않았던 마음의 심연에 충분히 머물러 그것을 느끼고 이해할 수 있도록 재현하는 것이지요. 우리를 가장 두렵고 곤란하게 하는 것은 알지 못하는 것입니다. '내가 왜 이러지? 난 정말 이렇게 하고 싶지 않은데 왜 자꾸 어긋나는 걸까? 이러다 어디로 가는 거지? 대체 어디서부터 꼬인 걸까? 어디서부터 다시 시작해야 하나?' 요즘 흔히 하는 말로 '난 누구, 여긴 어디?'의 통제 불능 상황이라고도 할 수 있지요.

표현은 대상에 특정한 형태(形態)를 부여하는 일입니다. 그래서 감각되지 않는 대상을 표현하는 것은 추상(抽象)을 구상(具象)으로 변형하는 일이기도 합니다. 눈이나 귀나 손으로 잡히지 않던 것에 보고 듣고 만질 수 있는 실체를 부여하는 것이지요. 그렇게 할 때, 형체가 없어 위협적이던 것이 쉽게 이해하고 다룰 수 있는 것으로 바뀝니다.

그 대표적인 예가 시간입니다. 생명을 잉태하기도, 성장시키기도, 무너뜨려 사라지게도 하는 어마어마한 힘이지만, 그것은 감히 우리가 볼 수도, 들을 수도 없는 그저 외경과 순종의 대상일 따름이었습니다. 그런데 어느 순간 우리는 그 두려운 혼돈에 형태를 입혔습니다. 봄 여름 가을 겨울을 지나 다시 봄이 오기 전까지를 한 해로 정하고, 그것을 다시 차고 기우는 달의 흐름에 따라 12달로 나누고, 해가 떠서 졌다가 다시 뜨기까지의 하루를 24시간으로 조각냈지요. 그러면서 사람들은 시간에 이름을 붙일 수 있게 되었습니다. "오늘은 3월 4일이고 지금은 11시 5분이다." 명명은 이렇듯 호명으로 이어지고, 그것은 통제의 시작이지요. 숫자로 변환된 시간은 순식간에 계획과 축적의 대상이 됩니다. 오늘 몇 시부터 몇 시까지는 무엇을 하고, 걸어갈 데를 버스를 타고 가면 몇 분을 절약할 수 있으며, 40대가 되면 해마다 건강검진을 권장하는 것입니다. 그 결과, 언젠가 죽음을 맞닥뜨려야 하는 사실은 변함이 없지만 적어도 그 전까지 우리는 시간을 무형의 악마로 두려워하지는 않게 되었습니다.

이것은 연극치료에서도 그대로 적용됩니다. 한 번은 참여자가 반복되는 악몽으로 인한 불편을 호소해, 특히 어떤 상황에서 악몽을 꾸게 되는지 물었더니, 문 쪽으로 머리를 두고 잤을 때 그런 것 같다는 농담으로 에둘러 답하더군요. 그래서 저는 일단 악몽을 그림으로 그려 보자고 했습니다. 참여자는 잠시 주저했지만 이내 소름끼치게 무서웠던 붉은 눈동자와 날카로운 손톱을 그렸지요. 그 끔찍함이 제게도 전해져 나도 모르게 어깨가 솟을 지경이었습니다. 그런 다음에는 그것에 만약 대사가 있다면 어떤 말일지 상상해서 해보라고 했습니다. 참여자는 꿈에서 말을 한 것 같기도 한데 기억이 나지 않는다고 했죠. 그래서 정확한 기억이 아니어도 좋고 지금 이 자리에서 상상하면 된다고 다시 권했습니다. 참여자는 몇 문장을 떠올려 말하더니 눈물을 떨구기 시작했습니다. 뭔가 구체적인 경험과 연결된 것이죠. 전 또 그림 속 괴물에게 이름이 있다면 무엇이겠는지 적당한 것을 찾아보라고 했습니다. 참여자는 계속 울면서 더는 하고 싶지 않다고 했죠. 저는 앞서 했던 설명을 간략하게 해 드리고 힘들지만 조금 더 용기 내보기를 권했습니다. 잠시 사이를 둔 뒤, 그녀는 "희연"(가명)이라는 이름을 선택했습니다. 제가 실존 인물이냐 물으니 그렇다고 했고, 좀 전보다 더 굵은 눈물을 흘리기 시작했습니다. 누군지 말해 줄 수 있겠냐고 묻자, (잊고 싶은) 지난 어느 시절에 썼던 자신의 이름이라고 했지요. 그 뒤로 몇 가지 극적인 작업을 더 거친 후에 그녀는 말했습니다. "별것 아니라고, 아무렇지도 않다고 지나쳤던 경험이었는데, 제가 괴물에 그 이름을 붙이는 순간 그게 아니었을 수도 있겠단 생각이 들었어요. 아마 제가 저한테 화가 난 것 같아요"라고. 알 수 없는 악몽이 극적 표현을 통해 이해할 수 있는 것으로, 내가 들어야 할 말로 변형된 과정이라 할 수 있을 겁니다.

부정적인 정서와 결합된 혼돈의 경험은 안전한 구조 안에서 표현을 통해 형태를 부여함으로써 이해할 만한 것으로, 자신의 것으로 받아들여 의미를 부여할 수 있는 것으로 변형해야 합니다. 표현은 해당 경험과 그 정서를 다시 불러

내 참여자를 고통스럽게 하지만, 그것은 '유예된 정당한 고통'의 회귀이므로 치료 공간 내에서 용기 내어 직면해 보시기를 권합니다.

✳✳✳

'힘들다'는 '힘'과 '들다'라는 말이 합해진 것이다. '들다'는 빛, 볕, 물 따위가 안으로 들어오는 것을 뜻한다. 이와 같은 얼개를 가진 말에는 '물들다'와 '철들다' 등이 있다. "누나의 여린 손톱이 봉숭아 꽃물로 붉게 물들었다." 이 문장은 봉숭아의 꽃물이 스며들어 그 붉은 빛깔이 누나의 손톱으로 고스란히 옮겨졌음을 기술한다. 그러니까 '물들다'는 바깥쪽의 물이 다른 것의 안쪽으로 흡수되어 그것을 전과 다른 모습으로 바꾸는 것을 의미한다고 할 수 있다. '철들다'는 봄, 여름, 가을, 겨울을 뜻하는 '철'과 '들다'가 합해진 단어로 "장가를 가더니 철들었네"나 "아무것도 모르는 철부지" 등의 용례에 나타나듯이 '사리(事理)를 분별하여 판단하는 힘이 생기다'로 풀이한다. 어릴 적에는 그저 시간의 흐름을 뒤따르며 시시각각 달라지는 몸의 욕구를 채울 뿐 언제 날이 밝고 밤이 오는지, 여름이 다 하면 어느 철로 접어드는지 알지 못한다. 그렇지만 나이를 먹으면서 날과 철이 바뀌는 것을 충분히 반복하여 겪다 보면, 낮과 밤 그리고 봄, 여름, 가을, 겨울로 변화하는 현상과 그것을 관통하는 순환과 진보의 이치를 깨달아 어제에 비추어 오늘을 가늠하고 또 내일을 준비할 수가 있게 된다. 비로소 철이 드는 것이다. 만물이 움직이는 길이 마음과 몸 안으로 들어와 자리를 잡은 것이다.

'힘들다'도 이와 다르지 않다. 그 말은 내 것이 아니었던 힘이 나의 힘으로 바뀌는 과정을 담고 있다. 무겁고 번다하고 복잡한 짐이 그 짐을 지고 버티는 과정에서 안으로 스며들어 힘으로 전화되는 것이다. 그러므로 '힘들다' 느껴질 때면, 그 짐을 감당하는 만큼 그 힘이 고스란히 내 삶의 근력이 될 것을 믿고 도전할 필요가 있다. 짐이 곧 힘이므로.

'힘들다'를 또 다른 측면에서 '홀가분하다'와 연관해 옹호할 수도 있다. 우리말에는 감정을 나타내는 단어가 430가지 정도 되는데, 그중 70%가 부정적이고, 나머지 30%가 긍정적인 표현에 속한다. 기분 좋음을 나타내는 말 가운데 사람들이 첫 번째로 꼽은 것이 바로 홀가분함이다. 홀가분함은 모종의 압박과 부담이 지속되다가 그 힘이 일순 사라질 때의 압력의 낙차에서 발생하는 것으로 가볍다, 호젓하다, 단출하다 등에 가깝다. 그런데 이를 거꾸로 뒤집어 보면 홀가분함을 가능케 하는 이전 상태는 무겁다, 번다하다, 복잡하다가 될 수 있으며, 우리는 일상에서 그런 느낌을 흔히 '힘들다'고 표현한다. 우리는 지고 있던 무거운 짐을 내려놓는 데서 가장 큰 쾌감을 얻는 것이다. 그렇게 보면 짐은 힘이기도 하지만 또 기쁨이기도 하다.

다만 짐을 질 때는 내 것으로 기꺼이 질 것! 내처 걷지만 말고 종종 쉬어갈 것!

2-7. 예술 치료의 매체 선택

Q 예술 치료에는 연극치료뿐 아니라 미술 치료, 무용 치료, 음악 치료 등 다양한 분야가 있는데, 참여자가 본 작업에 들어가기 전에 어떤 방법이 적합할지 의논하거나 각 매체에 대한 선호도를 측정하는 과정을 거쳐 특정한 분야를 선택하는 것인지, 아니면 처음부터 연극치료를 한다는 전제 아래 작업을 시작하는지 궁금해요. 그리고 연극치료와 다른 예술 치료를 병행하기도 하는지 알고 싶습니다.

A 대부분의 경우 예술 치료를 포함하여 일반 상담까지 어떤 방식의 심리 치료를 받을 것인가에 있어서 해당 참여자에게 가장 적합한 매체를 선별하는 절차는 딱히 없다고 할 수 있습니다. 말씀하신 대로 어떤 이유에서든 참여자가 사전에 선택해서 접촉을 시도하는 것이 일반적이지요.

물론 그것을 위해서 참여자들은 여러 분야의 심리 치료를 검색하거나 주변에서 정보를 구하기도 하고, 전화로 문의를 하거나 연극치료를 받은 경험이 있는 지인의 추천으로 선택하기도 합니다. 직관적으로 마음에 드는 분야를 선택하는 것 역시 하나의 방법이 되겠지요.

거기에 약간의 도움을 드리면, 악기나 목소리를 이용한 즉흥연주, 음악 감상, 새로운 곡이나 가사의 창작, 기존의 곡이나 노래의 연주로 이루어지는 음악 치료는 눈에 보이지 않는 소리를 주요 매체로 삼기 때문에 다른 장르에 비해 추상적일 수 있습니다. 미술 치료는 다양한 소재와 주제를 활용하여 시각적 이미지를 창조하고, 그 제작 과정과 결과를 참여자의 내면과 연결해 읽어 내는 과정으로 진행됩니다. 참여자가 자신이 만든 작품을 거리와 시간을 두고 지켜볼 수 있다는 점이 미술 치료의 특징이며, 다른 예술 치료에 비해 다소 정적이기도 합니다. 무용 동작 치료는 몸을 중요하게 다룬다는 점을 연극치료와 공유합니다. 몸과 마음이 이어져 있음에 근거하여 참여자의 몸과 동작을 읽고, 즉흥적인 움직임이나 치료사와의 상호작용을 통해 진행되는 무용 동작 치료는 매우 솔직한 정서에 가닿게 하는 특징이 있습니다. 연극치료는 그 특성상 청각적이고, 시각적이고, 운동감각적인 표현뿐 아니라 언어적 표현을 한데 통합하여 강력한 극적 현실을 창조하는 것이 특징이며, 그것이 가장 극대화된 표현이 공연입니다.

그리고 일반적으로 연극치료와 다른 심리 치료 혹은 예술 치료를 병행하는 경우는 그리 많지 않습니다. 그렇게 하자면 한 명의 예술치료사가 두 가지 이상의 매체를 다룰 수 있거나 서로 다른 분야의 예술치료사가 공동 작업을 할 수 있어야 하는데, 그런 조건이나 환경을 갖추기가 어려울 뿐 아니라 참여자가 통합적 치료에 필요한 비용을 감당하는 것도 현실적으로 쉽지 않기 때문이지요.

그럼에도 연극치료와 다른 치료적 개입을 동시에 진행하

는 가장 대표적인 경우는 정신과 치료를 병행하는 것입니다. 그 밖에는 발달 장애 아동이 연극치료와 언어 치료, 놀이 치료, 감각 통합 등을 함께 진행하는 사례가 많은데, 그것은 조기교육을 통해 아동의 잠재 능력을 최대한 발현시키기 위함입니다.

2-8. 정신 질환의 분류와 치료

Q 정신 질환의 종류에 따라 연극치료의 접근법도 달라지나요?

중요한 질문을 해 주셨네요. 마음의 병은 몸에 난 병과 다른 점이 있답니다. 신체 질환은 결막염, 협심증, 추간판 탈출증, 폐결핵, 갑상선 기능항진증 등 병명 자체가 발병 원인을 말해 주는 경우가 많습니다. 질환의 분류가 원인을 근거로 하기 때문이지요. 그에 비해 정신 질환은 아직까지도 이상 징후가 나타나는 까닭이 명확하게 밝혀지지 않았습니다. 하지만 그렇다고 손을 놓은 채 아무것도 하지 않을 수는 없겠지요? 그래서 정신의학자들은 일단 같은 현상은 동일한 원인을 가질 것이라는 전제 아래 비슷한 증상을 모아 범주화하는 작업을 진행해 왔고, 그 노력이 현재 임상 현장에서 세계적으로 통용되고 있는 '정신 질환 진단 및 통계 편람(DSM-5)'과 'ICD-10'이라 할 수 있습니다.

이 중 우리나라에서 흔히 쓰이는, 2013년에 개정된 DSM-5는 정신 질환을 20개의 주요 범주와 300여 개의 하위 범주로 분류합니다. 주요 범주에는 신경 발달 장애, 조현병 및 정신증적 장애, 양극성 장애, 우울 장애, 불안 장애, 강박 장애, PTSD, 해리 장애, 신체 증상 장애, 식이 장애, 배설 장애, 수면/각성 장애, 성기능 장애, 성불쾌감증, 변태성욕 장애, 충동 조절/품행 장애, 중독 장애, 신경 인지 장애,

기타 정신장애, 약물로 인한 장애가 있고, 각 범주에 딸린 세분된 질환의 종류가 300가지가 넘는 것이지요.

만일 정신 질환의 종류에 따라 접근법이 달라져야 한다면 약 300개의 연극치료 매뉴얼이 필요한 셈입니다. 하지만 실제로는 그렇지 않으며, 그것은 연극치료뿐 아니라 심리치료를 포함한 정신의학 전반이 공유하는 바입니다.

대신 정신의학은 정신 질환을 다루기 위해 발병의 원인이라 짐작되는 것에 따라 크게 네 가지의 치료적 접근을 시도해 왔습니다. 무의식과 그에 심대한 영향을 미치는 초기 경험에 집중하는 정신분석적 접근, 감정과 행동을 추동하는 사고 과정에 주목한 인지적 접근, 행동의 학습과 변형을 통제하는 행동적 접근, 유전이나 신경전달물질 등의 뇌 기전(機轉)을 근거로 삼는 생물학적 접근이 그것이지요.

다시 말해, 우울증 환자를 치료하기 위해 생물학적으로는 항우울제와 항불안제와 수면 유도제를 처방할 수 있고, 인지적 접근에서는 자기 자신과 세상과 미래에 대한 환자의 부정적 신념을 바꾸는 데 집중할 것이며, 정신분석적 치료는 무의식에 억압된 초기 외상의 기억을 불러낼 것입니다. 그리고 그 기본적 접근 방식은 환자의 진단명이 품행 장애나 중독 장애 혹은 PTSD라 해도 크게 달라지지 않습니다. 그것은 이상 행동이 나타나게 되는 기전을 무엇으로 보는가 이외에, 실제 치료 장면에서 가장 큰 개입의 차이를 낳는 것은 질환의 종류가 아니라 참여자 개인의 특성이기 때문입니다.

사실 앞서 열거한 질환들은 어떤 측면에서 감당하기 힘든 고통이 비어져 나온 표면의 양상에 지나지 않습니다. 그것은 마음 깊은 곳의 고통이 먹고 자고 싸는 것을 방해하는지, 기분을 망가뜨리는지, 사고 체계에 혼란을 가하는지, 그 정도가 현실감이 붕괴될 만큼인지 아닌지, 공격성이 자신을 향하는지 외부로 표출되는지, 어떤 회피 전략을 구사하는지 알려 줄 수는 있지만, 정작 그 고통이 어디서 연유한 것인지에 대해서는 아무 말도 해 주지 않습니다.

그래서 연극치료는 고통이 스스로 말하게 합니다. 치료적으로 단단한 동맹이 맺어지면, 참여자는 그 안전한 공간에서 극적인 표현을 반복하면서 마음 깊은 곳의 고통에 귀를 기울입니다. 귀를 기울이기만 하면 됩니다. 고통에게는 이미 증상으로 말을 건넨 전력이 있으니까요. 고통의 이야기를 어떻게 끌어내고 해석하는가는 접근법마다 다르지만, 그것을 재현하여 형태를 부여하고 제 것으로 기꺼이 받아 안음으로써 변형하는 과정은 하나입니다.

이 말이 손에 잡히지 않는다면, 좀 다르게 말해 볼까요? 무의식, 사고 과정, 외적 행동 중 어떤 차원에 초점을 맞추든 정신 질환과 심리 치료에서 궁극적인 변형의 대상은 성격(personality)입니다. 성격은 시간과 공간의 차원을 모두 가집니다. 태중에서부터 발달이 시작되어 죽을 때까지 달라질 수 있으며, 공간적으로는 무의식부터 의식까지, 신체, 인지, 정서, 사회, 예술, 영적 측면에 두루 걸쳐 있다는 뜻이지요. 그래서 연극치료는 극적 은유와 상징을 통해 무의식과

의식을 연결하고, 초기 경험의 충격을 완화하기 위해 방어적으로 왜곡된 성격의 특정 측면을 밝혀 바로잡고자 합니다.

  질환의 종류에 따라 작업의 이 큰 흐름이 달라지지는 않습니다. 하지만 다른 한편으로는 PTSD 환자의 경우 자신이 어쩔 수 없었던 것에 대해 갖는 비합리적 죄책감을 다루어야 한다든지 하는 식으로 정신장애의 특성에 따라 작업의 세부에서 특화시킬 점이 분명히 있기도 합니다. 그래서 조금 더 시간이 지나면 300개의 질환 모두는 아니어도 참여자의 기능 정도와 증상의 작동 기제가 서로 구분되는 신경 발달 장애, 조현병, 우울 장애, PTSD, 품행 장애, 신경 인지 장애, 중독 장애 등을 위한 연극치료 매뉴얼은 기대해도 좋지 않을까 합니다.

2-9. 정신과 치료

Q 연극치료도 심리 치료인데, 정신과 치료를 병행해야 한다면 그 이유는 무엇인가요?

A 연극치료를 포함해서 여타 예술 치료를 모두 심리 치료의 일환으로 볼 수 있습니다. 그런데 일반 심리 상담과 예술 치료 그리고 정신과 치료는 심리적 질환과 정신장애를 다룸에 있어 뚜렷한 차이가 있기 때문에, 두 가지 방식의 치료를 병행해야 하는 상황이 발생합니다.

정신장애를 치료하는 데는 크게 나누어 심리적인 접근과 신체적인 접근이 가능할 텐데, 심리적 접근은 무의식의 욕동이나 자기 자신과 세상에 대한 신념과 감정, 학습된 행동방식, 삶의 비극성에서 비롯되는 의미 체계, 초기 아동기의 애착 관계, 중요한 사람들과의 상호작용 방식 등의 심리적 기제로 질환을 이해하고, 그에 근거하여 심리 과정을 적절히 변형함으로써 건강을 회복할 수 있도록 촉진하는 것이라 할 수 있습니다.

그에 비해 신체적 접근은 유전적 기질, 유전자 이상과 결함, 뇌의 기질적 결함이나 기능 이상, 호르몬과 신경전달물질의 불균형 등을 정신장애의 원인으로 보고, 그래서 외과적 수술이나 약물을 통해 증상을 완화하고 환자의 사회적 적응을 돕는 방식입니다. 그리고 이상 행동을 보이는 환자에게 특정한 진단명을 부여하고 그에 맞는 약물을 처방하는 것은 정신과 의사에게만 허용된 의료 행위이지요.

심리 치료가 필요한 참여자들의 양상은 매우 다양하지만, 그 역시 증상의 경중에 따라 정신증(psychosis)과 신경증(neurosis)의 두 가지로 나눌 수 있습니다. 일반적으로 병이 더 깊은 경우라 할 수 있는 정신증의 가장 중요한 특징은 현실을 바로 보지 못하고 자신만의 환상에 갇혀 있는 것입니다. 현실 검증력이 떨어지고 망상과 환각을 경험하는 것이지요. 조현병과 망상 장애가 대표적인 질환인데, 이 병을 앓는 사람들은 엉뚱한 행동으로 문제를 일으켜 일상생활이 어렵지만, 그럼에도 스스로 환자임을 인정하지 않고 논리적인 설득에도 반응하지 않습니다.

흔히 노이로제라 말하는 신경증은 정신증과 달리 현실 검증력에 문제가 없고 논리적인 사고도 가능합니다. 그러나 심한 불안과 우울에 시달리고 뚜렷한 이유 없이 몸이 아픈 증상을 겪곤 합니다. 신경증 환자는 자신의 문제를 알고 있지만 생각과 감정을 조절하지 못해 사회생활을 하는 데 지장을 받으며, 대표적인 질환으로는 불안 장애, 우울 장애, 신체화 장애 등을 들 수 있습니다.

연극치료는 정신증과 신경증을 모두 다룰 수 있습니다. 하지만 정신증 환자의 경우 망상이나 환각이 진정되지 않은 상태에서는 연극적인 접근이 가능하지도 않고 오히려 혼란을 초래할 수도 있기 때문에, 반드시 정신과 치료를 함께 해야 합니다. 정확한 진단을 받고 그 증상에 맞는 약물을 복용하여 현실 검증력이 어느 정도 안정되어야 심리적인 접근이 효과를 발휘할 수 있는 것이지요.

신경증 환자 역시 약물 치료를 병행할 수 있습니다. 정신 장애는 분명히 마음에 병이 난 것이지만, 그 증상은 몸과 마음을 가리지 않고 나타나며, 그래서 알코올 의존증처럼 몸에 축적된 부적응적 습관을 떼어 내기 위해서는 심리적인 접근만으로는 부족할 수 있지요. 입원 치료를 통해 일단 금주를 시작하고, 보조 약물의 도움을 받아 단주를 유지하면서 술에 의존하게 한 심리적 결핍을 돌아보고 변형하는 작업이 진행되어야 하는 것입니다. 또 불면증이 아주 심하거나 기분이 극단적으로 저조한 경우에도 심리적 접근과 약물 복용을 함께 할 수 있습니다. 그런 경우 치료가 진전되면서 점차 약물의 양이 줄다가 전혀 먹지 않아도 되는 상태로 옮겨 가게 되지요.

2-10. 조현병

Q 조현병 환자에게도 연극치료가 도움이 될까요?

A 조현병(schizophrenia)은 종전에 정신분열증이라 부르던 질환의 새로운 이름입니다. 조현병의 가장 중요한 증상은 남들에게는 들리지 않는 소리를 듣거나 헛것을 보거나 하는 환각과 자신이 외계에서 온 생물체라 믿거나 거대한 암흑 조직이 자신을 쫓고 있다고 믿는 등의 망상, 그리고 그 밖에 아주 이상한 행동을 보이는 것입니다.

조현병은 정신 질환 가운데서도 일찍부터 주목받았지만, 제대로 된 치료가 실행된 것은 그리 오래되지 않지요. 신의 저주를 받거나 귀신 씐 자로 낙인찍혀 격리 감금되거나 충격요법이라는 구실로 구타와 학대를 당했던 참혹한 시기를 지나 19세기에 들어서야 비로소 병을 앓는 한 사람으로 대하는 인도적 접근이 시작되었으니까요. 지금은 주로 도파민에 작용하는 약물 치료와 가족 치료, 인지 행동 치료, 직업훈련, 사회 기반 치료 및 예술 치료를 병행하는 추세입니다. 그런데 조현병의 주된 증상이 현실 분별력의 손상이다 보니 현실과 꼭 닮은 극적 환영을 다루는 연극적 접근이 그렇지 않아도 혼란스런 상태인 환자들에게 오히려 역효과를 낼 수 있지 않을까 하는 우려의 시선이 있어 왔습니다.

하지만 연극치료는 오히려 그렇기 때문에 조현병 환자들

에게 도움이 됩니다. 조현병을 연극적 관점에서 다시 읽으면, 그것은 현실(일상 현실)과 환상(극적 현실)의 경계가 와해되어 나타나는 만성적 사고 장애라 할 수 있습니다. 그러므로 치료를 위해서는 무너진 경계를 바로 세워 우리의 삶을 구성하는 중요한 두 세계(현실과 환상)를 각각의 것으로 온전히 경험할 수 있게 도와야 하는데, 거기에 가장 최적화된 접근이 바로 연극치료일 수 있습니다.

연극치료는 어떤 방식을 사용하든 참여자의 일상 현실에서 출발하여 극적 현실을 함께 구축하고 탐험한 다음 다시 일상 현실로 돌아오는 여정의 구조를 취합니다. 현실에서 환상을 거쳐 다시 현실에 도착하는 여행을 반복하면서 조현병 환자는 자연스럽게 현실과 환상의 경계를 확인하고 적절하게 넘나드는 연습을 하게 되는 것이지요.

영국의 연극치료사 로저 그레인저는 우리가 축구 경기를 볼 때 시야에 운동장 전체를 놓은 상태에서 공을 따라 초점을 이동시킨다면, 조현병 환자들은 전체 맥락을 놓친 채 운동장의 일부 구역에 시선을 고정시키고 있는 것과 같다고 그 인지적 특성을 설명합니다. 전체와 부분을 양립시키는 능력 역시 극적 구조를 통해 효과적으로 훈련될 수 있습니다. 이야기는 일련의 사건이 나름의 인과관계로 연결된 구조로서, 그것을 이해하고 만드는 것은 사건의 흐름과 관계라는 맥락을 갖게 하며, 이야기를 극화하는 것은 맥락을 견지한 상태에서 그 일부로 살면서 또 다른 세계를 경험할 수 있게 해 줍니다. 다시 말해, 연극은 전체와 부분을 동시에 사는 연습인 것이지요.

  과도한 환상이 현실을 잠식하는 것이 조현병의 독이라면, 극적 환영의 창조와 탐험을 본질로 하는 연극치료는 독으로써 독을 다스리는 일종의 동종 요법이라 설명할 수도 있습니다. 하지만 그럼에도 불구하고 조현병 환자와 함께할 때는 역할 벗기에 좀 더 유의하여 극적 현실에서 나와 일상 현실에 확실히 안착하도록 하는 것이 중요합니다.

2-11. 성폭력 피해

Q 성폭력 관련 문제도 연극치료가 가능할까요? 아이들은 성폭력 피해가 의심되어도 사실을 말하지 않는 경우가 많은데, 단계적 질문이나 테스트로 추측할 수 있는지 궁금합니다.

A 성폭력과 관련된 외상 역시 연극치료에서 다루는 영역입니다. 성폭력 피해는 특히 참여자의 수치심과 두려움을 자극하는 경험에 속합니다. 그것은 트라우마 곧 정신적 외상이 마음 안에서 생긴 상처가 아니라 바깥에서 가해진 충격으로 마음을 크게 다친 것을 말한다고 할 때, 전쟁, 자연재해, 교통사고 등으로 인한 외상과 달리 오히려 피해자에게 죄책감을 안겨 준다는 점에서 매우 이례적이지요.

성폭력 피해로 인한 외상을 다룰 때는 무엇보다 참여자가 외상과 자기 자신을 분리할 수 있도록 돕는 것이 중요합니다. 외상과 그로 인한 여러 가지 병리적인 증상은 자신이 앓고 있는 병일 뿐이라는 것을 분명히 해야 하는 것입니다. 외상이 자신의 잘못 때문에 주어진 벌이 아니라는 것과 함께, 그것이 자신의 역사의 일부라는 것을 인정하고 받아들여야 합니다. 그렇게 할 때 외상의 고통과 부작용으로부터 도망치기 위해 썼던 힘을 돌이켜 자신을 진정으로 보살피고 세우는 데 쏟을 수 있습니다. 그리고 외상으로 인해 스스로를 유폐시켰던 불신과 고립의 감옥에서 나와 자신의 상처를 공개함으로써 사랑하는 사람과 관계를 회복하고, 나아가 또 다른 피해자를 지지하고 연대하도록 돕는 것이 치료적 개입의 마지막 단계일 것입니다.

연극치료적인 접근은 외상 사건을 직접적으로 재연하지 않아도 된다는 점에서 참여자에게 안전감을 줄 수 있으며, 외상의 부작용이 참여자의 감각 처리 과정을 비롯해 정서와 인지 영역에 모두 손상을 입히는 것을 고려할 때, 극적 현실 속에서 신체, 정서, 인지, 행동을 통합적으로 다루는 연극이 효과적일 수 있습니다.

두 번째로 성폭력 피해의 유무를 확인할 수 있는 심리검사가 있는지 물으셨지요? 참여자가 스스로 성폭력 피해 경험에 대해 노출하지 않는 이상 그 여부를 알아내기 위해 특정한 검사를 하지는 않습니다. 물론 작업 과정에서 자연스럽게 일어나는 신체 접촉에 대해 지나치게 민감한 반응을 보인다거나 참여자의 그림이나 이야기에서 외상 사건과 관련된 이미지가 반복되는 것 등을 단서로 짐작은 가능하지만, 참여자가 드러내지 않으려 할 때는 그 선택을 존중하여 앞서 가지 않지요.

하지만 질문하신 것처럼, 성폭력 피해자가 아동일 경우에는 가해자에게 비밀을 지키도록 위협받거나 피해를 피해로 인식하지 못해 필요한 조치가 지연될 수 있으며, 성폭력으로 인한 몸과 마음의 상처를 스스로 돌보거나 치료적 도움을 선택하기가 어려우므로, 주변에 있는 어른이 주의 깊게 살펴 회복의 기회를 놓치지 않도록 도와야 할 것입니다.

아동의 성폭력 피해 여부를 판단하는 데 도움이 되는 지표는 크게 신체적인 것과 행동적인 것으로 나누어 볼 수 있을 것입니다. 신체적인 지표는 주로 생식기나 항문에 생긴 상처라서 아동과 매우 가까운 사이가 아니면 알기 힘들 수 있으며, 피해 경험이 있어도 눈에 띄는 이상이 발견되지 않기도 합니다. 그래서 아이의 행동에 갑작스런 변화가 나타날 때 눈여겨볼 필요가 있지요. 직접적으로는 아이가 친구를 상대로 성적 접촉을 시도한다거나 성행위를 흉내 내며 놀 수 있고, 자위행위를 하기도 합니다. 또 이유 없이 성적이 떨어지거나 친구와 다투는 등 학교생활에 문제가 나타나기도 하고, 아기로 돌아간 듯 손가락을 빨거나 오줌을 싸는 퇴행 행동을 보일 수 있으며, 지나치게 불안해하거나 짜증이 늘고 자해를 하기도 합니다.

특히 아동기에 일어난 성폭력 피해 경험은 몸과 마음에 지우기 어려운 상처를 남겨 피해자의 삶을 뿌리째 흔들어 놓으므로 그들과 함께 하는 연극치료사는 믿을 수 있는 어른으로서 인내심을 가지고 긴 호흡으로 작업에 임하는 것이 중요합니다.

2-12. 대상의 범위

Q 연극치료는 변형을 필요로 하는 사람을 대상으로 건강을 위해 의도적으로 연극 예술을 적용하는 것이라고 하는데, 환자가 아닌 사람도 연극치료를 받을 수 있을까요?

A 연극치료는 물론 특정한 장애나 질환을 가진 환자를 대상으로 하는 경우가 가장 많지만, 임상적인 문제가 없더라도 실직, 배우자의 죽음, 입대, 이혼 등 누구나 살면서 혼자서는 감당하기 힘든 문제나 고통을 겪을 수 있고, 그런 경우에 연극치료를 받기도 합니다. 또 다른 경우는 딱히 불편한 것은 없지만 내면의 성장을 위해 연극치료에 참여하기도 합니다. 자기 자신을 좀 더 분명히 알고 성숙해지기 위한 일종의 훈련의 계기로 삼는 것이지요. 연극치료사에게는 다양한 치료적 경험을 통해 자신의 한계에 직면하여 그것을 수용하고 넘어서는 자기 변형의 경험이 필수적으로 요구되기에, 장차 연극치료사가 되기 위한 준비로 연극치료를 받는 예비 연극치료사가 거기에 해당할 것입니다.

이를 성격의 발달 수준으로 다르게 말해 볼까요? 성격은 사람마다 다르고 그것을 설명하는 방식도 여러 가지이지만, 세상에 적응하기 위해 개인이 선택한 자아상과 방어기제가 특정한 형태로 굳어진 것이라 말할 수 있습니다. 성격은 우리가 충분히 힘을 갖지 못한 어린 시절에 이미 자리를 잡기 때문에, 그것을 자신이 선택한 것으로 받아들여 자기와 성격 사이의 틈을 알아차리기가 어렵습니다. 그래서 우리는 보통 죽을 때까지 성격이라는 틀에서 벗어나지 못하고 그 편협한 이미지와 방어기제를 되풀이하지요.

그런데 그 심각성이 모두 같지는 않아서 성격과 자신을 동일시하는 정도에 따라 성숙의 정도를 크게 세 수준으로 나누어 볼 수 있습니다. 가장 먼저는 성격과 자신이 같지 않음을 알고 그래서 자신이 선택한 이미지와 방어기제로부터 상대적으로 자유로우며, 그것을 다른 사람들을 돕는 힘으로 전환할 수 있는 성숙한 통합의 수준이 있습니다. 그리고 성격과 자신을 하나로 여겨 습관적인 방어기제에 따라 행동하지만 그 정도가 사회생활을 하는 데 크게 방해될 만큼은 아닌 적응 수준이 있으며, 마지막으로 성격에 대한 집착이 매우 심해서 그것이 자기 자신이나 다른 사람을 괴롭히는 파괴적 성향으로 나타나는 분열의 수준이 있습니다. 일반적으로 환자라 일컬어지는 임상적 처치의 대상은 바로 이 분열 수준에 있을 가능성이 높지요.

하지만 크고 작은 문제에도 불구하고 사회생활의 지속이 가능한 적응 수준 역시 성격이라는 고정된 패턴에서 자유로워지는 것을 목표로 또 다른 변형을 꿈꿀 수 있고, 그때 연극치료가 도움이 될 수 있습니다. 이것은 성숙한 수준에 있는 사람의 경우도 마찬가지일 수 있으며, 그래서 연극치료는 변형을 필요로 하는 사람을 모두 그 대상으로 한다고 말할 수 있습니다.

2-13. 연극치료가 힘든 대상

Q 연극치료는 누구나 할 수 있다고 하지만, 저처럼 타인의 평가에 지나치게 예민하거나, 말을 하지 못하거나, 인지능력이 심하게 떨어지는 경우는 예외가 아닐까요?

A 연극치료가 가능하지 않거나 부적합한 대상의 범위가 궁금하시군요. 우선 남들의 시선이 불편할 만큼 신경 쓰이는 경우도 연극치료에서 도움을 받을 수 있습니다. 집단치료를 한다면 처음에는 그 때문에 충분히 편안하고 솔직하기가 어렵겠지만, 오히려 그런 자신의 모습을 집단의 상호작용을 통해 뚜렷하게 인식하고 직면함으로써 새로운 변형의 계기를 마련할 수 있지요. 또 집단치료가 부담스럽고 위험하게 느껴진다면, 연극치료사와 단독으로 만나는 개인 치료의 형태를 선택할 수도 있습니다. 타인의 시선이란 결국 내가 나를 다른 사람과 비교하여 줄 세우는 열등감의 다른 표현이라 할 수 있을 것입니다. 그래서 개인 치료를 하면서 그와 관련된 중요한 경험을 다루고 자신을 있는 그대로 받아들임으로써 자존감을 회복하여 타인의 부정적 평가에 휘둘리지 않는 힘을 기르는 작업을 한 뒤에 집단 치료를 병행하면서 새로 습득한 행동 방식을 견고하게 다질 수도 있습니다.

또 연극치료에 적합하지 않은 대상으로 흔히 언어장애나

신체장애가 있는 경우를 떠올립니다. 하지만 말을 잘하지 못하고 움직임이 자유롭지 못해도 연극치료에서는 그것이 큰 문제가 되지 않습니다. 연극치료의 큰 원칙은 참여자가 있는 곳에서 출발한다는 것이니까요. 참여자가 말을 하지 못한다면 말이 아닌 다른 방식으로 자신을 표현할 수 있도록 하면 되고, 한쪽 팔다리를 쓰지 못한다면 쓸 수 있는 다른 쪽 팔다리에 집중하는 것이지요. 연극치료사가 편견을 버리고 상상력을 가동하기만 하면 참여자에게 맞게 연극할 수 있는 방법은 얼마든지 찾아낼 수 있습니다.

인지능력이 심하게 떨어지는 참여자도 연극치료가 불가능한 대상은 아닙니다. 참여자의 지적 능력이 정상 범위인 경우에는 극적 현실을 창조하고 그것을 그의 일상 현실과 연관지어 성찰하는 것을 연극치료의 주요한 작동 기제로 삼습니다. 그러나 인지 기능의 발달이 지체된 참여자를 대상으로 할 때는 그와 다른 작동 기제를 선택할 수 있지요. 앞서 설명한 방식이 생각 곧 성찰을 통한 발견에서 시작하여 감정과 행동으로 확장되고, 최종적으로는 새로운 역할이나 행동 방식으로서 몸에 새겨지기를 의도하는 것처럼, 인지 기능이 낮은 참여자들에게는 이 방향을 뒤집어 특정한 행동 방식을 반복하면서 먼저 몸에 익히고, 그것이 내면으로 확장되어 그에 어울리는 감정과 생각을 불러일으키기를 촉진하는 것입니다. 간단히 말해, 전자의 방식을 '안에서 밖으로'라고 한다면, 후자의 방식은 '밖에서 안으로'라고 말할 수 있습니다.

좀 다른 각도에서 연극치료의 효과가 잘 나타나는 대상이 누구인지를 묻는다면, 그 답은 아마도 연극치료를 통해 달라지고 싶은 마음이 절실한 참여자일 것입니다. 그리고 거기에 극적 표현을 좋아한다면 더 바랄 것이 없겠지요. 하지만 극적 표현을 할 수 있는지 혹은 얼마나 잘할 수 있는지는 연극치료에 대한 적합성 여부를 가늠하는 데 결정적인 잣대가 아니라는 사실을 말씀하신 세 경우를 들어 살펴보았습니다.

2-14. 연극치료가 적합한 대상

Q 연극치료에 적합한 대상이 따로 있을까요?

A 연극치료에 적합한 참여자가 있다면, '적합한'을 여러 각도에서 읽을 수 있을 것입니다. 일단 그것을 '연극을 편안하게 받아들이고 좋아하는'의 의미로 볼 수 있겠지요. 그것은 좁게는 자신이 아닌 다른 인물이 되어 여러 다른 인물과 어울려 이야기를 만들어 가는 역할 활동부터 넓게는 몸을 움직이는 체현과 그림, 피겨, 악기, 이야기 등 다른 도구를 통하는 투사 활동까지 극적 표현의 전반을 어려워하지 않고 즐길 수 있다는 뜻일 것입니다. 참여자가 그렇다면, 그것은 단순히 예술적 표현 방식을 선호하는 것이 아니라 에너지 수준이 높고 자기를 자발적으로 열어 드러낼 준비가 된 신호라 볼 수 있습니다.

'적합함'은 또 '연극치료가 특히 효과적인'이라는 말이 될 수도 있을 것입니다. 연극치료는 참여자가 몸으로서 느끼고 생각하고 행동할 수 있게 도울 뿐 아니라 참여자의 삶을 사실적으로 재현하거나 얼핏 보아서는 그것과 전혀 상관없는 허구로 변형하여 현실을 다양한 거리에서 극화할 수 있으며, 일상 현실과 꼭 닮은 극적 현실을 구축함으로써 대안적 선택을 실험할 수 있는 최적의 시뮬레이션을 제공합니다. 여기서는 몸과 허구와 시뮬레이션이 중요한 말이지요.

그래서 몸을 배제하거나 마음 아래에 두지 않고 몸을 통해 마음에 접근하는 연극치료는 머리와 말에 갇혀 있는 사람들에게 다른 채널을 열어 줄 수 있습니다. 생각의 쳇바퀴와 의식의 합리화에서 벗어나 몸에서 우러나오는 무의식의 새롭고 솔직하고 생생한 이야기를 들을 수 있게 해 줍니다. 그리고 연극치료는 필요할 때 허구를 통해 에둘러 갈 수 있습니다. 가령 성폭력 피해를 입은 경우처럼, 외상의 경험을 재연하는 것이 위험하거나 직접적인 노출을 원치 않아 심리 치료를 꺼리는 참여자가 있다면, 연극치료에서는 극적 현실로써 충분히 거리를 두고 안전하게 탐험하는 것이 가능합니다. 또 장애나 질환으로 전반적인 기능이 저하되어 일상생활에 적응이 쉽지 않은 참여자들 역시 연극치료에서 도움을 얻을 수 있습니다. 기능 수준이 낮다는 것은 치료적 변형을 위해서는 안전한 상태에서 부적절한 선택과 반응이 가져오는 결과를 경험한 뒤에 적절한 선택과 반응을 충분히 반복해야 한다는 것을 의미합니다. 그런 경우, 연극치료는 일상 현실과 꼭 닮은 극적 현실을 구축함으로써 반복 학습이 필수적인 참여자들에게 최적의 환경이 될 수 있습니다.

그러나 어떤 방식으로 읽든 상관없이 연극치료에 가장 적합한 대상이 있다면, 그것은 '달라지고자 하는 마음이 절실한' 참여자입니다. 아무리 극적 표현을 좋아하고 몸과 허구와 시뮬레이션을 세 꼭짓점으로 하는 연극치료의 특성과 잘 부합한다 해도, 달라지고자 하는 마음이 없다면 어떤 변형도 일어날 수 없으니까요.

2-15. 연극치료의 위험성

Q 연극치료는 상담이나 다른 예술 치료에 비해 침투적이라 불편하고 위험할 수 있을 것 같은데, 실제로 그런가요?

A 연극치료의 대중적 이미지 중 하나가 그런 것이지요. '침투'라는 말은 물, 병균, 생각 등 외부의 어떤 것이 다른 것의 내부로 스며들어 퍼지는 현상을 가리킵니다. 그러니까 연극치료가 침투적이라면, 연극치료적 개입이 참여자의 내부로 스며들어 퍼지는 힘이 여타 심리 치료에 비해 강하다는 뜻으로 읽을 수 있을 것입니다. 네, 저도 그렇게 생각합니다. 하지만 그것이 곧장 불편과 위험으로 이어진다고는 보지 않습니다.

그에 대해 말하기 전에 변형(transformation)이 어떻게 일어나는지를 먼저 살펴볼까요? 특정한 형태는 온전함과 상관없이 그 자체로 완결적이어서 외부에서 충격이 가해지지 않는 한 달라질 수 없습니다. 다시 말해, 변형의 계기는 늘 밖에서 온다는 것이지요. 밖에서 오기에 그것은 낯설 수밖에 없으며, 낯설기에 위험으로 느껴지는 것이 당연합니다.

삶이 우리에게 허락한 변형을 기리는 통과의례를 보면 그것을 더 잘 알 수 있습니다. 우리는 누구나 없던 상태에서 이름을 가진 한 사람으로 세상에 나옵니다. 생후 1년을 기념하는 돌이 그 출세(出世)의 의례이지요. 또 일곱 살이 되어 극적 발달의 한 주기를 완결하면 입학식을 거쳐 초등학교에서 본격적인 사회생활을 시작합니다. 사춘기를 지나 스무 살이 되면 성인식을 치르지요. 요즘은 별 의미 없이 사소해졌지만, 문명 초기에는 아이에서 어른으로 탈바꿈하는 이 시기를 경건하고 치열한 의례로 구별했습니다. 마을에서 멀리 떨어진 곳에서 한 달 동안 어떤 도움도 없이 살아남거나 줄 하나에 의지한 채 까마득한 낭떠러지로 몸을 던지는 시련을 통과하고 나서야 비로소 어른의 자격을 획득할 수 있었지요. 그리고 혼인하여 자식을 낳으면 부모의 자리에서 자식이 일련의 의례를 겪으며 성장하는 모습을 지켜보게 되고, 한 생이 다하여 세상을 떠나면 살아 있는 이들이 망자의 부재를 장례로 확증합니다.

그러니까 통과의례는 없음에서 있음으로, 아기에서 어린이로, 아이에서 어른으로, 자식에서 부모로, 있음에서 다시 없음으로 탈바꿈하는 변형의 과정을 기리는 행위이며, 그렇게 유난한 의례가 필요한 까닭은 변형이 거듭남이기 때문입니다. 없음으로서 죽어야 있음이 되고, 아기로서 죽어야 어린이가 되며, 아이로서 죽고 어른으로 다시 태어나는 것이며, 그렇게 변형은 필연적으로 죽음을 내포합니다.

심리 치료 역시 통과의례와 마찬가지로 변형을 위한 것이며, 따라서 참여자는 아픈 사람에서 나은 사람으로 거듭 나는 과정에서 죽음을 겪을 수밖에 없습니다. 이때 죽음은 우리가 상상할 수 있는 가장 낯설고 위험한 것의 다른 말일 것입니다. 마주하기가 두려워 잊은 척했던 것, 수치스러워 아닌 척 꾸몄던 것, 감당할 수 없어 모르는 체 했던 것과 직면해야 하니까요. 아무튼 고통 없이는 변형도 없습니다.

연극치료가 상대적으로 침투적이라면, 그것은 극적 재현이 갖는 특성 때문일 것입니다. 상담을 비롯해 음악 치료, 미술 치료, 문학 치료에서 참여자는 자기 외부의 것 곧 말이나 소리, 형태와 색채, 이야기 등을 표현과 탐험의 수단으로 사용합니다. 이 투사(projection) 방식은 참여자가 표현되는 것으로부터 일정한 거리를 두도록 하여 통찰을 촉진하는 힘이 있습니다. 말 그대로 '두고 보게' 하는 것이지요. 생각하는 것은 느끼는 것보다 안전합니다. 그 대상이 (치료 장면에서 다룰 수밖에 없는) 고통스러운 감정일 경우에는 더욱 그렇습니다.

그러나 변형은 통찰과 경험의 동반을 요구하며, 연극치료에서 참여자는 어떤 방식으로든 — 사실적으로 재연하거나 이야기를 빌어 우회적으로 재현하는 — 자신의 경험을 극화함으로써 다시 한 번 몸으로 살아냅니다. 역할(role)로 분류하는 이 방식은 표현 대상의 내면화를 촉진하며, 참여자는 그것으로 사는 과정에서 감정을 느끼면서 동시에 맥락화하게 됩니다. 바꿔 말해, 느끼면서 생각하게 하는 것이지요. 따라서 투사와 비교할 때 들어가 느끼게 하는 역할이 좀 더 위험하게 보일 수 있습니다.

그러나 연극치료는 앞서 말한 투사와 역할을 모두 사용합니다. 뿐만 아니라 참여자가 자기 몸의 감각과 근육을 사용해 대상을 재현하는 체현(embodiment)까지 극적 표현의 레퍼토리로 포함합니다. 체현은 언어와 맥락을 배제한 채 대상을 신체화하기에 세 가지 표현 방식 중 가장 솔직하고 직접적이며, 나와서 생각하기보다 들어가 느끼기를 촉진하지요. 줄여 말하면, 연극치료는 체현, 투사, 역할의 다양한 표현 방식을 두루 사용하며, 그래서 멀리서 바라보거나 다가가 느끼게 하는 거리 조절이 탁월합니다.

그러므로 '연극치료가 침투적이라 불편하고 위험할 수 있다'는 말은 반(半)만 참이라고 할 수 있습니다. 불편과 위험은 변형의 여정에서 거칠 수밖에 없는 가온자리이며, 연극은 그 다양한 표현 방식 덕분에 그에 대해 필요에 따라 적절한 거리를 취할 수 있으니까요.

2-16. 재외상의 위험

Q 치료 중에 외상 경험을 재연하면서 참여자가 상처를 받지는 않나요? 기억조차 하기 싫은 상황을 다시 떠올리면서 혹시 더 큰 상처가 되지는 않을까요?

A 정신적 외상을 치료하는 과정에서 외상 사건을 재연하는 것이 참여자의 상처를 건드려 또 다른 외상을 입히는 것은 아닌지 염려하시는군요. 그런 경우가 전혀 없다고 할 수는 없을 것입니다. 그런데 트라우마와 그로 인한 외상 후 스트레스 장애(PTSD)를 들여다보면, 치료 장면에서 외상 사건을 재연할 수밖에 없는 까닭을 알 수 있지요.

자연재해, 전쟁, 교통사고, 성폭력, 신체적 폭력, 테러 등 심각한 공포와 스트레스를 자극하는 사건을 경험하거나 목격한 후에 그 충격을 감당하지 못해 다양한 이상 증세를 보이는 것이 외상 후 스트레스 장애입니다. 주요 증상은 크게 세 가지로 외상 사건의 기억이 불현듯이 생생하게 떠오르는 것, 외상과 관련한 장소나 상황뿐 아니라 외상 사건 이전에 즐기고 좋아하던 것을 멀리하는 회피와 무감각, 이유 없는 과도한 불안과 분노가 그것입니다. 이 증상들은 사라지거나 약해지지 않고 끝없이 반복되는 외상 사건의 고통을 견뎌 내기 위한 나름의 방어기제라고 할 수 있습니다.

그래서 PTSD 환자는 흔히 술, 빠른 속도, 성관계, 음식 등과 같이 강렬하고 위험한 자극에 의존함으로써 고통과 함께 자기 자신을 잊는 전략을 택하곤 합니다.

생존을 위협하는 자극으로서 외상 사건은 다른 경험과 달리 '이야기'로 변형되어 처리되지 않고, 마치 누군가 '얼음'이라고 외친 것처럼 그 순간에 머물러 있으면서 장면의 감각과 감정을 파편적으로 활성화시킵니다. 그것은 생존에 필요한 본능과 반사에 관여하는 변연계의 해마체와 편도체가 스트레스 호르몬에 압도되어 기능을 멈추어 버렸기 때문이지요. 그래서 외상 사건의 침투를 막기 위해서는 다른 경험과 마찬가지로 그것을 이야기의 형태로 만들어 자전적 기억과 함께 처리하는 것이 필요합니다. 다시 말해, PTSD를 다루는 중요한 원칙은 외상을 다양한 방식으로 재현하게 함으로써 하나의 이야기로 만들어 지나 보내는 것입니다.

그리고 바로 그 때문에 고통에도 불구하고 외상 사건의 기억을 떠올려 어떻게든 극적으로 표현하도록 촉진하는 것이지요. 하지만 연극치료사는 원칙을 따르되 염려하신 대로 그 과정에서 재외상이 발생하지 않도록 참여자의 상태에 맞추어 접근 방식을 적절하게 조절할 필요가 있습니다. 만일 참여자가 외상을 들여다볼 준비가 되지 않아 다루기를 거부한다면, 외상 사건 자체를 파고들기보다 그로 인한 다양한 부적응적 증상과 그 영향을 살피고 대안적인 선택을 찾아보는 작업을 먼저 진행할 수 있을 것입니다. 그렇게 하면서 서로에 대한 신뢰가 단단해지고 크고 작은 성공 경험을 통해 참여자가 삶에 대한 의지를 회복한다면, 상징과 은유를 사용하여 좀 먼 거리에서 외상 사건을 극적으로 표현하고 살피는 작업으로 옮겨 갈 수 있겠지요. 그런 다음에는 좀 더 가까운 거리에서 외상을 사실적으로 재현하면서 그것을 가능한 하나의 이야기로 안착시키는 작업이 배치되어야 할 것입니다. 그렇게 할 수 있다면 그것은 참여자가 고통에 압도되지 않으면서 외상 사건을 다른 각도에서 바라보고 다룰 수 있는 힘이 생겼음을 말해 주는 것이며, 더이상 외상에 매여 있지 않고 그것을 자기 안에 담을 수 있을 만큼 자유로워졌다는 것을 뜻합니다.

이것은 연극치료가 아니라 어떤 형식의 치료라도 트라우마를 다룰 때 동일하게 적용되는 원칙이라 할 수 있습니다. 경험에 대해 참여자가 스스로 이야기하도록 하되, 연극치료사는 그가 할 수 있는 만큼 할 수 있는 방식으로 표현하도록 도우면서 그 과정의 목격자가 되는 것이지요. 그것을 반복하는 가운데 참여자는 외상 경험을 직접적이고 구체적으로 직면할 수 있는 힘을 축적하게 되고, 그렇게 충분히 이야기하면서 종국에는 외상을 여느 다른 경험처럼 여상히 다룰 수 있는 지점에 도달하게 됩니다. 그런데 욕심을 부려 참여자가 외상 사건에 접근하는 속도를 지나치게 앞서게 되면 상처가 덧날 수도 있으니, 그 점이 연극치료사의 세심한 주의가 요구되는 대목일 것입니다.

2-17. 본능으로서의 연극

> 가끔 TV에서 부부나 가족이 사이가 매우 좋지 않아서 서로 이해하고 배려하면서 다시 잘 지내게 하기 위해 연극적인 활동을 이용하는 것을 보았습니다. 일반인이 어떻게 극적 상황에 그렇게 금방 몰입할 수 있는지가 궁금합니다.

일반인은 극적 상황에 잘 몰입하기가 힘들다는 것은 일종의 선입견이라 할 수 있습니다. 물론 전문 배우에 비하면 극적 상황을 구체적으로 상상하여 설득력 있게 표현하는 기술에서 서툰 것이 당연하겠지만, 자신과 관련된 극적 상황에 몰입하는 데서는 일반인과 전문 배우를 구분하여 말하기는 어려울 것입니다. 자신이 아닌 다른 인물이 되어 사는 연극적 특성은 인간이라면 누구나 날 때부터 갖고 있는 본능이자 욕구이기 때문이지요. 연극치료에서는 초기 성장 과정에서 연극성이 어떻게 발달해 가는지를 NEPR의 네 단계로 나누어 조명합니다.

첫 번째, 신경-극 놀이(neuro-dramatic play) 단계는 태아가 엄마 뱃속에 있을 때 시작되어 출생 후 6개월까지 지속됩니다. 이때 아기를 가진 엄마는 누가 일러 주지 않아도 자연스럽게 뱃속 아기에게 말을 걸고 자기가 던진 질문에 아기가 되어 대답을 하면서 상상의 상호작용을 반복합니다. 그리고 아기가 태어난 후에는 그 곁을 지키면서 꼭 안아 주고, 눈을 맞추며 이야기를 하고, 토닥이면서 재워 주고, 등에 업고 노래를 불러 주기도 하지요. 서로 볼 수 없지만 태중에서 경험한 극적 상호작용과 출생 직후 엄마와 나누는 따뜻한 접촉과 리드미컬한 움직임이 모두 극적 놀이로서 영아의 뇌와 신체의 신경을 자극하고 그 연결과 분리에 영향을 미치는 것입니다.

신경-극 놀이는 안정적인 애착을 형성하는 데 결정적입니다. 태아는 약 40주 동안 어둡고 비좁고 따뜻하고 리드미컬한 소리가 들리는 공간에서 배고픔도 없이 양수에 떠 있지요. 그런데 출산을 기점으로 급격한 변화를 겪게 됩니다. 좁은 산도를 통과해 나오느라 외상에 가까운 고통을 경험할 뿐 아니라, 그 길을 지나 도착한 곳은 자궁 속과 달리 밝았다 어두웠다 춥다 덥다가 예측할 수 없이 변하고 배고픔과 아픔이 느껴지는 낯설기 그지없는 다른 세상(他界)인 것이지요. 그런 상황에서 아기에게 가장 절실한 것은 처음 마주친 강력한 두려움을 담아낼 수 있는 힘이며, 그 힘은 엄마와 안정적인 유대 관계를 맺는 데서 생겨납니다. 갓 태어난 아기에게 엄마는 세상 그 자체이며, 엄마와 애착을 형성한다는 것은 세상을 살 만한 곳으로, 자신을 반겨 주는 안전하고 따뜻한 곳으로 느끼고 받아들일 수 있게 된다는 뜻이니까요. 이를 연극적으로 바꿔 말하면, 아기는 신경-극 놀이를 통해 안정적인 애착을 형성하고, 그로써 세상이라는 무대에 두려움 없이 나설 수 있게 된다고 할 수 있습니다.

생후 6개월부터 1년 사이에 진행되는 체현(embodiment)

단계에서 아기의 에너지는 몸의 감각과 근육의 움직임에 집중됩니다. 먹고 자고 싸는 것으로 일과의 대부분을 보내지만, 그 밖에는 손에 잡히는 것은 모두 입으로 가져가 대보는가 하면, 옹알이를 하고 배밀이를 하고 기고 앉고 일어서면서 끊임없이 제 몸을 가누고 뜻대로 하려 애를 씁니다. 이 두 번째 극적 발달 단계에서 아기는 감각과 근육의 움직임을 통해 엄마와 별개의 존재로서 자신의 경계를 탐험합니다. 자기 자신과 엄마의 젖가슴과 세상이 경계 없이 하나로 뒤섞여 있던 유아의 원시적 전능감이 깨지면서 과연 어디서부터 어디까지가 나인가를 가늠하는 것이지요. 그리고 그렇게 형성된 신체상을 바탕으로 기본적인 자아감이 자리를 잡게 됩니다. 이를 연극성에 맞추어 다시 말하면, 체현 단계에서는 자기 아닌 다른 인물을 연기할 수 있는 자기가 비로소 모습을 드러낸다고 할 수 있습니다.

세 번째는 2살부터 5살 사이의 투사(projection) 단계입니다. 투사는 창이나 포탄 따위를 던지고 쏜다는 뜻으로, 연극치료에서는 자신이 아닌 다른 도구를 써서 생각이나 감정을 밖으로 드러내는 것을 의미합니다. 투사 단계에 있는 아이는 다양한 놀잇감을 갖고 놉니다. 손에 잡히고 눈길을 끄는 무엇이든 놀잇감이 되지만, 그것을 가지고 노는 방식은 투박한 데서 시작해 섬세한 방향으로 발전해 나가지요. 투사적 표현에 숙달하면서 아이들은 이야기를 듣기도 하고 만들 수도 있게 됩니다. 이야기는 일련의 사건이 인과의 관계를 갖도록 배치한 것이며, 그래서 이야기를 이해하고 만들 수 있다는 것은 곧 이 세상이 어떻게 움직이는지에 대한 기본적인 이해가 형성되었음을 말해 줍니다. 그렇게 투사 단계의 아이들은 이야기를 통해 자신의 욕구와 관심사를 중심으로 주변에서 일어나는 일들을 의미 있게 배치하면서 놉니다.

돌이 지나면서 아이들은 두 가지 커다란 힘을 갖게 됩니다. 걷기와 말하기가 그것이지요. 걷고 말하는 것은 모두 엄마로부터 공간적으로나 심리적으로 멀어질 수 있게 합니다. 아이들은 투사 단계로 접어들면서 엄마에게서 벗어나 바깥세상을 탐험하는 데 온 힘을 쏟으며, 그렇게 세상을 이루는 다양한 명사와 동사, 형용사와 부사를 익히고 숙달하게 됩니다. 다시 말해, 투사 단계는 장차 무대에서 연기할 자기 아닌 다른 인물들, 곧 타자에 대한 이해가 형성되는 시기인 것입니다.

그렇게 차근차근 앞선 세 단계를 밟아 오르면 마지막에 역할(role) 단계에 이릅니다. 드디어 자신이 아닌 다른 인물이 된 듯 그로서 살 수 있게 되는 것이지요. 보통 6~7살 무렵에 역할 단계가 진행되는데, 이때 아이들은 엄마 아빠 놀이나 병원 놀이, 영웅과 악당 놀이, 전쟁놀이 등을 하면서 새로 배운 정보를 익히기도 하고, 해결하지 못한 문제가 있다면 그 상황과 주제를 반복해서 극화하면서 스스로 풀어나갑니다. 그리고 그렇게 다양한 인물을 연기하면서 아이들은 타자에 대한 이해를 내면화하고, 또 그렇게 함으로써 그의 입장에서 느끼고 생각할 수 있는 힘을 기릅니다. 공감의 바탕이 되는 역지사지의 상상력을 훈련하는 것이지요.

그래서 신경-극 놀이 – 체현 – 투사 – 역할로 이어지는 연극성의 발달 단계를 제시한 수 제닝스는 연극적 능력이 인간의 모든 발달의 초석을 이룬다고 했습니다. 신경-극 놀이를 통해서는 애착이, 그 이후 체현, 투사, 역할을 거치면서 사회성이 형성되는 것입니다.

앞서 말했듯이, 이 극적 발달 과정은 사람이라면 누구나 갖고 있는 생래적 본능이자 모두가 경험하는 보편적 과정이며, 따라서 무대에 서는 것을 업으로 하는 전문 배우뿐 아니라 특별한 교육이나 훈련을 받지 않은 사람도 조금만 몸과 마음을 열어 집중하면 어렵지 않게 극적 상황에 들어가 자연스럽게 반응할 수 있는 것입니다. 특히 그 극적 현실이 자신에게 의미 있는 정서적 현실을 다룰수록 더 깊이 그리고 더 빨리 몰입하게 되지요.

그러니까 우리는 누구나 선천적으로 그리고 잠재적으로 배우인 것입니다!

2-18. 혼자 하는 연극치료

 연극치료를 다른 사람의 도움 없이 스스로 할 수도 있을까요?

A 연극치료사와 만나지 않고도 스스로 마음을 돌볼 수 있는 방법이 없는지에 관한 질문이라고 생각됩니다. 뚜렷한 장애나 질환이 없는 일반인도 그 마음을 깊이 들여다보면 누구나 저마다의 상처를 안고 살아가듯이, 그 마음의 다른 쪽에는 '치유자' 역할이 있어 그 크고 작은 삶의 상처와 문제를 스스로 어루만지고 헤쳐 나갈 수 있습니다. 그런 관점에서 보면, 연극치료사가 하는 일은 참여자가 이미 갖고 있지만 여러 가지 이유로 쇠약해진 치유자의 역할을 강화하는 것이라고도 말할 수 있습니다.

이 치유자 역할을 어떻게 강화할 수 있는지를 알기 쉽게 도식화하여 설명하면 이렇습니다. 가장 먼저 필요한 것은 지금 내가 서 있는 곳을 확인하는 일입니다. 치료 장면에서 그 자리는 대체로 참여자의 상처이자 좌절한 사람, 자살자, 의심하는 사람, 꿈꾸는 사람 등 피해자 역할로 나타납니다. 그 다음에 알아야 할 것은 거기서 어디로 가고 싶은지, 목적지를 정하는 것입니다. 증상이 심각하지 않으면, 그 지점은 참여자의 욕구와 희망을 담은 용기 있는 사람, 행복한 사람, 돕는 사람, 깨어 있는 사람 등으로 나타나는 것이 보통입니다. 어디서 출발해 어디로 갈 것인지가 분명해지면, 그 다음에는 그 여정에서 만나게 될 방해자와 조력자를 찾을 차례입니다. 가령 참여자의 역할이 행복한 사람이 되고 싶은 자살자라면, 방해자는 자살자가 행복을 꿈꾸거나 그에 접근하지 못하도록 위협하는 마음속의 소리일 것입니다. "어차피 달라질 건 없어. 나도 내가 꼴 보기 싫은데 대체 무슨 희망이 있겠어? 그냥 죽는 게 최선이야. 괜히 힘 빼지 말고 어서 결심을 해." 이렇게 말하는 방해자에게는 겁쟁이나 잘난 척 하는 사람이라는 이름을 붙일 수 있겠지요.

그리고 마지막에 찾아야 할 것이 바로 조력자입니다. 원하는 곳을 향해 한 발짝 뗄 수 있도록 변형의 여정에 시동을 걸기 위해서 조력자는 방해자의 소리에 귀를 기울여야 합니다. 그것이 피워 올리는 두려움이 환상에 지나지 않음을 일깨워야 하니까요. "여태까지 잘 해왔어. 지금은 좀 지친 거니 쉬어. 죽는 건 언제든지 할 수 있잖아? 사실 내가 꼴 보기 싫은 게 아니라 더 잘 살고 싶은 거잖아. 원하는 만큼 가질 수 없다고 계속 떼쓸 거야? 나는 네가 좋아. 네가 필요해." 이렇게 말하는 조력자에게는 어떤 이름이 어울릴까요? 친구일 수도 있고 엄마나 지혜로운 사람일 수도 있겠지요.

마음의 지도는 이렇게 지금의 나, 되고 싶은 나, 방해자, 조력자의 네 거점을 파악하는 것이며, 앞서 말한 치유자는 이 가운데 조력자와 겹쳐 놓고 보아도 무리가 없을 것입니다.

이런 맥락에서 연극치료사의 도움 없이 혼자서도 내면의 치유자를 활성화시킬 수 있습니다. 그 방식은 자신의 마음과 몸을 주의 깊게 관찰하면서 그 변화가 보내는 메시지를 잘 알아차리는 것, 한쪽으로 치우친 감정과 생각과 행동 방식(지금의 나)을 다른 감정과 생각과 행동(되고 싶은 나)으로 균형을 맞추되 치유자를 강화함으로써 그것을 훼방하는 부정적인 역할(방해자)을 다룰 수 있도록 훈련하는 것이라 할 수 있을 것입니다. 누군가는 이것을 자가 치료라 할 수도 있고, 마음공부나 수련이라 할 수도 있겠지요.

다만 연극치료를 위해 혼자서 극적 현실에 들어가는 것은 권하지 않습니다. 특히 지켜보는 사람이 없는 상태에서 고통스런 상황을 재현한다든가 정서적으로 극단적인 역할을 연기하는 것은 위험할 뿐 아니라 치료적으로 의미가 없습니다. 연극과 연극치료는 행위하는 사람과 지켜보는 사람의 관계를 본질로 하며, 거기서 지켜보는 사람은 행위자가 그 내면을 마음껏 꺼내놓고 탐험할 수 있도록 그 모든 것을 담아내는 그릇의 역할을 합니다. 그러므로 목격자 없이 혼자서 연극치료를 하는 것은 불가능할 뿐 아니라, 하지 말아야 할 것이기도 합니다.

2-19. 작업 기간 정하기

 연극치료사가 몇 회기를 진행할지 계획을 세우고 그것이 다 끝나면 참여자의 상태와 관계없이 작업을 중단하나요?

A 작업 기간의 설계와 조정에 관한 질문이군요. 개인 치료의 경우에는 일반적으로 작업을 시작하기 전에 상담 회기를 갖습니다. 그때 참여자가 연극치료를 하고자 하는 목적과 그와 관련된 사항에 대한 정보 공유가 이루어지고, 연극치료사는 그것을 바탕으로 총 몇 회기가 필요할지를 가늠하여 일차적으로 참여자에게 전달하고 동의를 구합니다.

단기 작업의 경우 10회기에서 24회기 사이로 잡는 것이 보통이며, 25회기에서 48회기 정도를 장기 작업으로 분류할 수 있습니다. 작업 기간과 빈도를 정하는 데 가장 크게 영향을 미치는 요인은 증상의 심각성, 곧 증상이 일상생활에 적응하는 것을 얼마나 방해하는지 입니다. 적응에는 문제가 없지만 불편한 정도인지, 적응이 아예 불가능한지, 자살 사고나 시도가 반복되어 위험한 수준인지에 따라 다른 선택이 필요할 텐데, 일반적으로 증상이 심각하고 발병한 지 오래될수록 필요한 작업 기간이 길어진다고 할 수 있고, 위험한 경우에는 작업의 빈도를 높여 자주 만나는 것을 고려할 수 있습니다.

그리고 또 한 가지 고려해야 할 요인은 참여자의 특성입니다. 참여자 가운데는 연극치료사를 만나러 오긴 했지만, 스스로 원해서가 아니라 다른 사람의 권유나 압력 때문에 등 떠밀려 온 경우가 종종 있습니다. 그런 참여자들은 작업을 시작하더라도 변화에 대한 기대가 희박할 뿐 아니라 약속을 어기고 나타나지 않는 것으로 거부를 표현하기도 하지요. 품행 장애 청소년을 가장 대표적인 예로 들 수 있습니다. 그런 상황에서는 필요한 전체 작업 기간을 가늠하여 제안하기보다 해당 참여자를 안정적으로 만날 수 있는 기회를 확보하는 것이 보다 현실적일 수 있으며, 그것을 위해 참여자와 일종의 거래를 하기도 합니다. 일단 세 번을 만나 본 다음 그때 다시 세 번 회기를 연장하거나 중단하기로 약속을 하는 것입니다. 그렇게 3회기 만에 작업이 종료될 수도 있고, 6회기나 12회기가 된다면 그 과정에서 자기도 모르는 사이에 참여자의 자발성이 높아질 것입니다.

하지만 상담 회기에서 연극치료사가 어떻게 계획을 하든지, 실제 작업에 들어가서는 참여자의 회복 또는 변형의 속도에 맞추어 필요에 따라 작업 기간을 조정합니다. 이때는 물론 연극치료사가 혼자 결정하는 것이 아니라 참여자나 참여자의 보호자와 협의하는 것이 중요합니다. 그에 따라 전체 작업 기간이 애초에 설계했던 것보다 짧아질 수도 있고 연장되기도 하지요.

집단치료의 경우는 양상이 좀 다릅니다. 정확히 말해, 개인이냐 집단이냐가 아니라 예산이 미리 배정된 작업인가 그렇지 않은가에서 오는 차이이지요. 보통 학교, 복지시설, 병원 등 기관의 의뢰를 받고 진행하는 작업은 실행 전에 몇 명의 참여자를 대상으로 몇 회기의 작업을 할 것인가를 미리 정해서 예산을 짜고 그 계획에 따라 그대로 진행하는 것이 일반적입니다.

따라서 기왕의 계획을 수정하는 것이 쉽지 않으며, 일단 사업을 끝까지 마친 뒤에 거기서 나온 결과를 — 집단 규모가 좀 더 작으면 좋겠다거나 작업 기간을 늘리면 좋겠다거나 하는 — 다음 분기 사업을 기획할 때 반영하게 된답니다.

2-20. 적합한 공간

 연극치료를 하려면 어떤 공간이 필요한가요?

공간은 연극치료에서 매우 주의 깊게 다루어야 하는 중요한 요건입니다. 일반 상담과 다른 예술 치료에 비해 연극치료는 몸과 움직임을 적극적으로 사용하기 때문에 어떤 공간에서 이루어지느냐가 만남의 질에 큰 영향을 미치지요. 현장에서 작업을 하다 보면 주어진 조건과 환경에 적응하는 것이 무엇보다 중요하지만, 최적화된 적응을 위해서는 이상적인 상태에 대한 이해가 선행되어야 하기에, 연극치료에 적합한 공간이 어떤 곳인지를 살펴보겠습니다.

제 경험상 가장 중요한 것은 공간의 독립성입니다. 독립성이란 다른 사람들의 방해나 시선 혹은 소음으로부터 차단되는 것을 말합니다. 시각적으로나 청각적으로, 공간 안에서 일어나는 것이 밖을 방해하지 않고, 공간 밖에서 일어나는 것이 안을 방해하지 않아야 하는 것이지요. 그래서 큰 소리를 내더라도 다른 사람들에게 방해가 되지 않도록 방음장치를 해 둘 필요가 있습니다. 공간의 독립성이 확보되지 않으면 참여자가 편안하고 솔직하게 자기를 드러내기가 어렵고, 그것은 심도 있는 작업에 큰 방해가 됩니다. 그럼에도 실제 현장에서는 여전히 독립되지 않은 공간에서 작업을 진행해야 하는 경우가 빈번하지요. 그럴 때는 적어도 작업 시간 동안에는 외부인의 출입을 금하거나 검은 천으로 차단막을 설치하여 공간을 최대한 독립적으로 변형하는 것이 필요합니다.

두 번째는 충분한 크기입니다. 공간의 크기는 대략 참여자들이 양 팔을 벌리고 설 수 있는 정도면 적당하며, 조금 작다면 한 팔을 벌리고 설 수 있는 정도의 크기도 가능합니다. 연극치료라고 해서 반드시 무대로 구획된 공간이 필요하지는 않으며, 그래서 무대가 있다는 이유로 체육관처럼 지나치게 넓은 곳을 선택하는 것은 좋지 않습니다.

공간은 중간에 기둥이나 기타 돌출된 설비 없이 확 트여 있어야 하고, 가급적 작업에 관계된 물품이나 장비 이외의 가구나 소품을 배치하지 않는 것이 바람직합니다. 만일 한 쪽 벽면에 거울이 있는 연습실이라면, 반드시 천을 달아 필요한 경우를 제외하고는 거울을 가리는 것이 좋습니다. 간단하게 부위별로 밝기를 조절할 수 있는 조명 시설이 있다면 훌륭할 것입니다. 그리고 콘크리트 바닥에서는 신발을 벗거나 편안하게 눕는 등의 자유로운 움직임이 제한되므로, 공간 전체에 카펫이나 매트를 까는 것이 좋고, 장판보다는 마룻바닥이 참여자들이 움직이기에 좀 더 안전하고 쾌적합니다.

이 밖에도 세심하게 점검하자면 더 많은 사항들이 있겠지만, 연극치료가 이루어지는 공간은 기본적으로 독립성, 안전성, 집중성을 확보하는 것이 중요합니다. 참여자가 다치지 않게 할 것, 외부의 간섭을 받지 않는 극적 현실을 위한 독립된 공간일 것, 연극치료에 필요한 것 이외에 다른 자극을 없앨 것, 참여자의 표현을 최대한 배려하는 것이 공간과 관련된 지침이라 할 수 있습니다. 공간은 그야말로 그릇이며, 그릇 안에 담을 수 있는 내용물은 그 그릇의 크기와 형태를 벗어날 수 없지요. 그러므로 연극치료를 담아낼 좋은 그릇을 만드는 것은 매우 중요합니다.

2-21. 연극치료사와 연기

Q 연극치료를 하려면 연극을 잘해야 하나요?

 연극치료사로서 역할을 잘 수행하기 위해서 연극적인 표현 능력이 좋아야 하는지를 물으시는 거죠? 네, 저는 그렇게 생각합니다. 그것은 대화를 주된 매체로 하는 심리 상담의 경우 상담자가 말을 잘할 수 있어야 하는 것과 같은 이치일 것입니다.

물론 이때 상담자로서 '말을 잘한다는 것'이 어떤 의미인지를 다시 한 번 살펴야겠지요. 아마도 대화의 한 주체로서 상담자에게 요구되는 기술은 자신의 생각을 피력하는 말하기보다 내담자의 이야기를 깊게 담을 수 있는 듣기가 첫 번째일 테고, 필요한 질문과 적절한 반응으로 대화의 방향을 치료적으로 끌어가는 힘이 그 다음일 것입니다. 그것은 우리가 흔히 '말 잘하는 것'에서 떠올리는 화려한 수사나 매끈한 유창함과 거리가 멉니다. 그저 내담자에게 집중하는 것 그리고 솔직하고 겸손하게 들은 바에 대한 느낌을 나누는 것이면 족하지요.

연극치료도 이와 다르지 않습니다. 연극치료사가 연극을 잘해야 한다는 것은 독창적이고 세련된 연기나 연출이 아니라 참여자의 극적 표현을 정확하게 이해하고 그에 대한 개입으로서 적절한 극적 구조를 제시할 수 있는 정도의 역량을 뜻합니다.

연극치료에서 참여자는 극적 활동을 통해 자신의 이야기를 풀어냅니다. 일반 상담의 경우에는 상담자가 따로 구조를 주지 않아도 내담자가 알아서 하고 싶은 이야기를 합니다. 그에 비해 연극치료의 참여자는 대부분 극적 언어에 익숙하지 않으며, 그래서 연극치료사가 해당 회기에 필요하다고 여겨지는 극적 구조를 준비하여 제시하는 방식을 취합니다. 그런데 그 시점에 참여자가 탐험해야 할 주제와 제시된 극적 구조가 서로 어긋난다면 아무래도 작업이 순조롭게 진행되기 어렵겠지요.

또 연극치료사는 참여자가 만든 극적 현실에서 하나 또는 여러 인물이 되어 살아야 합니다. 마녀나 콩쥐, 때로는 거북이와 고장 난 시계를 연기해야 하는 것이지요. 이때 물론 세련되고 독창적인 연기를 시전(施展) 해야 하는 것은 아니지만, 적어도 그 인물을 말이 되고 공감이 되도록 표현하는 것은 중요합니다. 개연성과 설득력이 있는 연기! 참여자들은 어떤 측면에서 치료사가 일상에서 하는 말보다 극중에서 하는 행동에 쉽게 영향을 받기 때문에 솔직하고 정확하게 연기하는 것이 필요하지요. 그리고 또 한 가지 잊지 말 것은 연극치료사로서 연기를 할 때는 관객보다 참여자를 우선으로 해야 한다는 점입니다. 연극치료사가 극중 인물을 연기하는 까닭은 참여자가 해당 장면을 통해 특정한 감정과 생각을 생생하게 경험하도록 하기 위함입니다. 그러므로 그 목표가 잘 이루어지도록 매 순간 참여자에게 집중하여 적절하게 반응하는 것이 매우 중요합니다.

  이렇듯 연극치료사는 작업 안에서 크게 연출가와 배우의 역할을 한다고 할 수 있습니다. 먼저 연출가로서 작업의 환경을 구성하고, 극적 구조를 설계하여 실행하며, 진행된 내용을 해석하고 소통합니다. 그리고 배우로서는 작업에서 요구되는 다양한 인물을 연기합니다. 연출가와 배우의 두 역할 모두 극적 표현과 공연의 제작 과정 전반을 익숙하고 섬세하게 다룰 수 있는 역량을 요구합니다. 하지만 그것은 타고난 재능이 아니라 집중과 훈련으로 얻을 수 있는 기술임이 분명합니다.

2-22. 역할 바꾸기의 효과

> 역할 바꾸기가 과연 효과가 있을까요? 역할을 바꾸더라도 자신의 입장이 투사되지 않을까요? 가령 교사와 학생이 서로 역할을 바꾼다면, 교사가 연기하는 학생은 평소 교사가 갖고 있는 이상적인 학생의 이미지를 보여 주는 것에 그치지 않을까요? 역할을 바꾼다 해도 자신의 입장을 떠나기 어렵다는 것이지요. 그래서 저는 TV 프로에서 역할을 바꾸어 본 후에 상대를 이해하고 갈등이 해소되는 장면을 보면 정해진 시나리오에 따라 연기하는 게 아닐까 의구심이 듭니다.

A 역할 바꾸기(role reversal)는 사이코드라마의 대표적인 기법 중 하나입니다. 주인공과 갈등 관계에 있는 중요한 인물과의 장면을 재연한 다음, 주인공이 상대 인물의 역할을 맡아 앞서 재연한 상황을 거듭 살거나 그와 관련된 다른 장면을 연기하게 하는 방식으로 진행되지요. 역할 바꾸기를 경험한 주인공은 대개 미처 알거나 느끼지 못했던 상대 인물의 생각과 감정을 겪음으로써 갈등에 대한 새로운 실마리를 얻게 되곤 합니다.

하지만 역할 바꾸기를 좀 더 넓은 시야로 보면 사이코드라마에 속한 하나의 기법이기보다 '나 아닌 다른 존재가 되어 보는 것'으로서 연극의 핵심을 관통하는 개념임을 알 수 있습니다.

우리는 몸으로써 구별되는 개인으로 살아갑니다. '나'라는 사람이 갖는 고유한 정체성의 물리적 근거이자 실체가 몸이라는 말이지요. 그래서 내 몸과 그 혹은 그녀의 몸이 바뀌지 않는 한 우리는 삶 속에서 다른 이가 될 수 없습니다. 그런데 역설적이게도 '나 아닌 다른 존재가 되어 보는 것'은 사람이 살아가는 데 없어서는 안 될 긴요한 조건이자 능력입니다. 사회라는 군집에 적응하자면 정확히 내 몸에 사는 것뿐 아니라 상상 속에서나마 몸에서 빠져나와 나로부터 거리를 두는 것이 중요하기 때문이지요. 내 몸에 사는 것으로 주관을 공고히 할 수 있다면, 나로부터 거리를 두는 것은 객관을 가능케 합니다. 물론 손쉽게 다수의 주관이 합의한 바를 객관으로 취급하지 않는다면, 엄밀한 의미에서 객관은 어느 누구도 가닿을 수 없는 하나의 이데아일 뿐입니다. 참된 객관은 어느 한 몸에 속하지 않고 모든 이로부터 동일한 거리에 있을 때 얻어지는 관점, 만인이면서 동시에 만인이 아닐 때 열리는 시각이니까요.

그러나 신이 아닌 인간으로서는 몸에서 빠져나와 자기로부터 거리를 두는 것만으로도 쉽지 않은 성취입니다. 그리고 그것을 가능케 하는 것이 상상이라는 채널이지요. 내가 그 사람이 될 수는 없지만, 내 경험이나 텔레비전, 책, 친구의 이야기 등을 통해 간접적으로 알게 된 정보를 바탕으로 그의 처지와 마음을 헤아리는 것. 공감과 감정이입입니다. 그래서 경험이 풍부하고 학식이 깊을수록 사람을 담을 수 있는 마음의 그릇도 함께 커지나 봅니다.

그런데 상상을 수행하는 방식에도 여러 갈래가 있습니다. 가만히 앉아 눈을 감고 마음이 일으키는 이미지를 따라갈 수도 있고, 그 심상을 글이나 소리 혹은 시각적 형태나 몸의 움직임으로 옮기기도 하며, 아예 삼차원의 공간으로 끌어내 그 속에서 심상 자체가 되어 살기도 합니다. 일반적으로 이 중 어떤 방식을 택하는가는 상상하는 사람의 취향에 달린 것이지만, 상상의 목적이 대상을 이해하는 데 있다면 그에 가장 적합한 것은 아마도 세 번째의 연기적인 방식일 것입니다.

인간의 일반적인 지적·도덕적 발달 과정을 고려할 때, 다른 사람의 입장에서 생각하고 느낄 수 있는 역지사지(易地思之)의 능력은 엄마와 눈을 맞추면서 표정을 따라 하는 유아기에 발달이 시작되어 사춘기 후기에 들면서 대략 완성된다고 합니다. 그러니까 웬만한 성인은 각별한 노력을 기울이지 않아도 상대방의 입장을 얼추 비슷하게 짐작할 수 있다는 뜻이지요.

하지만 심각한 갈등 상황은 비슷하게 짐작하는 것 이상을 요구합니다. 이성의 힘으로 상대가 어떤 입장일지는 미루어 짐작할 수 있지만, 그것을 용납할 수 없을 때 갈등이 증폭되는 것이니까요. 그런 경우에 소용되는 것이 바로 역할 바꾸기입니다. 나로서 나의 추론 능력을 이용하여 상대에 대해 생각하는 데서 성큼 나아가 상대가 되어 행동하면서 그 감각과 감정과 생각의 추이를 몸으로 직접 겪는 것이지요. 그것은 상당한 차이를 만들어 냅니다. 다른 사람이 되어 보기로 마음먹는 것부터 시작해서, 그가 되었다고 상상하면서 그처럼 걷고 움직이며, 구체적인 상황에서 그로서 지각하고 느끼고 생각하고 반응하는 것은 가만히 앉아 짐작하는 것과는 비교할 수 없을 만큼의 열정과 섬세한 감각을 요구하는 일입니다. 그리고 그렇게 큰 에너지를 들인 만큼 그에 상응하는 결과가 따르기 마련이지요. 길지 않은 동안이지만 다른 이로서 사는 삶은 우리 뇌에 오롯한 체험으로서 각인되어 깊은 주름을 만듭니다. 물론 그것 역시 나의 상상의 범주 내에서 벌어지는 일일 뿐이지만, 다른 이가 되는 것이 원천적으로 불가함을 감안한다면, 역할 바꾸기는 우리가 나로부터 빠져나와 다른 이로 살아봄으로써 한 발 더 객관에 접근할 수 있는 최적화된 방식이라 할 수 있습니다.

밖에서 보는 사람에게는 그 경험이 일으키는 변화가 자첫 지나치게 전형적이라거나 너무 쉽게 결론에 이르는 듯한 인상을 줄 수 있지만, 실제로 주인공이 되어 역할 바꾸기를 해 보신다면 분명 다른 경험을 하게 될 거라 생각합니다. 제가 만난 여러 참여자들의 반응도 그랬고요.

2-23. 치료적 변화의 인식

 치료적인 변화가 일어난 것을 어떻게 알 수 있나요?

A 치료 효과의 측정과 평가에 관한 질문이네요. 무엇부터 말하면 좋을까요. 치료적 개입이 어떤 영향을 미쳤는지 파악하기 위해서는 개입이 시작되기 전과 개입을 마친 후 두 시점에서 참여자의 상태를 비교합니다. 사전 평가와 사후 평가를 견주어 보는 것이지요.

이때 평가의 내용은 작업의 목표와 관련된 심리 행동적 특성이 될 것입니다. 그러니까 '부정적인 감정을 자각하여 표현할 수 있다. 부모에 대한 적대감을 완화한다'는 목표를 설정했다면, 참여자가 부정적인 감정을 어떻게 다루는지 그리고 부모와 어떻게 관계 맺고 있는지를 주의 깊게 살펴야 할 것입니다.

평가의 방식은 평가의 주체가 누구인가에 따라 세 가지로 나눌 수 있습니다. 참여자가 스스로 자신의 변화를 살펴보고 하는 것, 치료사가 치료 장면에서 나타난 참여자의 행동을 관찰하는 것, 그리고 좀 더 객관적인 평가를 위해 치료에 관련된 사람의 관점을 배제하고 특정한 심리 행동적 특성의 측정을 위해 개발된 표준화된 도구를 쓰는 것이 가능하지요.

한편, 심리 치료는 인성의 변화를 위한 것이므로, 인성의 여러 국면을 평가의 단서로 삼을 수 있습니다. 참여자의 표정, 말투, 옷차림, 대인 관계 등 행동적 측면에서 변화의 양상을 평가할 수도 있고, 생각이나 신념과 관련된 인지적 측면이 작업의 효과를 논하는 창이 될 수도 있다는 것이지요. 폭식증 환자의 구토 회수나 우울증 환자의 자살 사고(suicidal ideation) 횟수를 기록하고 그 변화 양상을 검토하는 것이 행동적 측면의 평가라면, 성폭력 피해 경험을 어떻게 해석하는가에 주목하는 것은 인지적 측면의 평가입니다. 동일한 사실을 두고도 '성폭행을 당한 나와 내 인생은 이미 망가졌다'에서 '성폭행은 내 인생의 경험 중 일부일 뿐이다'라고 다르게 읽게 되는 데서 변화를 확인하는 것입니다. 그리고 참여자의 변화는 연극적 측면에서도 관찰할 수 있습니다. 극적 현실과 일상 현실의 경계가 얼마나 튼튼하고 유연한지, 극적 상황에 얼마나 몰입하는지, 인물과 줄거리 등이 얼마나 개연성이 있고 자연스러운지, 극적 현실과 일상 현실의 연관을 잘 이해하는지 등을 기준으로 사전 상태와 사후 결과를 비교할 수 있는 것이지요.

또한 치료 작업에서 나타난 변화를 기술하는 방식에 따라 질적 평가와 양적 평가를 구분할 수 있습니다. 질적 평가란 관찰이나 면담을 통해 구체적이고 생생한 정보를 수집하고 기술함으로써 대상을 이해하고자 하는 방식이며, 양적 평가란 평가 대상을 어떤 형태로든 수량화하여 그 결과를 통계적으로 기술하고 분석하는 방식입니다. 질적 평가와 양적 평가는 서로 다른 특성으로 상호 보완 관계에 있지만, 요즘에는 치료적 개입에 의해 변화가 나타났음을 과학적으로 증명할 수 있는 근거 기반 치료(evidence-based practice)가 논의의 중심을 이루고 있어, 심리 치료에서도 평가의 객관성을 확보하기 위해 표준화된 진단 평가 도구를 사용한 양적 평가에 힘을 싣는 경향이 있습니다. 표준화란 대상을 객관적으로 측정하기 위해 검사의 제작 절차, 내용, 실행 조건, 채점 과정 및 해석을 체계화한 것을 뜻하며, 심리 치료에서 자주 사용되는 도구에는 자아 존중감 척도, 우울 성향 척도, 공감적 이해 평가 척도, 집단 응집력 척도, 로르샤흐 검사, HTP 검사 등이 있지요.

그래서 연극치료에서도 필요에 따라 이 같은 도구를 가져다 쓰지만, 연극치료에서 개발된 진단 평가 도구들도 있습니다. 여섯 조각 이야기, 역할 연기 진단 검사, 역할 프로파일, 6-key 평가 척도 등이 대표적인 예인데, 이 도구들은 이야기, 역할, 상연이라는 연극적 요소에 투사된 참여자의 심리 행동적 특성을 해석하는 방식을 취합니다. 하지만 아직까지 이 중 어느 것도 표준화되지는 않았고, 어떻게 하면 각 치료 작업의 개별성을 정확하게 포착하면서도 객관성을 잃지 않도록 평가할 것인가는 앞으로의 과제로 남겨져 있습니다.

3장

새내기 연극치료사를 위하여

3-1. 객관적 진단

 참여자를 진단할 때 제 주관이 개입될까 봐 두려워요. 어떻게 해야 객관적으로 볼 수 있을까요?

A 저는 심리치료사에게 흔히 요구되는 객관적 중립성은 치료 장면뿐 아니라, 엄밀히 말해 어떤 장면의 누구에게도 가능하지 않은 허구라고 생각합니다.

객관(客觀)은 "대상을 자신과의 관계에서 벗어나 제3자의 입장에서 보는 것"을 말합니다. 이것은 사실 소극적 정의이며, 객관의 최대치는 대상을 가능한 모든 위치에서 바라보는 것이라 할 수 있습니다. 그러나 개별적 신체를 삶의 단위로 하는 인간에게 자신과의 관계에서 벗어나는 것이나 가능한 모든 위치에서 바라보는 것은 죽음을 경유하지 않고는 불가능한 일이지요. 인간은 누구나 몸을 경계로 자신을 한정합니다. 머리부터 발끝까지의 피부 안쪽을 '나'로 삼고 그 바깥에 있는 것은 '내가 아닌 나머지,' 세상과 그것을 이루는 대상이 되는 것이지요. 몸을 단위로 하는 개인은 공간적으로 특정한 위치에 있을 수밖에 없고, 대상과 관련하여 가깝거나 먼 혹은 낮거나 높은 그 물리적 위치는 심리적으로 확장되어 특정한 입장을 갖게 합니다. 그것이 우리가 흔히 말하는 '주관(主觀)'이지요. 그러므로 몸을 벗어나지 않고서는 대상을 제3의 시점이나 가능한 모든 지점에서 바라보는 '객관'은 성립할 수 없습니다.

 그렇다면 우리는 왜 가능하지도 않은 객관을 상상하고 그에 근접하려 할까요? 대상을 나의 자리에서 바라보면 대상 자체보다 대상에 투사된 자기를 만나기가 쉽기 때문일 것입니다. 대상보다 그에 대한 찬반호오(贊反好惡)의 입장, 곧 선입견과 편견이 앞서 그 진면목을 마주 할 수 없게 되는 것이지요.

 객관은 불가능하고 주관은 피해야 한다면, 그럼 어떻게 해야 할까요? 저는 주관을 토대로 객관을 실험해야 한다고 생각합니다. 주관은 배제의 대상이 아닙니다. 저는 심리치료사가 일체의 선입견이나 편견 없이 중립적 태도를 취해야 한다는 것에 반대합니다. 오히려 연극치료사는 참여자를 만남에 있어 자신의 관점을 적극적으로 활용해야 합니다. 주관에 따라 가설을 세우고, 개입하고, 질문해야 합니다. 현실에서 심리치료사의 중립이란 지구에서 중력을 피하는 것과 같으며, 삶의 조건으로서 중력에 순응하듯 주관을 인정하고 신뢰하는 것이 중요합니다.

 그런 한편, 어떤 인식 작용도 자기라는 필터를 거칠 수밖에 없음을 늘 기억해야 합니다. 주관에 맺힌 이미지가 유일한 그림이 아니라 가능한 하나의 상에 불과함을 깨닫는 것, 그 하나의 상도 내가 볼 수 있고 보고 싶은 것이 크게 나타난 것임을 기억하는 것, 언제든지 기존의 관점을 폐기하고 새로운 단서에 반응할 수 있도록 깨어 있을 것, 스스로 기왕의 시각에 어긋나게 질문하는 것, 이것이 객관을 향한 실험일 것입니다. 그리고 그것을 위해서는 부단한 의심과 상상이 필요합니다.

곧 정확한 진단과 개입에는 주관과 객관이 모두 요구되며, 그것은 다시 연극치료사 자신에 대한 믿음과 의심을 동시에 추구하는 일입니다.

3-2. 진단 평가의 초점

> **Q** 작업 초기 단계에서 참여자를 진단 평가할 때, 좀 더 구체적으로 어떤 초점을 가지고 보아야 하는지 궁금합니다. 어떤 것이 의미 있는 중요한 정보인지 잘 판단이 되지 않습니다.

A 심리치료사가 하는 일의 8할이 진단이라 할 수 있을 만큼 변형을 위한 작업에서는 참여자에 대한 이해가 가장 긴요한 문제입니다.

심리 치료의 진단 평가는 참여자의 내면을 들여다보는 것이지요. 그런데 마음은 감각되지 않는 것이어서 우리는 마음을 직접 보거나 만지는 대신 참여자의 말과 말투, 표정, 몸짓, 행동을 비롯해 그가 만들어 낸 극적 산물을 통해 그것을 있게 한 마음의 모양을 미루어 짐작하는 방식을 씁니다.

진단 평가에서 그 다음에 문제가 되는 것은 아마도 질문하신 대로 수많은 정보 중에서 '무엇을 중요하게 볼 것인가'일 것입니다. 그것은 큰 맥락에서 연극치료사가 인간과 삶과 건강과 정신 병리를 어떻게 이해하는가에 따라 다소 편차가 있을 수 있지만, 어떤 경로로 접근한다 해도 결국 다다를 지점은 마음의 심층이기에 저의 경우를 들어 설명해도 큰 무리가 없을 거라 생각됩니다.

제가 참여자에게 가장 먼저 묻는 것은 연극치료를 하려

는 이유입니다. 가령 그것은 자녀의 사소한 병치레에도 잠을 못 자고 의사의 처방도 미덥지 않아 여러 병원을 전전할 만큼 지나치게 불안해하는 것일 때도 있고, 거식증으로 단기간에 체중이 급격히 감소해 입원 치료 직전의 위기에서 무엇이 문제인지를 알고 싶어서인 경우도 있습니다. 참여 동기를 파악하는 것은 진단 단계에서 가능한 많은 정보를 얻으려 노력해도 그 범위와 양에 한계가 있을 수밖에 없으므로, 참여자를 가장 불편하게 하는 문제를 중심으로 작업에 필요한 정보를 모으기 위함입니다.

두 번째 초점은 '참여자가 무엇을 추구하는가'입니다. 그것은 욕망이나 감정으로 나타나기도 하고, 참여자가 중요하게 여기는 신념이나 가치로 표현되기도 하지요. 우리 안에는 '추구자' 역할이 있기 마련이어서 누군가는 일관성에 과하게 집착하고, 누군가는 무슨 수를 써서라도 혼자 있지 않으려고 하며, 누군가는 자신에게조차 약한 모습을 보이지 않으려 필사적입니다. 우리의 삶을 태어남에서 시작해 죽음으로 끝나는 일련의 운동이라고 할 때, 그 움직임을 추동하고 거기에 형태를 부여하는 힘은 그 사람을 이해하는 데 밑바탕이 될 수 있을 것입니다. 그런 측면에서 저는 초기의 진단 평가 단계에서 참여자가 자신의 힘을 무엇을 위해 쓰는지, 그의 삶이 어디로 향하는지를 유념해서 봅니다. 그것을 중시하는 또 다른 까닭은 그 욕망이나 신념을 추구함에 있어 힘 자체가 너무 미약하거나 편향되거나 솔직하지 못해 균형을 잃는 데서 마음의 병이 비롯된다고 보기 때문입니다.

진단 평가의 세 번째 초점은 핵심 감정입니다. 핵심 감정이란 정신분석에서 유래한 개념으로, 어린 시절에 형성되어 개인의 생각과 행동 전반을 지배하는 감정을 뜻합니다. 욕망과 감정은 동전의 앞뒷면처럼 긴밀한 역동으로 연결되어 있으며, 심리 치료는 인간을 이루는 모든 차원, 곧 감각, 감정, 생각, 행동, 관계, 영성을 아우르지만, 그 가운데서도 의식만으로는 접근이 쉽지 않은 감정 다루기를 그 본령으로 한다는 점에서 핵심 감정을 강조하는 것입니다. 치료적 개입은 다시 말하면 참여자의 일거수일투족에 배어 있는 감정이 무엇인지를 알아내어 그것을 스스로 알아차리게 하고 적절히 담아내도록 도움으로써, 핵심 감정이 참여자를 지배하는 것이 아니라 참여자가 핵심 감정을 통제할 수 있도록 관계를 역전시키는 과정이라 할 수 있습니다.

덧붙이자면, 저는 지금까지 말한 세 가지 — 호소 문제, 욕망/신념, 핵심 감정 — 에 초점을 맞추어 참여자의 초기 기억을 극화하고 분석하는 것을 진단 평가의 방식으로 즐겨 씁니다.

3-3. 치료사의 개입

 치료사가 개입한다는 것이 정확히 무슨 뜻인가요?

A 치료적 개입(therapeutic intervention)이란 작업에서 목표한 바를 이끌어 내기 위해 참여자에게 어떤 구조를 어떤 의도와 방식과 순서로 제공할 것인가에 관한 치료사의 고민과 실행을 말합니다.

참여자를 만나기 전에 작업 공간을 배치하는 것부터 해당 회기의 목표를 정하는 것, 어떻게 회기의 첫 시작을 열 것인가, 참여자가 작업을 회피할 목적으로 상관없는 이야기를 지나치게 길게 끌 경우 어떻게 할 것인가, 해당 회기에 제기된 주제를 어떤 극적 구조로 다룰 것인가, 극에서 어떤 인물을 연기하게 할 것인가, 다루기 싫어하는 주제에 어떻게 접근하게 할 것인가, 같은 주제를 반복하는 것에 대해 어떻게 반응할 것인가, 극적 현실과 일상 현실의 연관을 어떻게 보게 할 것인가, 어떤 과제를 내줄 것인가까지, 곧 작업의 시종이 모두 치료사의 개입입니다.

치료적 개입은 행해지는 방식에 따라 말을 주로 하는 설명적 개입과 그렇지 않은 실천적 개입으로 나누거나, 개인에 초점을 맞춘 개입과 체계를 대상으로 한 개입으로 분류하기도 합니다. 복잡성을 기준으로 하면 미소나 의아한 표정처럼 참여자의 말과 행동에 대한 단순한 반응에서 질문,

해석, 논평 등의 언어적 피드백과 참여자가 상상하고 표현할 수 있는 극적 구조, 그리고 극적 현실 속에서 인물로 살면서 참여자를 자극하고 안내하는 것까지 다양한 차원이 가능합니다.

특정한 심리 치료 접근법을 사용할 경우에는 그와 관련된 일련의 독특한 개입 체계를 따르기도 해서, 가령 인지 행동 치료라면 심리 교육, 노출 치료, 인지적 재구성, 스트레스 면역 훈련, 불안 조절 훈련을 하게 되지요. 어떤 배경과 접근 방식을 취하든 상관없이 심리 치료에서 공통적으로 사용되는 개입에는 관계 형성, 안전감 조성, 소통 촉진, 대처 기술 훈련 등이 있습니다. 연극치료사는 이 같은 기반을 공유하면서 각 접근법에 따라 역할 체계 명료화, 안내자 역할 훈련, 자기 안의 괴물 만나기, 마음의 지도 그리기, 분노 다루기, 애도하기, 내면 아이 위로하기, 부모 받아들이기 등의 개입을 시도하지요.

이렇듯 개입은 전적으로 치료사의 몫입니다. 하지만 연극치료를 가능케 하는 주체는 치료사뿐 아니라 참여자와 연극까지 모두 셋이라 할 수 있으며, 셋의 관계를 어떻게 보는가에 따라 치료사의 개입의 위상이 달라집니다.

연극치료를 심리적 성장이 필요한 이들을 위해 연극 예술의 치유적 잠재력을 의도적이고 적극적으로 가져다 쓰는 것으로 정의하는 사람들은 참여자와 연극 예술의 만남을 주된 치료 기전(機轉)으로 보고, 치료사는 그 만남의 효율성을 높여 주는 촉진자로 규정합니다. 한편, 연극치료를 연극적인 방식으로 구현된 심리 치료로 간주하는 사람들은 참여자와 치료사의 만남을 주된 치료 기전으로 보고, 연극이 그 만남의 촉매라고 말합니다. 전자의 경우 치료사의 개입은 해당 시점에서 참여자에게 필요한 극적 구조를 제시하는 데 집중될 가능성이 높다면, 후자의 경우는 치료사가 좀 더 전면에 나서 극적 경험에 대한 적절한 해석과 피드백을 제공하는 것이 중요해질 수 있을 것입니다.

어떤 경우든 정확하고 적절한 개입을 위해 치료사가 꼭 기억해야 할 것은 전체 작업의 목표와 참여자입니다. 어디로 갈 것인가 그리고 지금 어디에 있는가, 목표점과 시작점 두 가지를 분명히 알아야 변화의 여정을 제대로 이끌 수 있으니까요.

3-4. 개입의 방향과 순서

참여자를 만날 때 어떤 방향과 순서로 개입해야 하는지를 확실히 모르겠습니다.

A 네, 그건 어떤 치료사에게도 쉽지 않은 문제일 것입니다. 더구나 참여자 한 사람 한 사람이 모두 다르고 그에 대한 진단과 개입 역시 편차가 있어서 A의 경우에는 B, C, D의 순으로 처치한다는 일반론을 말하기가 힘든 것이 또 그 어려움을 부추기는 이유 중 하나이지요. 하지만 조금이나마 도움이 될 수 있길 바라면서, 여기서는 참여자나 치료적 배경의 차이와 관계없이 적용되는 심리 치료적 개입의 가장 기본적인 단계를 이야기해 볼까 합니다.

심리 상담에서는 그것을 필요로 해서 찾아온 사람을 흔히 '내담자(來談者)'라고 부릅니다. 이야기를 하러 온 사람이라는 뜻이지요. 방식이 무엇이건 심리 치료에서 가장 먼저 해야 할 일은 눈앞에 있는 사람의 이야기를 듣는 것입니다. 할 얘기가 넘쳐서 끊기가 힘들 만큼 폭포수처럼 말을 쏟아 내는 참여자가 있는가 하면, 묻는 말에도 겨우 답을 할까 말까 해서 애를 태우는 참여자가 있고, 토막 난 장면들이 두서없이 흩어져 이야기가 되지 못한 경우도 있습니다.

이때 필요한 개입이 귀 기울여 듣기입니다. 참여자의 말과 마음을 함께 경청하는 것이지요. 누군가 내 말을 힘껏 들어줄 때, 참여자는 자신의 삶과 지금의 마음을 하나의 이야기로 잘 엮어 낼 수 있고, 그 이야기에 스스로 귀 기울이게 됩니다. 다른 말로 하면, 치료사가 먼저 성실한 관객이 됨으로써 참여자를 위한 공간을 마련하고 그 무대에서 참여자가 자신의 이야기를 마음껏 펼치도록 돕는 것입니다. 그렇게 정성껏 지켜봐 주는 시선 속에서 참여자는 비로소 자신을 주인공으로 받아들이고, 배우로서 무대에서의 일거수일투족을 강렬하게 느끼면서 동시에 알아차릴 수 있게 됩니다. 객석이 무대를 만들 듯, 치료사의 경청이 참여자를 주인공으로 세우는 것이지요.

이와 관련하여 1955년에 시작된 한 종단 연구가 있습니다. '결손 가정의 자녀가 사회 부적응자가 될 가능성이 크다'는 가설을 검증하기 위해 사회경제적으로 열악하고 외부의 영향이 상대적으로 차단된 하와이 카우아이 섬을 배경으로, 그 해에 태어난 833명의 아이들을 30년 동안 추적 조사한 것입니다. 이 실험을 주도한 에미 워너(Emmy Werner)는 833명 중에서도 아예 부모가 없거나 범죄자의 자녀로 고위험군에 속한 201명의 자료를 분석하면서 놀라운 사실을 발견하게 되었습니다. 201명 중 72명이 어려운 환경에도 불구하고 사회에 잘 적응하여 훌륭한 청년으로 성장한 것이었죠. 에미 워너는 거기서 다시 한 번 질문을 던졌습니다. '이들이 역경에 굴하지 않고 그것을 뛰어넘을 수 있는 힘은 어디에서 왔을까?' 그래서 72명의 공통점을 찾아보았습니다. 그랬더니 그들이 가진 자원은 사람이었답니다. 자신의 이야기를 듣고 이해하고 공감해 주는 어른 한 명. 이 실험은 어려움에 처했을 때 그것을 헤쳐 나오는 힘 곧 회복 탄력성(resilience)이 관계 곧 자신을 믿어 주고 이해해 주는 사람에게 그 뿌리를 두고 있음을 잘 보여줍니다.

그러므로 심리치료사의 일을 참여자의 회복 탄력성을 강화하는 것으로 기술할 때, 그 개입의 첫 단추는 무엇보다 경청과 그를 통한 신뢰 구축이 되어야 할 것입니다.

개입의 두 번째 목표는 인식(awareness)입니다. 경청이 참여자의 표현을 촉진한다면, 그 다음에는 표현하는 과정이나 그 결과에 비추어 거기 나타난 참여자의 모습을 읽어 스스로 알아차리도록 도와야 합니다. 특정 상황을 어떻게 이해하고 어떻게 반응하는지, 그와 관련된 감정과 생각이 무엇인지, 왜 지나치게 그에 매여 있는지, 상식적인 기준에서 얼마나 벗어나 있는지, 어떤 방어기제로 고통을 우회하고 있는지, 어떤 점이 어떻게 적응을 방해하는지, 왜 비슷한 상황과 경험이 반복되는지, 상대는 나와 어떻게 다른 경험을 하는지 등을 뚜렷하게 보아 알 수 있어야 하는 것입니다.

연극치료사는 이를 위해 거리를 조절합니다. 참여자로 하여금 표현 과정과 결과를 가까이에서 강렬하게 느끼게 했다가 다시 멀리 떨어져 남의 것처럼 조망하게 하면서 밀착과 분리를 교차시키는 것입니다. 그렇게 두 지점을 오갈 때 참여자는 감정을 자기 것으로 깊이 느끼면서 큰 맥락 속에서 자신의 상태와 위치를 정확하게 이해하게 됩니다. 카타르시스와 통찰이 함께 일어나는 것이지요.

 더 구체적으로 말해, 어떤 방식이든 표현은 모두 밀착을 돕습니다. 참여자가 자신의 감각, 감정, 생각, 욕망을 생생하게 느끼도록 촉진하지요. 반대로 참여자의 비판적 사고를 자극하는 데는 물리적이고 심리적인 거리가 필요합니다. 거리 두기를 위한 가장 단순한 기법은 말 그대로 멀리 떨어져서 보게 하는 것입니다. 참여자가 한 행동을 누군가 그대로 재현하고, 주인공은 객석에서 그것을 지켜보게 합니다. 이것을 거울 기법(mirroring)이라고도 합니다. 참여자가 상대 인물이 되어 살게 하는 역할 바꾸기는 심리적인 거리를 만들어 내지요. 거리는 표현 매체에도 영향을 받습니다. 몸을 활용한 표현이 밀착을 촉진한다면, 언어적인 표현은 상대적으로 분리를 돕는 식이죠. 또 집단 작업에서는 다른 참여자의 느낌과 생각이 주인공을 비추는 중요한 거울이 되기도 합니다. 이런 거리 조절의 구조를 활용하여 참여자가 자기 자신을 깊이 경험하고 인식하도록 돕는 것이 개입의 두 번째 국면입니다.

 마지막 키워드는 변형(transformation)입니다. 치료는 적응적 변화를 목표로 하는 것이며, 따라서 개입의 최종 단계는 낡은 것을 버리고 새로운 것을 취하기를 요구합니다. 낡은 것이 익숙한 것, 알고 있는 것, 편한 것과 통한다면, 새로운 것은 모르는 것, 낯선 것, 불편한 것의 다른 말이지요. 그래서 변형은 쉽지 않고 때로는 억지스럽게 느껴지기도 합니다.

 연극치료에서 변형은 모델링(modelling)을 통해 일어납니다. 모델링이란 참여자에게 필요한 대안적 행동의 보기를 제공하여 그것을 관찰하고 모방함으로써 몸에 익히도록 하는 것입니다. 그것은 치료 관계와 극적 구조를 모두 활용할 수 있습니다. 가령 참여자의 문제 행동이 갈등이 발생한 관계를 모두 단절하는 것이었다면, 변형 단계에서는 치료 관계 안에서 잠재적 불만을 솔직하게 내놓고 조정하는 연습을 하면서 그와 함께 갈등을 내장한 다양한 극적 구조를 활용하여 관계 단절이 아닌 대안적 행동 방식을 실험하고 체화하는 것입니다. 모델링은 자기 자신으로 여기지 않던 새로운 역할을 반복적인 연기를 통해 제 것으로 취하는 과정이라는 점에서 역할 이론의 관점에서 가장 잘 설명되고 접근 가능할 것입니다.

 지금까지 한 이야기를 짧게 줄이면, 연극치료에서 참여자는 크게 표현 – 인식 – 변형의 세 단계를 거치며, 그에 따른 치료적 개입은 공감과 경청 – 거리 조절 – 모델링의 순서를 따른다고 할 수 있습니다. 이것은 전체 작업의 시작부터 종결에 이르는 큰 흐름뿐 아니라 한 회기 안에서도 순환의 고리로서 연속적으로 적용됩니다.

3-5. 대표적 연극치료 접근법

Q 연극치료의 범위 안에서 발달 변형, 역할 접근법, 샤머니즘적 접근법, 사이코드라마적 접근법 등이 가능할 텐데, 한 사람을 치료하기 위해서 특정한 접근법을 적용할 경우 그 방법론에 따라 결과가 다를까요?

A 일단 동일한 참여자의 동일한 사안을 초점으로 서로 다른 접근법을 적용한 사례가 없어서 정확한 답변을 드리기는 어렵습니다. 사실, 엄격하게 말하면, 그런 실험은 가능하지 않기도 합니다. 같은 대상의 치료를 위해 몇 가지 접근법을 사용한다면 어쨌거나 순차적으로 적용할 수밖에 없고, 그런 경우 뒤에 적용되는 접근법은 앞의 결과에 영향을 받을 수밖에 없기 때문에 각 방법론의 순수한 영향력을 관찰하여 비교할 수가 없게 되니까요.

하지만 연극치료의 대표적인 접근법의 특성을 비교하기 위해 미국에서 비슷한 시도를 한 적은 있습니다. 그것은 본격적인 치료 작업이라기보다 역할 접근법, 발달 변형, 사이코드라마까지 세 접근법의 차이를 알아보기 위해 단 회기로 진행한 일종의 워크숍이었지요. 그 작업에서는 어린 시절 아버지에게 학대를 당한 외상 경험이 있는 흑인 남자 참여자를 대상으로 관객이 지켜보는 가운데서 앞서 말한 세 접근법을 한 회기씩 진행했답니다. 역할 접근법 - 사이코드라마 – 발달 변형의 순으로 진행이 되었고, 그 축어록을 바탕으로 세 접근법의 특징을 비교한 내용이 『카우치와 무대』(로버트 랜디 지음, 이효원 옮김, 울력)에 정리되어 있습니다.

이 질문을 주신 것은 아마도 각 접근법의 특징과 치료 효과를 비교하고 싶은 마음이겠지요? 그런데 앞서 말씀 드린 것처럼 접근법의 효율성을 동일한 조건에서 측정하기는 힘들며, 또 그런 실험이 가능하다 해도 그 결과를 연극치료의 대상 모두에게 일반화하기는 어려울 것입니다. 그러므로 가능한 대안은 각 접근법의 특징을 알아 그 쓰임새가 잘 발휘될 수 있는 대상과 상황에 맞게 활용하는 것이라 여겨집니다.

발달 변형(Developmental Transformation)은, 연극치료사가 특정한 극적 구조를 제시하면 참여자가 그 안에서 다양한 방식으로 자신의 내면을 극적으로 표현한 뒤 그것을 자신의 일상 현실과 연관지어 성찰하는 일반적인 연극치료의 방식과 달리, 처음부터 끝까지 연극치료사와 참여자가 서로에게 반응하며 만들어 가는 즉흥극으로만 진행됩니다. 그것은 발달 변형이 인간의 기본적인 조건을 불안으로 보기 때문입니다. 삶은 특정한 형태 없이 끊임없이 변화하며 종국에 사라지는 것인데, 그 불안정함을 감당하지 못하는 사람들이 국경, 결혼 서약, 이야기 등으로 잠정적인 질서와 형태를 부여하고 거기 의존할 뿐이라는 것이지요. 발달 변형은 그래서 반복과 패턴 대신 즉흥과 변형을 택함으로써 삶의 불안정함을 인정하고 수용하는 전략을 구사합니다.

발달 변형을 쓰기 위해서는 일단 참여자가 연기에 대한 거부감이 크지 않고 회기 동안 즉흥연기를 지속할 수 있을 만큼 에너지가 올라온 상태여야 합니다. 발달 변형은 즉흥의 연속이기 때문에 연극치료사와 참여자가 밀도 높은 상호작용을 할 수 있고, 연극 예술이 갖는 유희성과 틀에 매이지 않는 자유로움을 극대화합니다. 그래서 믿을 만한 어른과 애착 관계를 형성할 필요가 있는 어린이에게 특히 안전하고 즐거운 구조가 되어 줄 수 있습니다. 또 그것을 뒤집으면 불안이 지나쳐서 잠재적인 위험과 위협을 제거하기 위해 이미 알고 있고 예상 가능한 구조를 반복하는 참여자에게도 즉흥을 통해 그 견고한 틀을 깨고 위험을 가지고 놀 수 있는 연습을 할 수 있는 기회를 제공합니다.

역할 접근법(Role method)은 개인의 인성을 그가 연기하는 역할의 총합으로 이해하며, 참여자가 만들어 내는 극적 산물을 통해 그의 역할 체계를 파악하고 문제가 된 역할을 집중적으로 탐험하면서 반대 역할과 균형을 이루게 하거나 새로운 역할을 익혀 내면화하도록 돕습니다. 역할 접근법은 참여자가 이야기를 만들거나 기존의 이야기를 새롭게 상상하여 극화하는 방식을 주로 취하며, 그래서 참여자가 치료 공간에서 자신이 직접 노출되는 것을 꺼리는 경우에 적절한 거리를 두고 안전하게 접근하기에 좋습니다. 하지만 극적 은유와 상징을 다루는 데 익숙하지 않거나 역할로 자신의 마음과 행동을 조각조각 나누어 이름 붙이는 방식을 수용하기 어려울 때는 참여자가 접근 방식 자체를 익히는 데 오랜 시간이 걸릴 수 있다는 점을 고려해야 할 것입니다.

샤머니즘적 접근법(Shamanistic approach)은 샤먼이 일상적인 상태에서 황홀경에 들어 신비한 여행을 했다가 다시 일상의 의식으로 돌아오는 것처럼, 참여자가 안전하고 신뢰하는 일상 현실에서 출발하여 극적 현실로 옮겨 가 자신에게 필요한 위험과 도전을 경험하고, 다시 일상 현실로 돌아와 여행의 경험을 정리하는 여정으로서의 연극치료의 구조에 주목합니다. 그리고 그 상상의 여행을 가능케 하는 인간의 본능으로서의 연극성과 그 발달 과정에 근거한 일종의 발달 모델이라 할 수 있지요. 그래서 참여자가 신경-극놀이 - 체현 - 투사 - 역할 중 어떤 발달 단계에 머물러 있는지를 파악하여 해당 단계의 경험을 충분히 반복할 수 있는 극적 구조를 제공함으로써 순행적 발달을 촉진하고자 합니다. 그런 점에서 샤머니즘적 접근법은 생물학적 연령에 비해 충분히 극적으로 성숙하지 못한 참여자들에게 적용하기가 좋다고 할 수 있습니다.

사이코드라마는 문제가 되는 주인공의 경험을 사실적으로 재연하고, 역할 바꾸기, 거울, 분신, 빈 의자 등의 기법을 써서 해당 장면을 변형하면서 카타르시스와 통찰을 이끌어 내는 접근법이라 할 수 있습니다. 연극치료가 사이코드라마를 포함하지는 않지만, 연극치료의 범위 안에서도 사이코드라마와 유사한 접근이 가능하지요. 저는 그것을 발달 변형이나 역할 접근법 등 허구를 주로 하는 것과 구별하여 '역할 연기적 접근법'이라 부릅니다. 역할 연기적 접근법은 한 회기 내에 특정한 문제를 집중적으로 다루기에 용이한 반면, 주인공의 신상과 내면이 필터 없이 그대로 노출된다는 점에서 안전을 고려해야 하며, 지나치게 언어적으로 접근할 경우에는 참여자가 이미 알고 있는 것을 넘어 새로운 발견으로 심화되기가 어렵다는 단점이 있습니다. 그래서 적어도 초등학교 4학년 이상의 참여자를 대상으로 하여 상징과 은유를 이해하고 조작하는 데 서투른 경우에 쓰는 것이 좋습니다.

특정한 심리 치료 접근법으로 성립하자면, 우선 인간과 그 삶을 읽어 내는 관점이 있어야 합니다. 그 맥락 속에서 어떤 것이 건강함인지, 무엇이 병리적인 증상을 유발하는지를 설명하고 그에 준하여 참여자의 상태를 특정하고 파악할 수 있는 진단 평가 도구가 필요합니다. 그리고 마지막으로 참여자의 증상을 완화하고 성장을 촉진할 수 있는 구체적인 개입 방식을 갖추어야겠지요. 다시 말해, 앞서 짧게 말한 네 개의 연극치료 접근법은 단순히 다양한 일련의 활동이 아니라 각각의 치료적 철학과 분석과 개입 기술을 갖춘 독특하고 일관된 체계입니다. 그러므로 연극치료사가 특정한 접근법을 선택할 때는 참여자뿐 아니라 그것을 사용하는 자기 자신의 특성을 고려할 수 있을 것입니다.

3-6. 개인 치료와 집단치료

 개인 치료와 집단치료는 어떻게 다를까요?

개인 치료는 치료사와 참여자가 일대일로 만나는 형태이고, 집단치료는 한 명의 치료사와 참여자 여러 명이 동시에 만나는 형태를 말합니다.

집단치료에 적절한 인원은 5~12명 사이로, 이보다 적으면 집단의 역동이 활발하게 일어나기가 어렵고, 참여자가 지나치게 많을 경우에는 치료사가 개인에게 충분한 에너지를 투입하기가 힘들어집니다. 집단의 구성 방식도 그 특성에 중요한 영향을 줍니다. 가족 전체가 한 집단을 이루거나 비슷한 문제를 가진 사람들을 묶거나 나이나 성별 등이 기준이 되기도 합니다. 또 참여자가 집단에 속하기를 자발적으로 선택하기도 하지만, 참여자의 뜻과 상관없이 배치되는 경우도 있습니다. 그러므로 이미 만들어진 집단을 만난다면, 치료사는 해당 집단이 어떻게 구성되었는지 그 배경을 파악할 필요가 있습니다.

실제 임상 현장에서는 개인 치료나 집단치료의 형식을 치료적 필요에 따라 선택할 수 있는 여지가 많지 않습니다. 하지만 접근의 규모에 따라 그 특성이 어떻게 다른지를 아는 것은 매우 중요하지요.

우선 개인 치료를 살펴볼까요? 개인 치료는 치료사와 참여자가 서로에게만 집중할 수 있어 안전하고 밀도 높은 상호작용이 가능합니다. 그래서 치료사의 독점적인 관심과 돌봄을 원하는 참여자에게 적절하지요. 참여자의 상태가 위급하거나 문제가 심각한 경우에도 기민하고 집중적인 처치를 위해서 개인 치료가 필요합니다. 또 자기 노출을 심하게 꺼리거나 공격적인 행동이나 무분별한 성적 접촉 등으로 다른 참여자들에게 피해를 줄 수 있는 참여자 역시 개인 치료로 시작하는 것이 좋습니다.

그런데 특히 연극치료에서 개인 치료를 할 때는 극적인 활동을 하기가 불편하다는 난점이 있습니다. 참여자와 둘이서 극을 만들자면 연극치료사가 부득이 여러 인물을 연기하게 되는데, 그렇게 하면서 치료적 판단과 개입에 요구되는 적절한 거리를 유지하기가 쉽지 않은 것이지요. 그래서 개인 치료를 할 때도 도움 치료사와 함께 할 것을 권합니다.

집단치료의 가장 큰 특징은 서로 다른 사람들이 모여 함께 뭔가를 도모하는 집단 자체가 사회의 축도(縮圖)로서 참여자들에게 훌륭한 시뮬레이션을 제공한다는 것입니다. 다시 말해, 일상에서의 참여자의 모습이 집단에 고스란히 투사되며, 집단은 거꾸로 참여자들이 새로운 행동을 실험할 수 있는 안전한 공간을 제공합니다. 그런 측면에서 사회적 기술을 훈련해야 할 참여자에게는 집단이 최적의 환경이 될 것입니다.

집단치료에서 참여자들은 서로를 거울처럼 비추어 줍니

다. 그래서 자신의 모습을 보다 객관적으로 알 필요가 있다거나 사회적으로 고립되어 자신의 문제를 지나치게 심각하고 별난 것으로 여기는 참여자들에게 도움이 됩니다. 나만 그런 게 아니라는 안도감을 느낄 수 있고, 비슷한 상처를 가진 사람들과 도움을 주고받으며 긍정적인 유대를 경험할 수 있지요.

집단치료에서는 치료사에 대한 의존도가 상대적으로 낮아질 수밖에 없습니다. 그 점에 착안하여 치료사에게 집중된 관심을 분산시킬 필요가 있을 때 집단치료를 적용할 수 있으며, 반대로 힘을 가진 인물에게 거부감과 두려움을 나타내는 참여자라면 집단치료로 시작해 개인 치료로 옮겨 가는 것도 가능합니다.

집단치료는 이처럼 여러 장점이 있지만 그만큼 운영하기가 힘들기도 합니다. 현실적으로 가장 어려운 것은 집단을 동질적으로 구성하기가 만만치 않다는 점입니다. 참여자들의 특성 — 가해 피해 여부, 연령, 질환 및 증상, 연극적 기량 등 — 이 너무 달라 어디에 중점을 두어야 할지 갈피를 잡기가 어려울 수 있습니다. 집단을 구성하는 가장 흔한 경우는 유사한 장애나 특성을 가진 참여자들이 모이는 것입니다. 정신 병동 입원 환자 집단, 한 부모 집단, 성인 장애 집단, 발달 장애 아동 집단, 학교 부적응 청소년 집단 등이 구체적인 예가 되겠지요. 그리고 가족이나 부부, 드물게는 형제자매가 함께 치료 작업에 참여하기도 합니다.

심리적인 문제는 반드시 대인 관계와 연결되어 있고 그

관계의 중심에는 가족이 있기 마련이므로, 가족은 심리 치료에서 매우 중요한 의미를 갖지요. 그런데 실제 한 가족이 함께 작업하기란 결코 쉬운 일이 아닙니다. 일단 그렇게 가족 단위로 작업을 하겠다고 자발적으로 나서는 경우가 많지 않을 뿐 아니라, 치료 장면에서도 솔직한 자신의 모습을 보이기보다 식구 중 어느 한 사람을 환자로 만드는 데 더 주력하는 기존의 패턴을 벗기가 어렵기 때문입니다. 그래서 저는 가장 증상이 심한 분 혹은 환자로 판명된 분과 개인치료를 하면서 필요할 때마다 간헐적으로 가족 단위의 작업을 병행하는 방식을 사용하기도 합니다.

집단치료의 또 다른 난점은 함께 하는 인원이 많아지다 보니 비밀 보장을 유지하는 것이 쉽지 않고, 집단의 역동을 세세하게 파악하고 그것을 바탕으로 적절한 개별적 접근을 하는 것이 상당한 부담이 될 수 있다는 점입니다.

어떤 형태를 취하든 그에 따르는 이점과 위험이 공존하므로, 두 방식을 모두 숙달하여 필요에 따라 적절하게 운용하는 것이 치료사의 몫일 것입니다.

3-7. 집단의 역동

Q 저는 집단치료의 목표가 참여자의 사회성 향상에 있다고 봅니다. 그것은 참여자들 사이의 접촉과 교류가 활발해지면서 집단의 응집성이 강해지는 것으로 나타날 텐데, 그것을 위해 집단치료에서는 개별적인 접근보다 집단 전체를 놓고 그 역동을 다루는 것이 우선이지 않을까요?

A 집단치료에서 집단을 놓치지 않고 주목하시는군요. 개인 치료보다 집단치료의 형태가 더 일반적임에도 집단을 치료 작업의 단위를 구분하는 것으로서 참여자가 다수인 환경쯤으로 여기는 경우가 적지 않은 것을 고려할 때, 집단 작업을 주로 하는 예술치료사라면 꼭 돌아보아야 할 질문이라 생각됩니다.

우선 저는 치료적인 목적을 위해 집단과 구성원들의 상호작용을 이용하는 것이 집단치료라고 생각합니다. 예술을 통해 참여자가 치료적 변형을 이루어 내도록 촉진하는 것이 예술 치료이듯, 집단치료는 참여자가 집단을 경험함으로써 자신에게 필요한 변화에 이르도록 돕는 방식일 것입니다. 이는 집단치료의 목표가 사람들 사이에서 어울려 살아갈 수 있는 힘이라는 넓은 의미에서 사회성으로 표현될 수는 있지만, 그것을 유일한 푯대로 하지는 않으며, 해당 집단 자체의 관계와 특성을 변화시키는 것을 우선으로 하지 않는다는 뜻이기도 합니다.

　무엇을 매체로 삼든 심리 치료의 궁극적인 대상은 개인일 수밖에 없습니다. 한 학급 전체나 같은 병동의 입원 환자, 장애 형제를 둔 비장애 형제, 성폭력 피해 여성 등 여러 형태의 집단이 가능하지만, 집단치료는 치료사와 집단 그리고 그들 사이의 상호작용을 통해 집단이 공유하는 불편한 문제를 다룸으로써 참여자 개개인이 좀 더 적응적인 변화를 경험하도록 합니다. 치료 작업이 성공적인 경우, 대개는 힘든 과정을 함께 겪어 낸 집단의 응집성이 높아지기 마련이지요. 하지만 그것은 어디까지나 부수적인 치료 효과일 뿐 집단치료가 집단원들이 서로에게 매력을 느끼고 호감을 가져 그것을 안정된 지지적 관계로 발전시키는 것 자체를 목표로 삼는다고 할 수는 없습니다.

　그것은 우리가 집단이 아니라 개인으로서 삶을 경험하기 때문입니다. 해당 집단이 개인에게 아무리 중요한 의미를 가진다 해도 그것이 몸으로써 구분되는 개별적 정체성을 넘어 삶의 선택에 지속적인 영향을 미치기는 어렵지요. 물론 집단 중에서도 가족이나 부부처럼 상대적으로 긴밀하고 영구적인 관계가 있기는 하지만, 그 경우에도 변화가 일어나는 장소는 개인이며, 그렇게 개인에게서 촉발된 변화가 집단원 사이의 관계와 그 양상을 바꾸어 냅니다.

　하지만 집단치료가 그 변화를 이끌어 내는 힘은 분명히 집단에 있습니다. 저는 집단치료에서 집단이 기능하는 방식을 그릇과 거울로 은유하고 싶습니다. 집단은 무엇보다 사회의 축도라 할 수 있지요. 그래서 그 안에서 중요한 구성원으로 인정받는 것이 중요합니다. 같은 음식도 어떤 그릇에 담는가에 따라 더 먹음직스럽게 보이기도 하고 손이 가지 않게 되기도 하며, 실제로 음식의 맛을 돋우는 그릇이 있는가 하면, 음식과 어울리지 않는 그릇은 보기도 좋지 않고 먹기에 불편할 수 있습니다. 마찬가지로 집단은 참여자를 안전하고 적절하게 담아 주는 그릇이 되어야 합니다. 성폭력 피해 여성은 외상의 원인이 자신에게 있지 않음에도 불구하고 '난 더러워, 다 내 잘못이야'라는 비합리적인 생각으로 자신을 괴롭히고 망가뜨리곤 합니다. 집단치료는 그런 경우 집단의 힘을 이용해 참여자에게서 부당한 죄책감의 멍에를 벗겨 낼 수 있습니다. 해당 참여자를 중심으로 동그랗게 서서, 주인공이 앞에 오면 그녀의 눈을 보며 진심을 다해 말합니다. "당신 잘못이 아니에요. 당신은 여전히 사랑스러워요." 주인공은 그렇게 한 명씩 참여자 전부를 만나고, 그 과정에서 집단에 온전히 수용되는 것을 경험할 수 있습니다.

집단은 또한 서로에게 거울이 됩니다. 우리는 나면서 죽기까지 평생을 나로서밖에 살 수 없으며, 그래서 자신을 객관적으로 보기가 매우 어렵습니다. 그래서 서로에게 안전한 공간임이 확인되기만 하면, 집단은 개인을 정확하게 다각도로 비추는 더없이 훌륭한 거울이 되어 교정의 계기를 이끌어 낼 수 있습니다.

노골적인 힘겨루기를 서슴지 않는 중학생 집단의 경우,

서로의 약점을 트집 잡으며 비난하는 경우를 흔히 볼 수 있습니다. "쟤랑 짝하기 싫어요. 무슨 말하는지 못 알아듣겠어요. 제대로 하지도 못하면서 욕만 하고요." "나도 싫어요. 못 생긴 게 잘난 척만 해요." 집단치료에서는 지금 여기에서 일어나는 이 갈등을 다룰 수 있습니다. 서로에 대한 두 참여자의 반응을 다른 참여자들은 어떻게 느끼는지, 각자의 약점은 무엇인지, 약점이 상처가 될 때는 언제인지, 나의 약점에 대해 다른 사람이 어떻게 반응하기를 기대하는지, 스스로는 약점을 어떻게 다루어야 할지 등을 함께 탐험하는 것이지요. 집단 치료는 이렇게 집단의 역동 자체에 주목하여 그것을 다룸으로써 참여자들이 자신의 내면을 비추어 보고 변형할 수 있도록 촉진합니다.

집단은 그 자체로서 하나의 사회를 이룹니다. 치료 관계 안에서 일어난 변화가 일상의 장면으로 일반화되도록 하는 것이 종국의 목표라 할 때, 개인 치료보다는 집단 역동을 동력으로 삼는 집단치료가 그에 좀 더 유리하지요. 집단에서 자기를 솔직하게 공개하면서 참여자들은 서로가 크게 다르지 않음을 배웁니다. 누구나 허물이 있고, 욕망에 휘둘리며, 위로에 목마르고, 서로를 필요로 한다는 것을 알게 됩니다. 그래서 자기 자신과 다른 이에게 마음의 턱을 낮추게 되지요. 또 집단은 우리가 모두 다름을 일깨워 줍니다. 나는 나라서 그는 그라서 어울릴 수 있고, 나는 나로서 그는 그로서 온전함을 경험합니다. 내가 나인 이유를 축복과 소명으로 받는 것이 집단에서 가능한 절정일 것입니다. 집단은 그렇게 닮음과 다름 사이를 충분히 오가며 개인을 튼튼히 세울 수 있는 무대입니다.

집단과 지금 여기에서 일어나는 집단의 역동을 매체로 하는 집단치료의 개입을 그릇과 거울이라는 말로 새겨봅니다.

＊＊＊

머릿속 이야기가 다른 사람들의 도움으로, 그들의 움직임과 소리를 빌어 극화되는 것을 목격하면서 나는 미처 깨닫지 못하거나 느끼지 못했던 것들을 새롭게 만날 수 있었다. 그때 나와 함께 한 사람들이 맑은 거울이 되어 주었기 때문이다. 나와 다른 시공간과 경험을 통과해 와서 나와는 완연히 다른 삶의 무늬를 가지고 있는 사람들. 그 한 사람 한 사람이 나름의 방식으로 나를 비추어, 마치 잠자리의 겹눈처럼 나를 반영하였던 것이다. 집단의 힘이다.

집단의 또 한 가지 이점은 여러 사람이 번갈아 가며 이끌거나 이끌리면서 작업의 속도를 자기에게 맞게 조절할 수 있다는 것이다. 다시 말해, 집단 전체의 작업은 여일하게 지속되지만, 그 안에서 참여자는 다른 사람들 틈에 쉬거나 숨으면서 자기 템포에 맞춰 나아갈 수 있다.

그 밖에도 찾아 열거하자면 꽤 많은 면모가 있겠지만, 집단의 치료적 가능성 중 가장 특기할 만한 것은 '공명(resonance)'이라고 생각한다. '백 번째 원숭이 신화'라는 게 있다. 백 번째

앙리 마티스, 〈춤Ⅱ〉, 1910

원숭이는 일본에 있는 원숭이 무리에 관한 과학적 관찰에 기초를 두고 지난 30여 년간 반복해서 거론된 일종의 새로운 '신화'이다. 여러 외딴 섬에 살고 있는 원숭이들을 관찰하던 연구자들이 해안가마다 고구마를 떨어뜨리고 관찰을 했더니 그중 한 섬의 원숭이 한 마리가 고구마를 바닷물에 씻어 먹기 시작했다. 그 원숭이를 보고 점차 그 섬의 원숭이들이 고구마를 씻어 먹게 되었다. 그거야 보고 배워 따라 하게 되는 학습 이론으로 설명될 수 있는 거지만, 재미있는 것은 서로 직접적인 접촉이 전혀 없는 다른 섬에 사는 원숭이들도 어느 날 갑자기 고구마를 씻어 먹더라는 것이다. 참으로 희한한 이 현상을 설명하는 이론이 있는데, 좀 어렵다. 그래도 그냥 옮겨 보면, 하나의 행동이 자꾸 반복되면 '형태 발생적인 장'이 형성되는데, 형태라 부르는 이 장은 과거 종들의 경험에 기초한 일종의 기억을 가진다. 그리고 종의 모든 개체들은 종의 고유한 형태장에 주파수를 맞추게 되는데, 형태 공명이라 불리는 그 과정을 통해 공간과 시간을 넘나들게 된다. 그래서 처음에는 태도나 행동의 변화가 어렵지만, 개개인이 변화하게 되면서 다른 사람들도 그렇게 하는 것이 점차 쉬워지며, 극단적으로는 직접적인 영향을 받지 않고도 그렇게 될 수 있다는 것이다. 말하자면 서로의 진동을 감지하고 그에 조화한다는 것이겠다.

우리가 쉽게 느낄 수 있는 공명의 예도 있다. 두 사람이 짝이 되어 자기 몸에 피곤한 부위가 있으면, 상대방의 같은 부위를 마사지한다. 상대방이 피곤하고 아픈 부위가 아니라, 자기가 피곤하고 아픈 부위를 상대에게 주물러 주는 것이다. 그렇게 하면 놀랍게도 자기의 피곤한 부분이 풀리게 된다고 한다. 우리들이 공명하고 있기 때문이다. 그리고 그 마주 울림의 힘은 치료 집단에서 여실히 확인할 수 있다고 믿는다.

3-8. 이야기의 선택과 활용

Q 연극치료에서는 동화나 신화를 흔히 사용하는데, 어떤 경우에 어떤 이야기를 쓰나요?

A 연극치료에서는 참여자의 경험을 사실적으로 재연하고 변형하는 방식과 함께 기존의 잘 알려진 이야기(story)를 빌어 참여자의 경험을 에둘러 다루는 허구적 접근을 모두 취합니다.

허구적 접근을 시도할 경우, 특정 대상에게 어떤 이야기를 어떻게 쓸 것인가는 치료사의 관점과 역량 그리고 참여자의 상태에 따라 얼마든지 달라질 수 있어 일반적인 선정의 기준을 말하기가 쉽지 않습니다. 그래서 범위를 좁혀 제가 이야기를 고르고 쓰는 방식에 대해 말해 보려고 합니다.

우선 기본적으로 저는 어떤 이야기를 써도 무방하다고 생각합니다. 실제로 집단 작업을 할 때, 참여자의 면면을 구체적으로 알 수 없는 첫 회기에는 『흥부전』이나 『콩쥐 팥쥐』 등의 쉽고 짧은 이야기를 배치하는 경우가 많습니다. 그렇게 하는 이유는 익숙한 이야기로 참여자의 부담을 덜고 극적인 흥미를 돋우면서 극화 과정에서 드러나는 중요한 진단적 정보를 얻기 위함이며, 그것이 가능한 것은 어떤 이야기를 해도 참여자는 자신만의 필터로 줄거리를 엮고 인물을 이해하여 그만의 독특한 이야기를 만들어 내기 때문입니다.

  하지만 안타깝게도 느긋하게 세상의 모든 이야기를 써볼 수 있는 작업 환경은 없습니다. 시간적으로나 재정적으로 한정된 자원을 효율적으로 쓰는 것이 작업 진행의 중요한 원칙이며, 이야기의 사용 역시 그 맥락에서 벗어나지 않지요.

  그래서 두 번째 원칙은 '꼭 필요한 이야기를 적절한 방식으로!'라고 할 수 있습니다. 여기서 필요한 이야기란 해당 시점에서 다루어야 할 참여자의 주된 감정과 행동 방식을 담고 있는 이야기를 말합니다. 가령 참여자가 '난 쓸모 있는 사람이 되어야 해. 그래야만 사랑받을 수 있어'라는 신념 때문에 고통 받고 있다면, 다른 사람의 필요를 충족시키기 위해 자신의 모든 것을 내주는 두 인물이 등장하는 『행복한 왕자』를 깊이 있게 탐험할 수 있습니다. 왕자는 어떤 사연으로 동상이 되어 도시를 내려다보게 되었는지, 보석을 떼어 가난한 이들을 도우면서 어떤 느낌이 드는지, 제비는 죽을 것을 알면서 왜 떠나지 않고 왕자 곁을 지키는지를 극적 현실 속에서 경험하고, 거기 투사된 자신의 내면을 만나는 것이지요.

  또 참여자가 억압하거나 왜곡해 온 감정을 충분히 경험하고 표현할 수 있도록 관련된 이야기를 극화하기도 합니다. 오랫동안 부모에게 학대를 당한 참여자가 원망과 분노를 내면화하여 자해 성향을 보인다면, 자신의 상황과 비슷한 줄거리 안에서 공격적 에너지를 안전한 대상에게 드러낼 수 있도록 『헨젤과 그레텔』을 극화할 수 있습니다. 참여자가 헨젤이나 그레텔로서 마녀를 죽이는 데 초점을 맞추는 것이지요.

그렇게 이야기를 통해 참여자가 자신의 두려움과 문제가 되는 행동 방식을 알아차려 표현한 뒤에는 참여자에게 필요한 방향으로 이야기를 변형합니다. 사랑 받기 위해 준다는 것을 정확히 보았다면, 그 다음에는 외부를 향한 과도한 구애를 멈추고 있는 그대로의 자신을 인정해야 합니다. 『행복한 왕자』의 제비라면 얼어 죽는 대신 다음 해 봄을 기약하고 왕자를 떠날지도 모르겠습니다. 마녀를 끓는 물에 처넣는 것으로 부모에 대한 적대감과 복수심을 안전하게 만났다면, 그 뒤에 헨젤 혹은 그레텔은 어떻게 살 것인지, 집으로 돌아갈 것인지, 자신의 집을 지을 것인지를 선택해 살 것입니다. 그리고 그렇게 힘을 키운 다음에는, 마녀가 어쩌다 아이들을 잡아먹게 되었는지를 또 다른 이야기로 만들면서 그녀의 슬픔과 고통을 공유할 수 있습니다. 그것은 또 다른 측면에서 부모를 한 사람으로서 이해하기 위한 것이지요.

간단히 말해, 연극치료에서 이야기를 쓸 때는 참여자의 감정과 생각과 행동을 담아내고 변형하기에 좋은 것, 참여자의 주제를 재현하는 이야기를 선택합니다. 하지만 거리가 느껴지지 않을 만큼 꼭 닮은 이야기는 참여자의 안전감을 해치므로 피하는 것이 좋습니다.

그것을 위해서는 참여자와 이야기에 대한 이해가 요구되

지만, 반드시 이야기 전체를 써야 하는 것은 아니며, 특정한 인물이나 상황만 사용할 수도 있고 같은 이야기도 다양한 관점에서 활용할 수 있으므로, 과감한 시도로 자신만의 이야기 사용법을 만들어 보세요.

＊＊

옛날에 젊은 왕이 있었다. 그에게는 아름다운 아내가 있었는데, 그녀가 다른 사내와 사랑에 빠지는 바람에 젊은 왕은 오쟁이 진 남편이 되고 말았다. 실의에 빠진 그는 왕국을 다스리는 것도 포기한 채 세상을 떠돌다 사람들에게 재앙을 내리는 마왕의 아내를 만나고, 유혹과 협박에 못 이겨 억지로 그녀의 욕정을 채워 주었다. 분노와 모멸감을 견딜 수 없던 왕은 왕국으로 돌아가 기상천외한 복수를 행한다. 여자와 절대 결혼하지 않는 대신 매일 새 왕비를 들여 하룻밤만 보내고는 죽여 버리는 것이다. 이 피의 복수가 3년째 이어지자 그 나라에는 처녀의 씨가 말라 왕을 향한 백성의 저주와 원성이 하늘을 찔렀다.

그때 스스로 왕비가 되어 죽을 자리에 나선 어이없는 한 여인이 있었다. 그녀는 첫날밤에 왕에게 이야기를 들려주었고, 밤새 끝나지 않은 이야기를 더 듣고 싶었던 왕은 다음 날까지 여인을 살려 두었다. 그렇게 하루씩 이야기로 목숨을 이어 가면서 여인과 왕 사이에는 어느 새 아이들이 생겼고, 천일일 밤 동안 한결같은 여인의 마음을 확인한 왕은 여인을 왕비로 맞아 성대한 결혼식을 치르고 나라를 잘 다스리며 행복하게 살았다.

페르디난드 켈러, 〈세헤라자드와 샤리아르〉, 1880

 모두가 아는 『천일야화』의 맨 바깥 이야기다. 문학하는 이들은 이 이야기를 작가와 독자의 관계로 풀기도 한다. 어떤 방식으로든 독자의 관심과 흥미를 끌어야 하는 작가의 부담감과 두려움을 읽는 것이다. 미셸 푸코 같은 이는 좀 더 깊이 들어간다. "천일야화의 주제는 죽음을 패배시키는 전략으로서의 창작이다. 작가들은 모두가 침묵하고 있는 밤에 죽음을 앞지르고 죽음을 지연시키기 위해 이야기를 계속한다."
 그러나 연극치료사인 나는 천일야화를 죽음을 감싸 안아 삶으로 피워 내는, 곧 이야기(storytelling)로써 죽음을 변형하는 이야기로 읽는다. 무엇보다 젊은 왕은 상처 입은 사람이다. 그리고 아내의 배신과 마왕의 아내의 겁탈로 두 겹의 외상을 겪은 그는 잔혹한 가해자로 변신한다. 잘 품지 못한 상처가 자신과 타인을 해하는 독으로 바뀌는 것은 치료 장면에서 흔히 볼 수 있다. 젊은 왕이 환자라면, 그를 돕겠다고 나선 여인, 세헤라자드는 치료사라 할 수 있다. 그녀는 일단 흥미로운 이야기로 왕의 환심을 산다. 그리고 가슴속에서 들끓는 분노와 모멸감을 꺼내어 안전하게 느낄 수 있도록 나쁜 여자들이 못된 행실의 과보로 끔찍한 벌을 받게 되는 이야기들을 들려준다. 또 애틋한 사랑을 잃고 슬퍼하는 인물을 통해 자신의 상실을 애도할 수 있게도 해 주고, 아내가 죽으면 산 남편도 함께 묻는 이민족의 풍습을 담은 이야기로 자신의 가치관을 돌아보게도 하며, 무시무시한 괴물을 만나 끔찍한 고통을 겪지만 기지와 행운으로 죽을 고비를 넘기고 한 뼘 더 자라는 성장담으로 자극을 주기도 한다. 그렇게 유일한 관객인 왕과 함께 하는 밀도 높은 공연이 되풀이되면서 세헤라자드에 대한 왕의 신뢰가 깊어져 갔고, 그 힘이 죽음을 지연시켰을 뿐 아니라 상처에서 독을 빨아내고 새살을 돋게 하여, 왕은 자신을 남자로서 다시 세울 수 있었다.

세헤라자드를 연극치료사로 읽는다면, 『천일야화』는 참 적절하고도 무서운 이야기다. 그녀는 왕에게 자기 자신과 허구로써 안아 주는 환경을 제공한 지혜를 가졌을 뿐 아니라 죽음을 무릅쓰고 스스로 그 자리에 나아간 용기 있는 여인이기 때문이다. 지혜와 용기, 애써 구할 덕목이다.

3-9. 다문화 집단

Q 다문화 어린이 집단을 만났을 때, 참여자들이 표면적으로는 극적 구조에 들어오지만 마음을 솔직하게 표현하지 않아 작업이 겉돌고, 회기 안에서는 우리말을 쓰기로 약속했는데도 자기들끼리만 알아듣는 말로 귓속말을 하면서 저를 미묘하게 밀어낸다는 느낌을 받았습니다. 다시 비슷한 집단을 만날 경우에 주의해야 할 점은 어떤 것일까요?

A 자세한 정황을 알 수 없지만, 참여자와 신뢰 관계가 충분히 구축되지 않은 상태에서 작업이 진행되었다고 보입니다. 그리고 참여자들이 마음을 열지 않은 이유 중 하나가 회기 안에서 우리말을 쓰기로 한 것이 아닐까 짐작됩니다. 그렇게 한 것은 아마도 우리말을 훈련해서 학교에서 적응하도록 돕기 위한 것이었을 텐데, 참여자들에게는 그 약속과 그것을 지키게 하는 연극치료사가 자신을 집단의 중심에서 밀어내는 배타적인 압력으로 느껴졌을 수 있지요. 그래서 약자로서 극적 구조 자체를 거부하지는 않지만, 그것을 마음 깊이 받아들이기는 어렵지 않았을까요?

그 형태를 막론하고 모든 인간관계의 기저에는 힘이 작동합니다. 힘이 센 쪽과 힘이 약한 쪽이 있고, 강자가 약자에게 영향력을 행사하는 것이지요. 관계의 역동을 좌우하는 힘의 강약은 사회적 지위, 기능, 감정 상태, 외모, 정보량 등 다양한 요인에 영향을 받습니다. 이를 역할로 바꿔 말하면, 우리는 관계에서 강자나 약자 둘 중 하나이기 마련이며, 필요에 따라 강자나 약자를 모두 적절하게 연기할 수 있어야 합니다.

치료사와 참여자의 관계 역시 지위의 역학에서 벗어나 있지 않습니다. 흔히 치료사는 참여자에게 '충분히 좋은 엄마'가 되어 주어야 한다고 하고, 그 이미지는 곧장 참여자에 대한 경청과 지지와 수용과 겹쳐져 '엄마' 역할의 배후에 있는 권력을 쉽게 은폐합니다. 그러나 어떤 대상을 돌보는 행위는 철저하게 권력적이며, 그 힘의 양상은 경청, 지지, 수용으로부터 침해, 억압, 배제에 이르기까지 다면적입니다. 그리고 치료사는 그 다양한 힘의 작용을 '변형'이라는 목표를 위해 적절하게 안배하는 사람인 것입니다.

그런데 권력은 중력과도 같아서 오랜 시간에 걸쳐 그 힘에 적응해 온 탓에 그 대상이나 역할 구도 혹은 힘의 세기가 동일하게 유지되는 익숙한 조건에서는 자기가 누구에게 어떤 힘을 행사하고 있는지를 정확히 알기 어렵습니다. 참여자를 위해 우리말을 쓰게 했지만, 우리말이 익숙하지 않은 참여자의 입장에서는 그것이 자신의 정체성을 구성하는 중요한 일부를 부정당한 것일 수 있음을 미처 파악하지 못한 것처럼 말이지요.

따라서 치료사는 참여자에게 집중할 뿐 아니라 그 관계의 역동을 권력과 지위의 관점에서 민감하게 알아차리고 조정할 필요가 있습니다. 질문하신 다문화 어린이 집단이라면 지베리쉬로 즉흥극을 한다든지, 세상에서 가장 우스꽝스러운 '안녕'을 상상하여 서로 가르쳐 준다든지 하는 방식으로 세상에는 다양한 언어가 있고 어떤 말을 사용해도 된다는 것을 회기 안에서 즐겁게 경험하는 것이 중요할 것입니다. 참여자가 그렇게 자기다운 모습을 허용 받지 못할 경우에는 작업의 기본 토대인 신뢰 관계의 구축에 실패할 수밖에 없고, 그 상태에서는 표면적인 진행과 상관없이 만남이 깊어지지 못하고 제자리걸음을 할 수 있습니다.

그러므로 치료사는 내가 쓰는 언어, 내가 입는 옷, 내가 하는 이야기, 내가 제공하는 극적 구조, 그리고 참여자의 그것에 대한 나의 태도가 모두 권력과 지위의 역학에 상관됨을 알아, 나도 모르게 참여자를 중심에서 밀어내거나 억압하는 것을 경계해야 할 것입니다.

3-10. 사회성

Q 집단 규모로 청소년과 만날 때, 특히 '사회성 증진'을 목표로 세울 때가 있습니다. 그런데 사회성을 정확하게 정의하지 않은 상태에서 접근하다 보니 다른 작업과 크게 구별되지 않고, 연극적 특성을 잘 살려내지 못하는 것 같아요.

A 사람들 속에서 살아가기란 참 쉽지 않은 일입니다. 타인은 나를 감시하고 판단하는 눈이기도 하고, 욕망하는 것을 갖기 위한 싸움에서 넘어서고 물리쳐야 하는 장애물이기도 하지요. 세상은 그런 타인으로 가득한 곳이며, 죽지 않는 한 우리는 스스로 택한 적 없는 타인의 세상을 견뎌야 합니다. 나 외에는 모두가 타인이고, DNA의 친연성과 감정적 친밀함도 타인의 경계를 넘을 수 없으며, 오히려 그로 인한 기대가 타인됨 곧 내가 아님의 어쩔 수 없음을 절감하게 합니다. 우리에게 그야말로 "타인은 지옥"인 것이지요.

그러나 그것은 정확히 타인의 한쪽 얼굴일 뿐 우리의 삶은 타인 없이는 불가능합니다. 무엇보다 생명의 시작을 타인에게 빚지고 있으며, 운동화를 신고 지하철을 타고 일을 하고 점심을 먹고 물건을 사고 텔레비전을 보고 몸을 씻는 일상의 일거수일투족이 모두 타인에게 의존하여 이루어지며, 그것을 지속하여 의미 있는 삶이 되게 하는 힘 역시 타인을 향한 욕망에서 비롯되니까요. 우리는 타인을 바랍니다. 나를 들어주고, 안아 주고, 알아주고, 답해 주고, 믿어 주고, 기다려 주고, 잊지 않기를 원합니다. 그리고 그렇게 서로의 욕망이 순하게 만나는 순간 타인은 지복(至福)이 됩니다.

청소년기에 이르면, 삶에 관한 시야가 확장되면서 소속 집단의 중요성을 느끼고 혼자서는 아무것도 할 수 없음을 깨닫게 됩니다. "우리가 생물학적으로, 정서적으로 또 사회적으로 얼마나 타인의 존재를 필요로 하는지, 자기 자신이 되는데 우리가 얼마만큼 타인을 필요로 하는지를 발견하는 시기가 바로 청소년기"인 것입니다. 다시 말해, '지옥과 지복 사이에서 타인을 어떻게 만나고 경험할 것인가'를 고민하고 실험하는 것이 청소년에게 주어진 중요한 과제이며, 이것은 흔히 '사회성(sociability)'이라는 말로 표현됩니다.

사회성은 "사회적 성숙, 타인과 원만하게 상호작용하는 능력, 다양한 사람과 긍정적인 관계를 형성하는 능력"으로, 장애를 진단하는 데도 중요한 요소로 작용합니다. 현실적인 정의로는 "타인으로부터 배척받지 않고 호감을 얻는 기술과 능력" 혹은 "한 개인이 다른 사람이나 주변 환경과 관계를 맺어 가면서 발달하는 것으로, 타인과 친밀한 관계를 맺고 상황에 적합한 행동을 하는 능력"이라 정의되며, 일상에서 사회성이 좋다 또는 부족하다 할 때의 의미를 고려해 그 뜻을 간추린다면, "자신이 속한 집단의 구성원들과 원만하고 우호적인 관계를 맺고 유지하는 능력"이라 할 수 있을 것입니다.

타인이 인간 생존의 필수 요건임을 감안할 때, '사회성'은 개인이 사회에 적응하고 의미 있게 기여하는 건강한 삶의 최소치에서 최대치를 관통하는 인간성의 결정적인 국면입니다. 그것은 치료 장면에서도 즐겨 다루는 목표이지만, '사람들과 잘 어울리는 것'쯤으로 납작하게 이해하는 경우도 적지 않지요.

저는 사회성을 "타인과 관계 맺고 소통함에 있어 원하는 거리를 선택하고 조절할 수 있는 능력"이라 말하고 싶습니다. 대상에 따른 거리를 차별화한 까닭은 사람이 저마다 다른데, 그 모두와 원만하고 긍정적인 관계를 갖는다는 건 애초부터 개연성이 떨어지는 수사에 불과하며, 집단이 허용하는 평균치의 삶을 벗어난 이들에게 행사되는 차별적 폭력 역시 "(힘 있는 이에게) 좋은 게 (모두에게) 좋은 것"이라는 통속적인 사회성에 한 뿌리를 대고 있다고 생각하기 때문입니다. 이것을 치료 장면에서 다루기 쉽게 좀 더 조작적으로 기술한다면, "해(害)를 입지도 해를 가하지도 않는(피해도 가해도 아닌) 것"이라 할 수 있을 것입니다. 심리 치료는 사람들 사이에서 생긴 상처와 고통을 돌보는 일이고, 그것은 피해와 가해의 두 얼굴을 갖고 있으니까요.

피해와 가해의 두 국면을 지양하기 위해서는 구체적으로 듣기, 공감, 감정 자각, 감정 표현, 자기주장, 협상의 기술이 필요합니다.

소통은 무엇보다 듣기에서 시작되지요. 우리의 모든 행동

(action)은 반응(reaction)의 결과물입니다. 소통을 잘한다는 것은 적절하게 반응하는 것이며, 적절하게 반응하기 위해서는 다른 사람이 나에게 주는 것을 정확하게 받아내야 합니다. 우리는 모든 경험을 자기 자신으로서만 통과합니다. 내 몸과 그 몸을 기반으로 한 정체성에서 벗어날 수 없다는 뜻입니다. 아무리 정성껏 들어도 타인의 경험을 오롯이 읽어내는 데는 한계가 있을 수밖에 없으며, 거기서 공감의 기술이 중요해집니다. 저절로 이해되지 않는 내 몸의 경계 밖에 있는 대상과 그 경험은 모두 상상의 영역이며, '내가 만일 저 사람이라면' 혹은 '내가 만일 저 상황이라면'이라고 스스로에게 질문하며 듣는 것, 그것이 바로 경청입니다.

귀 기울여 들은 다음에는 말할 차례입니다. 말하기는 자신의 느낌과 생각과 욕구를 명확히 하는 것이지요. 우리의 마음은 일차적으로 감각과 감정으로써 경험되며, 따라서 감정을 알아차리고 표현하는 기술이 우선적으로 요구됩니다. 거기에 감정을 거쳐 뚜렷해진 생각과 욕구를 명료하고 적절하게 상대에게 전하는 자기주장 기술이 보태지면 비로소 말하기가 완성됩니다.

소통의 세 번째 단계는 듣기와 말하기를 반복하면서 포기할 것과 고수할 것을 분별하고 절충하는 협상입니다.

무대는 두려움과 매혹의 공간입니다. 무대에서 우리는 자신을 대문자 나이자 타인으로서 만나게 됩니다. 타인의 공간적 변형이 바로 무대인 것이지요. 무대에 선다는 것은 타인에게 자신을 드러내는 것이고, 존재하기를 공표하는 것이며, 타인을 인정하는 것이자 타인과 함께 이야기를 만들어 갈 것을 선언하는 행위입니다. 가장 안전하고도 강렬하게. 그래서 사회성을 계발하는 청소년에게 무대는 필수적입니다.

3-11. 자존감

 자존감은 정확히 무엇이고 어떻게 강화할 수 있나요?

> 나는 다른 사람만큼 가치 있는 사람이다.
> 나는 별 어려움 없이 내 마음을 결정할 수 있다.
> 나는 장점이 많이 있다.
> 나는 다른 사람들만큼 일을 해나갈 수 있다.
> 나는 행복한 사람이다.
> 나는 나 자신을 잘 안다.
> 나는 쉽게 포기하지 않는다.
> 나를 좋아해 주는 사람이 많다.
> 나는 스스로에 대해 긍정적이다.
> 나는 현재 내가 하는 일에 만족한다.

이것은 자존감(self-esteem)의 강도를 측정하는 간이 검사의 문항입니다. 이에 대해 수긍하는 정도가 높을수록 자신을 존중하는 마음이 견고하다 보는 것이지요. '자존감'이라는 말은 1890년대 미국의 의사 윌리엄 제임스가 처음 사용했다고 하며, 위키 백과는 그것을 "자신이 사랑받을 만한 가치가 있고 소중한 존재이고 어떤 성과를 이루어 낼 만한 유능한 사람이라고 믿는 마음"이라 정의합니다.

자존감은 건강한 삶을 위해서 꼭 갖추어야 할 태도이며, 실제로 치료 장면에서 상당수의 작업이 자존감 향상을 목표로 세우는 것을 볼 수 있습니다.

자신이 사랑받을 만한 사람임을 알고 그렇게 믿는 데는 발달 초기 양육자와의 애착 형성이 결정적으로 기여하며, 그 후로도 중요한 타인들의 반응이 자신을 소중한 존재로 여기게 하는 바탕이 됩니다. 치료 장면에서도 역시 참여자의 자존감을 강화하는 데는 치료사와의 우호적이고 안정적인 관계, 치료사의 환대와 경청이 토대로 작용합니다. 그 담아 주기는 자신의 이야기를 무대에서 펼치는 공연을 통해 극대화될 수 있으며, 거기에는 함께 의미 있는 무언가를 이루어 냈다는 성취감도 한몫합니다.

하지만 이 같은 접근은 일반 연극이나 교육 연극도 시도할 수 있고 이미 실행하고 있다는 점에서 전문적이기보다 일반적입니다. 연극치료는 자존감 자체에 주목하기보다 참여자가 자신을 귀히 여기지 못하게 하는 장애물, 곧 자신을 부끄럽고 하찮게 느끼는 마음을 다룰 필요가 있습니다.

치료 장면에서 만나는 참여자들은 뿌리 깊은 수치심을 신념처럼 붙들고 있는 경우가 많습니다.

'엄마도 버렸으니 나 같은 건 어떻게 돼도 상관없지.'
'내가 잘 하지 않으면 언제 눈 밖에 날지 몰라.'
'곁에 누가 없으면 죽을 것 같아. 누구든 붙들어야 해.'
'그런 끔찍한 일이 생긴 건 나 때문이야.'

'이혼당한 내 인생은 실패작이야.'
'나 같은 못난이는 아무도 사랑하지 않아.'

이런 신념이 지배적인 상태에서는 타인의 긍정적 반영이나 성취의 경험이 별 소용이 없습니다. 밑 빠진 독에 붓는 물처럼 어떤 환대와 성취도 모두 수치심의 검은 구멍으로 새나가 버리지요. 오래 반복해 특정한 형태로 굳어진 행동과 태도는 그 익숙함으로 인해 당사자에게 잘 자각되지 않으며, 치우친 그 태세를 오히려 중립적인 것으로 혹은 자연스러운 것으로 오인하게 만듭니다. 수치심도 마찬가지입니다. 그러므로 수치심 다루기의 첫 단계는 자신이 스스로를 부끄러워하고 있음을 알아차리게 하는 것이 되어야 합니다. 정교한 방어기제를 걷어 내고 그 밑에 똬리를 튼 두려움을 마주하는 일이지요.

수치심이 자각되면, 다음은 자신을 어둠 속에 버려두었던 시간을 슬퍼하고 분노합니다. 애도 작업은 표면상 과거로 거슬러 올라가 피해자인 자신을 위해 울고 가해자인 (대개는) 부모를 원망하는 것이지만, 실제로는 자신의 상처 입은 내면 아이가 마음껏 눈물 흘릴 수 있도록 안전하게 보듬는 어른 역할을 활성화한다는 점에서 현재와 참여자 자신에게 역점을 둔다고 할 수 있습니다.

애도 뒤에는 신념의 재구성이 필요합니다. '사람은 버려질 수 있는 존재가 아니다. 엄마가 나를 떠난 것이지 버린 것이 아니다.' '나는 나로서 산다. 다른 사람의 마음에 합하기 위해 살지 않는다.' '그건 내 잘못이 아니다.' '나는 이혼했다. 그것은 내게 일어난 하나의 사건일 뿐이다.' '이미 충분한 사랑을 받아왔고 내 사랑을 원하는 사람들이 있다.'

신념을 재구성하는 과정은 다시 수용과 변형으로 세분됩니다. 부모의 학대, 성폭력, 이혼 등 수치스러워 도려내고 싶어 했던 상처를 자신의 역사로서 정면으로 받아들이는 것이 선행되어야 하고, 그 다음에 수치심을 키운 비합리적 신념과 자동적 사고를 변형하는 연습이 뒤따라야 합니다.

이상의 과정을 통해 양육자 역할이 어느 정도 자리를 잡으면, 초기 외상과 유사한 자극을 잘 다룰 수 있도록 경험의 자연스러운 순환을 연습하여 앞선 변형을 탄탄하게 다집니다. 그렇게 수치심의 검은 구멍이 메워지면 자기 자신과 삶과 다른 사람들과 일을 긍정적으로 경험하면서 견고한 자존감을 구축할 수 있을 것입니다.

3-12. 자기 연민

Q 내면 아이를 만나는 작업을 하고 나서 참여자가 전에는 슬픔을 못 느꼈었는데 실컷 울 수 있어서 좋기도 하고 이상하기도 하다고 한 적이 있습니다. 저는 그것이 자신에 대한 애도라는 생각이 들었어요. 그런데 어떤 순간에는 참여자의 말이나 행동에서 자기 연민이 느껴지기도 해서 자신을 위한 애도와 자기 연민이 어떻게 다를까 궁금해졌습니다.

A 슬픔은 심리 치료에서 다루는 매우 중요한 감정이고, 애도와 자기 연민 역시 모두 그 스펙트럼 안에 있습니다. 애도(哀悼)란 본래 누군가의 죽음을 슬퍼한다는 뜻이지만, 그를 비롯해 우리가 살면서 겪는 크고 작은 상실을 슬퍼하는 행위라고 넓게 말할 수 있을 것입니다. 연민(憐憫)은 불쌍하고 가련하게 여기는 마음이며, 그 대상이 자기일 때는 자신이 못내 안쓰러워 슬픈 감정이 되겠지요. 그런데 자기 연민에 대해서는 그것을 위험한 감정으로 취급하여 경계하거나 성숙을 위해 훈련해야 할 덕목으로 권장하는 상반된 입장이 공존합니다.

자기 연민을 멀리할 때는 흔히 '빠진다'고 말하지요. '난 ~해서 못나고 불쌍해. 왜 난 이럴 수밖에 없을까? 나도 다른 사람들처럼 ~가 있었다면 지금 이 모양은 아닐 텐데. 난 크게 잘못한 것도 없는데 왜 이래야 하는 거냐'라고 말하며 스스로 비탄의 구덩이를 파는 것을 겨냥해 자기 연민에 빠진다고 합니다. 이 상태가 심해지면 현실감각이 왜곡되면서 자신뿐 아니라 주변 사람들까지 괴롭히게 됩니다. 세상에서 가장 불쌍한 사람이 나이기 때문에 자신의 자원이나 다른 사람의 아픔은 느껴지지도 않고 중요하게 보이지도 않는 거죠. 그래서 건설적으로 쓸 수 있는 힘도 모두 자신의 불행을 초래했다고 믿는 누군가를 원망하고 자신을 학대하는 데 헛되이 써 버립니다.

이렇게 부정적으로 작용하는 자기 연민은 슬픔에서 시작하지만, 자신과 세상에 대한 좌절과 분노로 왜곡된 상태라고 할 수 있습니다. 이를 내면 아이와 관련지어 말한다면, 상처를 스스로 돌보지 못하고 그에 사로잡혀 겉모습만 어른인 채 마음으로는 어린아이로 칭얼대고 있는 성인 아이를 그대로 보여 줍니다.

그래서 우리에게 필요한 것은 다시 자기 연민입니다. 대상이 자기가 아닐 때 연민은 그의 아픔을 함께 느껴 보살피게 합니다. 그저 함께 느끼는 것이 가능할 때가 있을 테고 그의 실수나 잘못 혹은 실패를 감싸거나 고통을 덜 수 있게 또 다른 도움을 줄 수도 있겠지요. 그렇게 연민은 고통스러워하는 대상과 따스한 위로와 희망을 나누게 합니다. 건강한 자기 연민은 이와 꼭 같습니다. 고통스러워하는 자신을 따스하게 바라보는 것, 그 아픔을 함께 슬퍼하고 감싸 위로하는 것, 그 자리가 끝이 아님을 일깨워 고개를 들고 성장을 꿈꾸도록 하는 것입니다. 울고 있는 내면의 아이를 어른인 또 다른 내가 안아 주는 일이지요.

　자기를 연민하는 것은 중요합니다. 사랑, 두려움, 활기, 분노, 경이, 미움, 즐거움을 알아차려 그 크기대로 느끼는 것이 마땅하듯이, 슬퍼하는 자신을 안타까이 여겨 돌보는 것은 건강함의 필수적인 요건입니다. 또 그렇게 자신의 아픔에 마음을 여는 사람이 다른 이의 고통에도 손을 내밀 수 있지요.

　자신의 슬픔에 빠져 어린아이처럼 칭얼대는 것이 부정적인 자기 연민이라면, 어른으로서 제 슬픔을 스스로 돌보는 것이 긍정적인 자기 연민이자 치료 과정에서 필요한 애도라 생각됩니다.

✱✱✱

흡사 미친 여자다. 테세우스의 배는 이미 간 곳이 없고 막막하게 펼쳐진 바다가 외마디 소리마저 집어삼켰다. 그저 한잠 자고 났을 뿐인데 세상이 뒤집혔다. 그를 위해, 그의 곁에 있기 위해, 기꺼이 아버지와 크레타를 저버렸는데, 버림받은 아리아드네는 이제 실타래도 없이 절망의 미궁 속에 혼자다.

　디오니소스를 만나기 전 그녀는 낙소스에서 어떤 시간을 보냈을까. 상상이 발동하는 지점이다.

　'설마 나를 두고 갔을까, 내가 잠들어서, 차마 깨울 수가 없어서, 말하지 못한 것뿐이야, 봐, 그가 내 팔목에 묶어 준 붉은

존 래버리, 〈아리아드네〉, 1886

실, 여전히 있잖아, 난 길을 잃지 않아, 조금만 기다리면 흰 돛이 보일 거야.'

아리아드네는 그렇게 바닷가를 서성였을 게다. 행여 뱃머리를 놓칠세라 며칠 밤을 샜을까.

깜빡 졸다 소스라쳐 몸을 세운 그녀는 발끝에서부터 분심이 차오르는 것을 느낀다.

'그래, 처음부터 날 이용해 먹으려는 수작이었어. 네가 날 이렇게 짓밟고도 무사할 것 같으냐. 미궁 입구에서 벌벌 떨며 눈물 짓던 네 꼴을 온 천하에 떠벌려 주마. 바다의 신이여, 제 기도를 들어주소서, 부디 바위 같은 파도를 일으켜 테세우스의 배를 산산이 부숴 주소서.'

분기탱천하여 온 낙소스를 휘젓고 다니다 지칠 대로 지친 그녀는 문득 눈에 띈 바위틈에 몸을 밀어 넣는다. 눈을 감는다. 뱃속 깊은 데서 서러움이 북받친다. 고개를 떨군 채 눈물을 흘린다. 눈물이 마르면 아무 데나 멍하니 바라보고, 또 울컥 눈물을 쏟다가 빈 눈을 하기를 반복한다.

'아무도 없어. 나만 두고 다 가버렸어. 죄송해요, 아버지.'

몸피가 한결 줄어든 아리아드네는 들어갈 때보다 수월하게 바위틈을 빠져나온다. 앉은 채로 사방을 둘러본다. 큰 숨을 한 번 쉰다.

'내가 모르는 무슨 사정이 있을 거야. 혹 그 사람이 정말 날 떠난 거라 해도 사랑하지 않는 사람 곁에 억지로 머무는 것보다는 오히려 그게 더 나을지 몰라. 적어도 날 속이진 않았잖아.'

아리아드네는 천천히 자리에서 일어나 물가를 찾아 걷는다. 크레타에서 본 적 없는 꽃이다. 새소리도 귀에 설다. 세상사 상관없이 졸졸 흐르는 개울에서 얼굴을 씻고, 두 손으로 머리칼을 가지런히 쓸어 넘긴다. 그러다 저만치 지나는 표범과 두 눈이 마주친다. (표범은 디오니소스의 상징이다.)

'안녕, 표범아! 난 크레타에서 온 아리아드네란다. 나 여기가 처음이거든, 네가 낙소스를 안내해 줄래?'

내 상상은 여기까지다. 그 다음은 디오니소스와 아리아드네가 만나 잘 살았더라는 얘기다.

'나는 그에게 버림받았어'를 '그는 나를 떠났고, 나도 그를 보낼 거야'로 바꾸기까지 아리아드네는 부정 - 분노 - 슬픔 - 대화 - 수용의 단계를 거쳤다. 테세우스의 상실을 애도하지 않은 채 디오니소스를 꿈꾸는 것은 당치 않다.

3-13. 부정적 표현

Q 제가 만나는 참여자 중에 자꾸 어두운 말을 하는 아이가 있습니다. 이야기를 상상하거나 노랫말을 개사할 때도 부정적인 단어를 사용합니다. 초등학교 남자아이가 재미로 하는 행동이라 보기에는 정도가 지나친 것 같아요. 한 예로 곰 세 마리 노래를 "곰 세 마리가 딴 집에 있어. 아빠 곰 엄마 곰 애기 곰. 아빠 곰은 자살해. 엄마 곰은 술 마셔. 애기 곰은 잘 살아. 으쓱으쓱 잘 한다"라고 바꾸었고, 다른 표현에서도 피, 죽음, 자살 등의 단어를 자주 씁니다. 어떻게 도울 수 있을까요?

A "자꾸 어두운 말을 하는 아이" 때문에 당황스럽고 마음이 아프셨군요. 그런 행동이 관찰된다면 여상히 볼 일은 아니지요. 하지만 또 다른 측면에서 그 아이는 마음속에 있는 슬픔과 분노와 적개심을 그런 식으로 표현할 수 있는 힘을 갖고 있다고 읽을 수 있습니다. 다행스럽게도 자기를 주장할 수 있는 힘이 있는 것이지요.

그것은 회기 안에서 습관적으로 부정적인 표현을 하는 참여자의 행동을 긍정적인 에너지로 중화시켜야 할 문제로만 보지 않아도 된다는 뜻이기도 합니다. 오히려 가장 필요한 것은 아이가 그런 행동을 보일 때 그것을 이상하거나 나쁜 것으로 취급하지 않는 중립적이고 허용적인 태도일 것입니다. 치료 공간에서 참여자들은 자기 자신과 다른 참여자를 해치지 않는다는 경계를 넘지 않는 한 하고 싶은 대로 행동할 권리가 있습니다. 말씀하신 그 참여자는 노랫말을 바꾸거나 이야기를 만들 때만 극단적인 표현을 사용할 뿐, 다른 참여자를 그런 말로 공격하지 않는 것으로 보입니다. 그런데 연극치료사가 그 행동을 문제 삼는다면 참여자들이 당연히 누려야 할 자유를 제한하는 것이며, 그것은 은연중에 다른 참여자들에게도 영향을 미쳐 드러내도 좋은 것과 드러내지 말아야 할 것을 스스로 검열하게 할 수 있습니다.

연극치료사가 취할 수 있는 두 번째 개입은 아이가 그렇게 비틀어 노래하는 마음을 알아주는 것입니다. "그 노래를 들으니까 곰 가족이 정말 불쌍하다. 그럼 아빠 집은 빈집이고, 엄마 곰은 술에 취해 있고, 애기 곰은 집에 혼자 있겠네." 등의 말로 가능하겠지요. 그러면 아이는 자연스럽게 곰에게 투사한 자신의 이야기를 풀어낼 수도 있으리라 여겨집니다.

그런 다음에는 참여자가 제시한 단서를 극적으로 확장하여 본격적으로 내면의 역동을 탐험할 수 있습니다. 가령 "애기 곰은 잘 산다고 했네. 그런데 애기 곰이 엄마, 아빠 곰의 도움 없이 어떻게 잘 살 수 있을까?" 혹은 "아빠 곰은 왜 자살을 했을까?"라는 질문으로 참여자의 상상을 구체화하여 극화함으로써 거기 투사된 감정과 주제를 깊이 있게 경험하고 변형할 수 있도록 촉진하는 것이지요.

3-14. 분노와 공격성

Q 참여자가 분노와 공격성을 드러내는 경우, 그 정도가 매우 심해서 실제로 위협적일 때가 있나요? 그렇다면 어떻게 대처해야 할까요?

A 분노와 공격성(aggression)은 심리적인 에너지가 개인 내부에서 외부로 뿜어져 나오는 발산 운동이며, 그런 측면에서 개인의 생각, 감정, 욕구 등을 표현하는 자기주장(assertiveness)의 연속선상에 있는 감정과 태도라 할 수 있습니다. 분노와 공격성을 자기주장과 연관해 말하는 것은 그것을 해소의 대상으로 규정하는 흔한 오류를 바로잡기 위함입니다.

분노와 공격성은 외부 대상에게 해를 가하는 행동으로 나타나기 쉬우며, 그것을 제거되어야 할 부정적인 감정으로 취급하는 것도 바로 그 점 때문이지요. 하지만, 엄밀히 말해, 분노와 공격성 자체와 그것을 부적절한 행동으로 격발시키는 것은 다릅니다(액팅 아웃을 참조하세요). 분노와 공격성은 부당한 상황에서 옳음을 주장하고 자기와 자신의 권리가 침해를 당하지 않도록 지켜 낼 수 있는 힘이기도 합니다. 그래서 분노와 공격성이 지나치게 억압되면 우울과 무기력에 빠져 자기를 주장하기는커녕 자신이 무엇을 원하는지도 알아차리지 못하는 자기 상실의 상태를 초래할 수 있지요. 그러므로 치료 장면에서 분노와 공격성을 다룬다면, 그것은 해소와 억압을 목표로 하는 것이 아니라 분노와 공격성을 적절하게 표현하는 방식을 익히거나, 억지로 참는 것이 아니라 분노가 일어나지 않도록 생각을 바꾸는 두 방향의 작업이 필요할 것입니다.

질문하신 것처럼, 참여자가 지나치게 공격적인 태도를 보여 문제가 되는 경우가 종종 있습니다. 그럴 때 가장 먼저 유념해야 할 것은 다른 참여자의 안전입니다. 가해 행동이 언어적이든 신체적이든 함께 하는 참여자들에게 상처를 준다고 판단되면, 즉각 그 행동을 중지시키는 것이 중요합니다. 만일 그것이 쉽지 않다면, 해당 참여자를 공간에서 분리시켜서라도 가해 행동을 바로 멈추게 해야 할 것입니다.

그 다음에 필요한 것은 가해 행동의 고의성 여부에 따라 다를 것입니다. 다른 사람에게 상처를 주려는 의도로 일부러 한 행동이라면, 그에 대해 경고를 하고 재차 경계를 깨뜨릴 경우에 어떤 제재를 받게 될지 알려 주어야 할 것입니다. 그리고 할 수 있다면 개인적인 면담이나 연극치료를 통해 그 공격 행동의 이면에 있는 욕구와 감정을 탐험하여 가해가 아닌 다른 방식으로 그것을 충족시킬 수 있도록 도울 필요가 있습니다.

자신의 분노나 공격성을 다루는 데 미숙하여 우발적으로 가해를 한 경우라면, 감정이 가라앉도록 잠시 사이를 가진 후에 자신의 행동을 먼저 설명할 수 있는 기회를 주고 다시 집단 전체의 관점에서 그 행동이 일으킨 파장을 이해시키면서 둘 사이의 틈을 보게 하는 것이 중요할 것입니다. 그렇게 하고 나서야 마음에서 우러난 사과가 가능할 것이고, 마지막에는 분노와 공격성을 적절한 자기주장으로 전환하는 연습이 배치되어야 할 것입니다.

참여자의 공격성을 주목해야 할 또 다른 경우는 극적 현실에서 다른 인물에게 화를 내고 해를 입히는 역할을 반복할 때입니다. 그에 대해서는 일상 현실에서 참여자가 어떤 모습인가에 따라 다른 개입이 요구됩니다. 만일 참여자가 평소에도 습관적으로 원하는 것을 얻기 위해 공격적인 태도를 취하여 문제가 되는 경우라면, 연극에서는 가해자 역할의 반복을 중단시키고 같은 장면을 피해자로서 경험하게 하거나, 장면에서 빠져나와 관객이 되어 화를 내고 공격하는 행동과 그것이 가져오는 결과를 객관적으로 볼 수 있도록 해야 할 것입니다. 그런 다음에는 원하는 것 모두를 원할 때마다 즉시 원하는 만큼 얻을 수 없다는 사실을 정확하게 받아들이고, 그 대전제 아래 분노와 공격이 아닌 다른 방식으로 반응하기를 연습하는 것이 필요합니다.

반대로 자기주장이 약하거나 쉽게 자신을 비난하는 참여자라면, 오히려 극적 현실에서 분노와 공격성을 충분히 경험하는 것이 중요합니다. 앞서 말했듯이, 분노와 공격성은 자기주장과 맥락을 같이 하는 발산적 힘으로서, 지나치게 억압하면 작용의 방향을 내부로 전환하여 우울과 무기력을 초래합니다. 그러므로 연극의 안전한 환경 속에서 낯설고 위험하게 느껴지는 분노와 공격성에 접근하여 그 힘을 체화할 수 있도록 개입해야 할 것입니다.

✳✳✳

 만나지 못하는 시선과 만질 수 없는 손길, 그 실연의 아련함으로 농밀한 에코와 나르키소스다. 님프 에코는 숲을 헤치며 아르테미스와 사냥을 즐기고, 한 번 입을 열면 다른 이들이 어떻든 끝까지 제 할 말을 하는 굳센 캐릭터였다. 그런데 어느 날 여신 헤라가 제우스의 허튼짓을 살피러 숲을 헤매고 있었다. 마침 헤라와 마주친 에코는 친구들에게 위험을 알려 주려고 부러 목소리를 높여 가며 흰소리를 떠벌려 헤라의 발목을 붙들었다. 에코의 잔꾀를 모를 리 없는 헤라는 "너는 이제부터 절대 다른 사람보다 먼저 말을 할 수 없고, 네게 한 말의 꼬리만 따라하게 될 것이다"라고 저주했다.

 말을 잃은 에코에게 삶은 아름다운 나르키소스를 선물로 주었다. 그에게 마음을 빼앗긴 에코는 사냥도 잊고 그 뒤를 그림자처럼 따르며 손짓 하나 걸음 하나를 모두 마음에 담았지만 그 앞에 나설 수 없어 애가 탔다. 하루는 사냥을 하던 나르키소스가 무리에서 떨어져 혼자 남게 되었다. 사냥감을 쫓다 낯선 곳에 들어 주변을 살피던 그에게 에코의 안타까운 숨소리가 들렸을까?

 "누가 있소?"

 에코의 입에서 저도 모르게 참았던 소리가 나왔다.

 "있소?"

존 윌리엄 워터하우스, 〈에코와 나르키소스〉, 1903

나르키소스는 고개를 갸웃하며 목소리의 주인이 나타나길 기다렸지만 바람만 지나갔다.

"누가 있다면 모습을 보이시오!"

발을 구르며 에코가 답했다. "보이시오!"

언뜻 언짢은 표정이 스쳤을까. 나르키소스는 숨을 들이쉬고 한결 소리를 높여 말했다.

"왜 나를 피하십니까? 함께 갑시다!"

기다리던 말에 경계가 무너진 에코는 한 걸음에 달려 나가 나르키소스를 와락 껴안았다. 그러나 깜짝 놀란 나르키소스는 벼락같이 소리를 지르며 에코를 떼어 내고는 뒤도 돌아보지 않고 도망치듯 가버렸다. 마음을 다친 에코는 숲을 떠나 사람들 눈에 띄지 않는 산속 깊은 동굴과 절벽에서 지냈다. 그리고 깊은 슬픔에 몸이 여위어 살이 모두 사라지고 그 뼈는 바위로 변하여 목소리만 남게 되었다.

에코의 이야기는 인어 공주와 참 닮았다. 인어 공주는 뭍으로 갈 방도를 얻기 위해 스스로 목소리를 내놓았다. 다리가 생긴 덕에 왕자 곁에 머물 수 있었지만 종내 왕자의 마음을 얻지는 못했고, 왕자의 심장을 찔러 바다로 돌아가기를 포기한 채 물거품이 되었다.

눈에서 멀어지면 마음에서도 멀어진다지만, 두 이야기를 보면 물리적 근접성이 관계를 여는 열쇠는 아닌 것 같다. 사랑하는 사람들이 서로의 세계를 넘나들자면 언어라는 정교한 도구가 꼭 필요하다, 뭐 이런 얘기로 읽을 수 있겠지만, 치료적 관점에서 볼 수도 있을 것이다.

말을 한다는 것은 곧 자기를 주장하는 것이다. 에코는 두려움 때문에, 인어 공주는 사랑 때문에 말하지 못했고, 그렇게 자기를 주장하지 못한 결과 두 사람은 사랑은 물론 자기 자신을 상실하고 무형의 것이 되었다.

치료 장면에서 우리는 이렇게 자기를 주장하지 못하는 사람들을 만난다. '착한' 사람에게 흔한 증상이다. 그 에코들은 자신의 욕망을 외면한 채 타인의 욕망이 제 것인 양 복창한다. 그리고 그렇게 해서라도 타자를 곁에 두려 애쓴다. 하지만 그들의 착함은 늘 배신을 끌어들이고, 그로 인한 분노와 상실감은 밖을 향하기보다 제 살을 찌르고 뼈를 깎는 자해로 이어진다. 그리고 과도한 배려와 자해의 악순환은 종국에는 자기를 물거품으로 소멸시킨다. 제 목소리를 내지 못하는 까닭은 에코처럼 수치심에 기반한 두려움이거나 인어 공주처럼 상실에 대한 두려움(잘못된 사랑의 방식)일 수도 있다. 그러므로 자기를 주장하지 못하는 참여자에게 치료사는 나르키소스/왕자가 되어 주어야 할 것이다. 다른 곳을 바라보지 않고 에코/인어 공주의 이야기를 들을 수 있는 사람이 되어, 그 수치와 상실의 두려움을 담아 주고, 스스로 딛고 넘어갈 수 있도록 돕는 것이다. 물에 비친 제 모습과 사랑에 빠지지 말고.

3-15. 극적 표현의 종류

Q 연극은 몸으로 행동을 취해야 하는 것인데, 참여자의 입장에서 몸을 움직여 자신을 드러내려면 상당한 의지가 있어야 할 것 같습니다. 처음부터 그런 의지를 끌어내려면 쉽지 않을 텐데, 어떻게 접근하면 좋을까요?

A 참여자가 몸을 움직이는 것을 꺼리거나 어려워할 때는 어떻게 안내하는 것이 필요한가? 말씀하신 대로 극적 현실로 들어가 몸을 움직여 뭔가를 표현하려면 일정 수준 이상의 에너지와 자발성이 있어야 합니다. 그래서 참여자가 그런 상태로 준비되지 않으면 극적 활동이 원활하게 진행되기 어렵지요.

어린 아이가 아닌 이상 우리는 일상생활에서 대다수의 표현을 말에 의존하며, 몸을 쓰는 경우에도 최소한의 동작으로 원하는 바를 이루는 효율의 법칙을 따릅니다. 그래서 상상을 기반으로 하여 온몸을 비일상적으로 사용하는 극적 표현이 낯설 수밖에 없지요. 그것은 에너지와 자발성이 충분한 참여자의 경우에도 마찬가지입니다. 연극치료는 일반적으로 이를 고려하여 참여자가 일상 현실에서 극적 현실로 잘 옮겨 갈 수 있도록 웜업(warm-up)을 배치합니다. 참여자가 변형을 본질로 하는 극적 현실에 적응할 수 있도록 에너지를 올려 몸과 마음을 따뜻하고 열린 상태로 만드는 웜업은 집단의 특성과 상황에 따라 다양한 방식을 취할 수 있지만, 특정한 규칙에 따라 몸을 움직이는 게임으로 회기를 시작할 때가 많습니다. 그렇게 하면 몸을 쓰는 데 익숙하지 않은 참여자도 움직임의 즐거움과 활기를 경험하면서 자연스럽게 좀 더 개인적이고 특정한 형식이 없는 신체적 표현에 접근할 수 있습니다.

한편, 참여자의 에너지와 자발성이 심하게 떨어질 때는 이와 다른 접근이 필요한데, 이 문제를 풀어 나가기 위해서는 극적 표현의 세 가지 방식에 대한 이야기로 시작하는 것이 좋겠습니다.

연극치료에서 사용하는 극적 표현은 크게 참여자가 자신의 감각과 근육을 사용해 특정한 자세나 동작을 취하는 체현(體現), 자기에게 속하지 않은 다른 것을 재료로 하는 투사(投射), 상상의 인물을 연기하는 역할(役割)의 세 유형으로 나뉩니다. 이 가운데 참여자의 에너지와 자발성을 가장 많이 필요로 하는 표현 방식은 아마도 역할일 것입니다. 내가 아닌 다른 인물로 살려면 그 인물을 구체적으로 상상하여 그 성격에 맞게 말하고 움직이면서 다른 인물과 상호작용해야 하며, 그것은 인지, 정서, 신체뿐 아니라 인성 전체를 동시에 작동시켜야 하는 고도로 복합적인 노동일 수밖에 없습니다. 그에 비해 투사는 세 가지 중에서 투입되는 에너지가 가장 적은 표현 방식입니다. 우선 몸을 크게 움직이지 않아도 되고, 가만히 앉아 그림을 그리거나 이야기를 만들거나 피겨를 골라 배치하면 되니까요. 투사의 특징은 표현 과정과 그 결과가 금세 사라지지 않기 때문에 필요한 만큼 오랫동안 두고 볼 수 있다는 점입니다. 그래서 특히 투사는 체현이나 역할과 달리 참여자에게 들어가 느끼기와 빠져나와 생각하기의 기회를 모두 제공하지요. 참여자의 몸에 집중하는 체현은 역할과 마찬가지로 움직임과 상호작용을 포함하기 때문에 표현에 요구되는 에너지가 큰 편입니다. 무엇보다 체현은 언어가 최소화된 표현 방식이며, 그래서 다른 두 방식과 견줄 때 의식의 포장에서 벗어난 가장 솔직하고 정확한 결과를 얻을 수 있습니다.

체현, 투사, 역할의 세 가지 극적 표현은 그 크기에 따라 다시 아홉 가지로 나뉩니다. 표현하는 방식과 그 결과물의 물리적이고 심리적인 크기를 일상의 규모, 축소 규모, 거대 규모로 분류하는 것이지요. 체현이라면 참여자가 온몸을 움직이는 것이 일상 규모이고, 발이나 얼굴로 범위를 제한하여 움직이는 것이 축소 규모, 손에 긴 천이나 막대를 들고 움직이는 것이 확대 규모입니다. 인형으로 투사의 크기를 설명하면, 팔뚝만 한 보통 인형이 일상 규모, 손가락 인형이나 피겨가 축소 규모, 한 사람 이상이 그 안에 들어갈 수 있는 큰 인형이 거대 규모라 할 수 있지요. 이렇게 매체뿐 아니라 크기에 따라 표현의 방식을 분류하는 까닭은 사이즈에 따라 그것을 구현하는 데 필요한 에너지가 다르고, 그 과정에서 일어나는 심리적 작용이 다를 수 있기 때문입니다. 쉽게 짐작할 수 있듯이, 표현의 크기가 작을수록 그에 필요한 에너지 역시 적습니다. 그리고 축소 규모의 표현은 참여자가 그에 투사된 자신의 내면을 거리를 두고 바라보기에 좋으며, 거대 규모의 표현은 참여자가 표현 과정에 깊이 들어가 감정을 느끼도록 촉진합니다. 그래서 참여자의 특성에 따라 표현 방식을 조절할 경우에는 매체의 특성뿐 아니라 그 크기까지 함께 고려할 수 있습니다.

  실제로 우울증으로 에너지가 극단적으로 저하된 상태에서 연극치료를 시작한 경우에는 참여자가 몸을 움직이길 꺼리는 것을 자주 볼 수 있습니다. 그 까닭이 치료 작업에 대한 거부가 아니라면, 그럴 때도 역시 연극치료사는 참여자가 있는 곳에서 출발한다는 원칙에 따라 개입하면 됩니다. 체현, 투사, 역할 중에서 에너지와 자발성 수준이 낮아도 시도해 볼 만한 것은 투사겠지요. 그러니까 일단 가만히 앉아 대화를 나누면서 해당 회기에 다룰 주제를 찾아내고, 주제를 선택한 다음에는 그 이미지를 그리거나 피겨로 변형하여 적절하게 배치하고, 그것을 이야기로 확장할 수 있습니다. 이때 다양한 투사 활동 중에서도 크기가 작은 데서 시작해서 점차 큰 것으로 옮겨 가는 것이 좀 더 매끄러운 진행을 도울 수 있을 것입니다. 이야기에는 인물과 사건이 있기 마련이며, 그래서 이야기가 만들어지면 그것을 극화하는 것은 그리 어렵지 않습니다. 참여자가 이야기에 등장하는 인물들에게 어울리는 대사를 한 마디씩 찾아 그것을 글로 쓰거나 인물의 이미지를 가면으로 만들면서 다시 투사를 심화시킬 수도 있습니다. 그렇게 참여자가 투사적 표현에 익숙해지면서 에너지 수준이 높아지면, 그에 맞추어 체현과 역할로 조금씩 확장해 가도록 촉진할 수 있지요.

다시 말해, 참여자의 에너지와 자발성 수준이 낮아 체현이나 역할 활동을 하기가 힘들 경우, 연극치료사는 그 조건을 수용하여 참여자가 하고 싶어 하고 할 수 있는 것에서 시작해서 점차 에너지와 자발성의 수준을 높여 가도록 이끌어야 합니다. 그것을 극적 표현 방식으로 말한다면, 일반적으로 투사에서 체현을 거쳐 역할의 순서로, 그리고 표현의 크기가 작은 데서 큰 것으로 확장된다고 할 수 있습니다.

3-16. 자기 공개

> **Q** 자신의 아픈 과거를 공개하기는 누구에게나 어려운 일일 텐데, 그래서 참여자가 쉽사리 말을 하지 못하고 의도치 않게 숨기게 될 수도 있겠다는 생각이 듭니다. 치료 장면에서 참여자가 감정을 다 드러내고 있는지 알 수 있을까요?

A 질문을 두 가지로 나누어 답하겠습니다. 먼저 참여자가 속내를 드러내지 않을 때 그것을 알아볼 수 있는지 물으셨지요? 일반적으로 치료사는 참여자가 자신의 감정과 생각을 솔직하게 혹은 충분하게 표현하지 않을 때 그것을 느낄 수 있습니다. 그것은 치료사가 독심술을 하거나 참여자를 개인적으로 잘 알아서가 아니라, 내면의 역동과 그것이 겉으로 표현된 언행이 일치하지 않을 때, 그 불편한 간극은 호흡, 자세, 표정 등 신체적인 상태로 나타나거나 참여자가 만든 이야기, 그림, 인물 등의 극적 산물에 무의식적으로 드러날 수밖에 없기 때문입니다. 바꿔 말해, 자연스럽지 않고 긴장하거나 이야기에 개연성이 떨어진다거나 몰입하지 못하거나 과장된 연기 등으로 나타나는 것이지요.

하지만 그 같은 표현도 치료적인 의미가 없지 않습니다. 한 번에 솔직하고 강렬한 경험에 도달할 수도 있지만, 그보다 중요한 것은 참여자가 준비된 만큼 그 속도에 맞추어 접근하는 것이니까요. 물론 늘 참여자의 뒤를 따라야 하는 것은 아니며, 필요한 방향과 속도로 나아가도록 촉진하면서 안전과 위험의 균형을 도모하는 것이 연극치료사가 할 일이지요. 그렇게 하다 보면 참여자는 그에게 필요한 경험을 적절한 강도로 만날 수 있습니다.

또 참여자가 아픈 과거를 털어놓기 어려워할 때 어떻게 접근하는지 질문하셨습니다. 치료는 상처를 들여다보는 작업이라 할 수 있고, 따라서 아픈 과거가 치료 작업에서 다루어야 할 '상처'와 관련된다면 힘들어도 다시 들여다볼 필요가 있지요. 그런데 '상처'를 다루는 방식이 반드시 '아픈 과거'를 통해야 하는 것은 아닙니다. 설사 과거의 외상적 경험 때문에 생긴 상처라도 그 과거는 참여자의 현재(그가 먹고 일하고 다른 사람을 만나고 자신을 대하는 모든 것)와 미래(그가 꿈꾸는 것)에 구체적으로 영향을 미치는 힘으로서 연결되어 있으며, 그래서 굳이 지난 일을 들추지 않고 현재나 미래의 삶을 살피는 것으로도 참여자의 상처에 접근할 수가 있습니다.

'시제'가 아니라 '화법'을 바꿀 수도 있습니다. 사이코드라마처럼 참여자의 실제 경험을 사실적으로 재연하는 대신, 해당 경험과 유사한 주제를 담고 있는 신화나 옛 이야기를 통해 우회적으로 탐험하는 것이지요. 가령 어린 시절 내내 엄마로부터 정서적이고 신체적인 학대를 당한 참여자가 『헨젤과 그레텔』에 나오는 그레텔이 되어 오빠와 함께 집에서 쫓겨나 어두운 숲을 헤매는 장면을 극화하면서 힘들고 고통스러웠던 자신의 과거를 애도하고, 아이들을 잡아먹는 과자집의 마녀를 죽이면서 자신을 학대한 엄마에 대한 분노를 안전하게 표출할 수 있습니다. 그리고 그 과정에서 훌쩍 성장한 남매가 이후에 어떻게 살 것인지를 상상하면서 자신의 미래를 꿈꾸어 볼 수도 있지요. 이런 식으로 허구는 참여자에게 자신을 숨길 수 있는 가면을 허용하며, 그 가면 뒤에서 참여자는 보다 안전하게 그래서 더욱 솔직하게 자신과 만날 수 있게 됩니다.

3-17. 치료에 대한 거부

Q 만약 원하지 않는데 억지로 온 참여자가 아무 말도 하지 않고 치료를 거부하면 어떻게 하나요?

  실제로 그런 사례가 왕왕 있습니다. 학교에 적응하지 못해 장기간 결석을 하거나 교사나 친구들 사이에서 문제를 일으켜 심리 치료를 권고 받거나 심한 반항으로 갈등이 지속될 때, 혹은 정상적인 생활이 불가능한 정도로 게임에 빠져 있어 부모가 자녀의 동의 없이 심리 치료를 의뢰할 때, 그런 상황이 벌어질 가능성이 높습니다. 그렇게 연극치료를 하게 된 청소년은 아예 입을 열지 않거나, 치료적 도움이 필요하다고 생각하더라도 쉽사리 솔직한 마음을 보여 주지 않지요.

청소년기는 어린 아이도 아니고 어른도 아닌 어중간한 때이자 어린 시절을 떠나보내고 어른의 세계로 진입해야 하는 과제가 부여된 혼란스럽고도 중차대한 시기입니다. 급격한 신체 변화와 욕동에서 오는 불안, 부모의 내면화된 눈으로 자신을 볼 때 느껴지는 자괴감, 더 이상 어린 아이일 수 없는 슬픔, 어른이 되고 싶지만 기성의 권위에 굴복하기를 거부하는 분노가 청소년의 주된 감정이라 할 수 있습니다. 하지만 정작 청소년은 자신 안에서 어떤 일이 벌어지고 있는지를 알지 못하기 때문에 그 고통을 말로 표현하지 못하고 부적절한 행동으로 격발시키곤 하지요.

그런 맥락에서, 치료 장면에서 청소년이 입을 꾹 다물고 있다면 그것을 작업에 대한 거부나 저항으로만 보기보다 자신의 고통을 의식하지 못하기 때문에 나타나는 현상으로 이해할 필요가 있습니다. 다시 말해, 청소년의 고통은 무의식적이어서 부지중에 막연하게 경험되고 말로 옮기기가 힘들다는 뜻입니다.

그러므로 연극치료사가 할 일은 참여자가 미처 몰라 적절하게 표현하지 못하는 마음을 먼저 알아주고 그를 이해하려고 애쓰는 것입니다. 그렇게 하자면 우선 참여자를 오래 기다릴 수 있어야 하고, 참여자를 존중하여 아이 취급을 당한다고 느끼지 않도록 주의해야 합니다. 청소년이 가장 끔찍하게 여기는 것이 자존심이 상하고 무시당하는 일이니까요. 또 한 가지 피해야 할 것은 참여자와 공감대를 형성할 의도로 그를 친구처럼 대하거나 청소년들처럼 행동하는 것입니다. 참여자에게 필요한 것은 믿을 만한 어른이지 친구가 아니기 때문입니다. 그리고 초기 상담을 할 때는 참여자와 먼저 이야기를 나눈 후에 부모와 함께 자리를 갖는 것이 좋습니다.

그렇게 하면서 치료 받기 싫은 마음, 자신에게 문제가 있다고 생각하는 부모에 대한 원망, 자기를 향한 분노와 불안 등 참여자가 품고 있는 감정을 쉽고 분명한 말로 읽어 주고 공감하면, 참여자가 서서히 마음을 열고 솔직하게 다가오는 것을 볼 수 있을 것입니다.

3-18. 삶과의 연관성

Q 참여자가 상상한 이야기와 연기한 인물의 감정이 참여자와 연관이 없을 수도 있나요? 참여자가 극적 표현과 자기 삶의 연관성을 찾지 못할 때는 어떻게 하면 좋을까요?

A 기본적으로 연극치료 안에서 참여자가 하는 선택은 자기 자신을 투사하는 것이라 볼 수 있습니다. 말씀하신 것처럼, 간혹 참여자들은 며칠 전에 어떤 영화를 보았는데 그것이 기억에 남아서 비슷한 이야기를 만들어 보았다거나 별 생각 없이 눈앞에 있는 물건이라서 주인공으로 택한 것뿐이라 하면서 극적 현실 안에서 표현한 것과 자기와의 연관성을 부인하는 경우가 있지요. 하지만 일상 현실에서 개인이 하는 크고 작은 선택 모두가 그가 누구인지를 말해 주듯이, 극적 현실의 경우도 마찬가지여서 참여자가 자각하지 못할 뿐 그 선택의 배경에는 그에게 의미 있는 기억, 욕망, 신념 등이 투사될 수밖에 없습니다.

연극치료에서 극적 현실과 일상 현실의 연관은 매우 결정적인 개념입니다. 우리 몸의 감각과 움직임으로, 시청각적인 형태로, 이야기의 형식으로, 상호작용의 역할을 통해 구축되는 극적 현실은 참여자가 살아왔고 여전히 살고 있는 삶, 그의 일상 현실의 진면목을 고스란히 담아냅니다. 참여자는 극적 현실을 창조하는 과정에서 마음 깊은 곳의 위험에 접근하여 그것을 충분히 느끼고, 그런 다음 극적 현실의 거울에 비추어 자신의 일상 현실을 다시금 읽어 냅니다. 그리고 마지막에는 일상 현실에서 필요한 변형을 극적 현실 속에서 먼저 시도하면서 익히게 되지요.

그러니까 극적 현실과 일상 현실은 연극치료가 다루는 범위이자 그것을 지탱하는 두 기둥이며, 두 현실의 연관이 연극치료를 심리 치료로서 성립시키는 근거라 할 수 있습니다.

그런데 질문하셨듯이 참여자가 극적 산물과 자신의 삶이 연관됨을 찾지 못한다면, 그것은 분명히 중요하게 다루어야 할 문제입니다. 참여자의 인지적 발달이 지체되어 극적 은유와 상징 자체를 만들고 읽어 낼 수 없다면, 그런 경우에는 극적 현실과 일상 현실을 견주어 보는 데서 발생하는 통찰을 포기하는 대신, 참여자가 자신에게 필요한 극적 현실을 반복하여 경험함으로써 그것이 몸을 통해 마음으로 전달되어 자리 잡도록 해야 할 것입니다. 발달 장애를 가진 참여자가 그 대표적인 예가 되겠지요.

또 지적 기능은 정상 범위에 있는데, 유독 극적 상징과 은유를 다루는 데 취약한 경우도 있습니다. 참여자가 당면한 문제의 심각성에 압도되어 자신으로부터 충분히 거리를 두지 못하거나 뚜렷한 이유를 알 수 없지만 이질적인 대상을 연결하는 우회적 표현에 미숙할 때 그런 현상이 나타나지요. 그때 연극치료사는 참여자가 익숙한 언어에 맞출 필요가 있습니다. 그래서 처음부터 본격적인 허구를 극적 구조로 제시하기보다 참여자의 실제 경험을 다루면서 사이코드라마적인 접근을 반복하다 보면 극적 은유와 상징을 다루는 데 조금씩 친숙해질 수 있고, 그 속도에 맞추어 허구의 정도를 높여 가는 것이 좋을 것입니다.

또 다른 가능성으로는 참여자가 치료 작업 자체에 저항하는 방식일 수도 있습니다. 그 경우에는 거부하는 까닭을 한 번 더 살펴 그에 맞게 반응하는 것이 중요하겠지요.

어떤 경우든 연극치료사는 자신의 느낌과 생각을 전달하면서 적절한 질문으로 참여자가 극적 현실에서 경험한 바를 자신의 삶과 연결할 수 있도록 촉진합니다. 두 현실의 연관성에 대한 통찰은 한 회기 안에서 일어날 수도 있고 긴 시간이 걸릴 수도 있으니, 동일한 자극과 훈련을 반복하는 것이 중요합니다.

✳✳✳

호주의 한 심리학자가 실험을 했다. 대학생 피험자 집단을 상대로 한 사람이 강의를 진행한 다음 그의 키가 얼마나 큰지 물었다. 그리고 실험을 반복할 때마다 수업을 진행하는 사람의 신분을 대학생, 시간강사, 정교수로 다르게 소개했다. 그 결과, 피험자들은 같은 사람을 두고도 그 키를 신분에 따라 다르게 보았는데, 그 편차가 무려 10cm에 달했다고 한다. 신분이 높아질수록 키가 크다고 지각한 것이다.

이 실험은 권력, 부, 미모 등이 일종의 광배로 작용하여 그와 관련 없는 인성, 능력, 행동, 신체적 특징까지 긍정적으로 인식되는 후광효과를 입증한다. 그리고 그것이 대상의 물리적 특성에 대한 지각 작용까지 왜곡할 수 있음을 보여 준다.

그런데 나는 이 실험에서 한 가지 새로운 질문을 한다. 왜 사람들은 신분이 높을수록 그 대상을 '크게' 느꼈을까? 어째서 신분이 높을수록 키가 작다고 지각하는 경우는 없는가? 나는 은유에 그 답이 있다고 생각한다. 은유는 단지 문학적 수사가 아니라 우리의 언어와 사고 체계의 중심 원리이다. 그리고 은유의 발달은 우리 몸의 구조와 특성과 긴밀하게 연관된다.

흔히 '마음이 따뜻하다'는 말을 한다. 마음은 만질 수 있는 물리적 실체가 아니다. 그런데 거기에 촉·지각과 관련된 '따뜻하다'를 연결한 은유적 표현이다. 항온동물인 우리에게 따뜻함은 결정적인 생존의 요건이고, 그래서 따뜻함은 안전감과 평화로움이라는 심리적 특성으로 비약하며, 그로부터 '따뜻한 마음'이 성립하는 것이다. '앞길이 창창하다'라는 말도 있다. 전도유망, 장래가 기대된다는 뜻이다. 이 표현은 미래라는 시간적 개념을 '앞길'이라는 공간적 방식으로 은유한다. 왜 '앞'은 '미래'와 포개어질까? 몸이 그렇게 생겼기 때문이다. 우리의 두 눈은 모두 뒤통수 아닌 얼굴에 붙어 있다. 그래서 우리는 보이지 않는 뒤를 향해 걷기보다 앞을 보고 걷는 것이 자연스럽다. 그리고 그렇게 앞으로 걸을 때 지나온 등 뒤의 길은 과거로, 닥쳐오는 눈앞의 길은 미래와 이어질 수밖에 없다. 그러니까 은유가 몸에 근거한다는 것이다.

다시 처음으로 돌아가, 신분과 신장의 관계 역시 신체적 은유를 통한다. 높은 사회적 지위는 권력자를 표상하며, 그것은 신체적인 차원에서 큰 키, 센 힘, 커다란 덩치, 우렁찬 목소리, 쏘아보는 눈빛 등과 연관되는 것이 당연하다. 그리고 그것이 우리의 뇌가 앞서와 같은 착각을 하게 되는 까닭이다. 그러니까 앞의 실험은 후광효과를 위한 것이지만, 읽기에 따라서는 뇌로 표상되는 우리의 지각과 사고 체계가 신체적 은유에 근본을 두고 있음을 보여 주는 흥미로운 실험이기도 하다.

3-19. 치료사의 유연성

> 저는 참여자의 행동과 반응에 집중하여 그에 맞게 개입하기보다 제가 계획한 목표와 프로그램을 어떻게든 실행하려고 억지로 참여자를 몰고 가는 경향이 있습니다. 그런 점을 알고 있으면서도 막상 작업 안에 들어가면 잘 제어가 되지 않는데 어떻게 하면 좋을까요?

A 아직 작업 경험과 작업에 대한 자신감이 충분하지 않을 경우에 흔히 겪을 수 있는 문제라 여겨집니다. 이와 관련해서는 한 가지 연극 게임 얘기를 해볼까 합니다. 아마 많은 분들이 알고 있고 해보기도 하셨을 거예요. 거울놀이(mirroring)라고 부르는 거죠.

두 사람이 1m 정도 거리를 두고 마주보고 선 다음, 둘 중 한 사람 A가 먼저 이끄는 역할을 맡아 손이나 팔을 천천히 움직이기 시작합니다. 그러면 따라 하는 역할을 맡은 B는 A의 동작을 거울처럼 똑같이 반영하지요. 단 A는 단속적인 동작 대신 연속해서 흐르는 움직임을 하도록 합니다. 이 때 두 사람은 모두 짝의 눈을 바라보아야 하고, 활동이 끝날 때까지 시선을 떼지 않는 것이 중요합니다. 시간이 지나 움직임에 익숙해지면 자연스럽게 손과 팔뿐 아니라 다리와 발을 포함해 온몸을 써서 움직이게 될 것입니다. 그 다음에는 A와 B가 역할을 바꾸어 같은 방식으로 움직일 차례이지요. 이끄는 사람은 어떤 동작을 할까 고심하기보다 몸이 움직여지는 대로 충동을 따릅니다. 그리고 따라 하는 사람은 몸의 형태뿐 아니라 동작에서 전해지는 느낌과 감정까지 반영합니다. 이때도 시선은 짝의 눈에 고정하는 것을 잊지 말 것! 마지막에는 두 사람이 모두 서로를 따라 합니다. 이끄는 역할이 없어지는 것이지요. 이렇게 하려면 짝에게 더 주의를 기울여야 하죠. 그리고 움직임이 없는 사이를 견딜 수 있어야 합니다. 서로가 서로를 마주 따라 하는 것에 익숙하지 않으면, 움직임이 끊기면 안 될 것 같아 부러 동작을 만들어 내기도 하지요. 하지만 멈추어 있는 것도 움직임의 하나이며, 마주 따라 하기 위해 모든 감각을 열어 집중하다 보면 작은 떨림과 호흡이 감지되면서 그것이 반영되어 움직임으로 나타나고, 두 사람의 관계에 따라 누군가 이끄는 것처럼 크고 연속적인 동작으로 확장되기도 합니다.

상대를 마주 따라 하는 거울 놀이가 잘 되기 위해서는 연습해야 할 것이 두 가지 있습니다. 가장 중요한 것은 짝의 눈을 통해 전체를 보기. 다른 사람의 눈을 길게 응시하는 것은 결코 쉬운 일이 아니죠. 상대의 시선에 적대감이나 두려움을 투사하지 않을 때에만 편안하고 따뜻하게 바라볼 수 있으니까요. 또 상대를 잘 따라 하겠다고 이끄는 사람의 손이나 다리를 보면 금세 시야가 좁아져 움직임 전체를 정확하게 알아차릴 수 없게 됩니다. 그래서 눈 맞춤을 유지한 상태에서 공간과 상대와 자신을 한꺼번에 보고 느끼는 훈련이 필요하지요.

그 다음에는 뭘 하려고 애쓰지 않고 비우는 것입니다. 이것은 이끄는 역할을 할 때나, 따르는 역할을 할 때나 마찬가지입니다. 이끄는 사람도 양치를 하거나 못질을 하는 것처럼 다른 무엇을 재현하려는 것이 아니라 어떤 것도 의도하지 않은 상태에서 되는 대로 몸을 따르기 때문이지요. 따로 이끄는 역할 없이 두 사람이 서로를 마주 따라 하는 세 번째 형태가 이를 위한 가장 난이도 높은 구조이며, 그것은 간단히 말해 목표와 계획을 내려놓는 즉흥 훈련이라 할 수 있습니다.

지금쯤이면 제가 왜 거울 놀이 얘기를 꺼냈는지 눈치를 채셨겠지요? 네, 저는 이 활동이 치료사와 참여자가 어떻게 만날 것인가를 그대로 은유한다고 생각합니다. 작업을 하다 보면 참여자나 회기에 따라 치료사가 상호작용을 이끌어야 할 때가 있고, 거꾸로 참여자가 주도하는 흐름에 따라야 할 경우가 있습니다. 하지만 어느 쪽이든 그 만남이 깊어지기 위해서는 앞서 말한 두 가지 조건이 충족되어야 합니다. 치료사가 참여자에게서 눈을 떼지 말 것, 그리고 그를 통해 참여자와 자신, 둘의 역동과 작업 전반의 맥락을 동시에 볼 것. 그것이 충분히 훈련되지 않으면 참여자만 주시하여 자신을 놓치거나, 목표를 향해 준비되지 않은 참여자를 밀어 대거나, 활동에 급급하여 분명 뭔가를 했는데 정확히 그것이 무엇을 위한 것이고 어떻게 작동했는지 놓칠 수 있습니다.

또 한 가지는 목표를 기억하되 기왕의 계획을 잊고 지금 여기에서 일어나는 역동을 따르는 것입니다. 우리가 다룰 것은 참여자의 마음이며, 그것은 그의 일거수일투족에 모두 담겨 있습니다. 그래서 어떤 단서와 구조를 사용하는가는 크게 중요하지 않을 수도 있습니다. 참여자를 어떻게든 계획한 구조로 끌어들여야 그 작업이 성공한 게 아니라는 말이지요. 그동안의 성과와 남은 작업 전체의 흐름을 고려하여 해당 회기에 다루어야 할 주제와 목표를 설정하되, 그와 함께 참여자의 지금 상태와 욕구에 맞게 즉흥적 변형을 시도할 필요가 있습니다. 큰 맥락 내에서의 즉흥이지요.

질문하신 문제를 푸는 가장 큰 열쇠는 앞서도 말했듯이 시간일 것입니다. 그 밖에는 몸과 마음의 훈련에 기댈 수 있지요. 실제로 거울 놀이와 같은 활동을 반복할 수 있다면 큰 도움이 될 것입니다. 그리고 마음으로는 치료 작업의 성패를 좌우하는 가장 중요한 요인이 치료사의 인성이라는 것을 꼭 기억하세요. 어떤 철학을 배경으로 하는지, 어떤 예술 매체를 통하는지, 어떤 극적 구조를 쓰는지는 그렇게 의미 있는 변수가 아니라는 것이지요. 그럼 나와 참여자가 마주한 것만으로 이미 필요한 조건이 충족된 것이니 다른 부수적인 것에 마음 쓰는 것을 탁 멈추고 앞에 있는 참여자에게 온전히 집중할 수 있을 것입니다.

3-20. 치료적 목적의 공연

Q 일반 청소년을 대상으로 한 예술 치료에서 공연을 할 때 고려해야 할 점이 있다면 어떤 것이 있을까요?

 대상을 막론하고 연극치료에서는 앞선 작업의 성과를 공연의 형식으로 마무리하는 경우가 많습니다. 그때의 공연은 참여자나 참여자 집단의 치료적 변형을 목표로 한다는 점에서 일반적인 공연과 다르며, 그렇기 때문에 공연을 제작하고 상연하는 과정에서 몇 가지 유념해야 할 사항이 있습니다.

1. 공연의 완성도를 높이는 데 지나치게 힘을 쏟지 마십시오.

치료적 공연은 관객을 미학적으로 만족시키거나 관객에게 예술가의 메시지를 전달하는 것을 목표로 하는 일반 공연과 달리 관객이 즐겁게 하거나 설득시켜야 할 대상으로서 최종적 소구점을 차지하지 않습니다. 관객에 앞서는 가장 중요한 주체는 누구보다 참여자이며, 공연에서도 그들이 무대에 자신을 당당하게 세울 수 있도록 돕는 것이 가장 중요한 일입니다. 객석은 그 무대를 완성하는 짝패로 기능할 뿐이지요.

2. 무엇보다 참여자들의 관심사에 집중하세요.

예술 치료는 쉴 곳 없고 목소리 낼 곳이 없는 참여자들에게 편안하고 자유로운 쉼터이자 스스럼없이 속내를 드러내 함께 고민할 수 있는 나눔의 공간이 되어야 할 것입니다. 공연은 그와 동일한 맥락에서 참여자들이 예술 치료를 통해 새로 만난 질문과 대답을 타자인 관객에게 들려줌으로써 그동안의 경험을 완결하는 행위가 되어야 할 것이고요. 그것이 연애에 관한 것이든, 미래와 관련한 것이든, 학교생활에 대한 것이든, 참여자들이 가장 관심을 갖고 탐험한 주제를 공연으로 발전시키는 것이 자연스럽습니다.

3. 참여자 자신의 이야기가 되도록 하는 것이 중요합니다.

내가 없는 다른 사람들의 이야기는 아무런 의미가 없습니다. 학교 폭력의 가해자, 부패한 사회, 공부만 외치는 교사와 부모를 타자화하기는 너무나 쉽지요. 그러나 이미 타자화된 대상과는 단절과 배제 이외에 다르게 만나는 것이 불가능해지며, 자기 자신을 반성적으로 사유하지 못하는 피해자는 안전과 편익을 위해 언제든 가해자로 입장을 바꿀 수 있습니다. 그러므로 어떤 내용을 다루든 '나는 어떻게 반응했는가?' '나라면 어떻게 할 것인가?' 혹은 '왜 우리는 지금 여기에 이런 모습으로 있는가?'라고 질문하면서 자신의 그리고 우리들의 이야기로 풀어갈 필요가 있습니다.

4. 해피엔딩이 아닐 수도 있습니다.

좋은 이야기의 조건으로는 대개 인과관계의 매끄러운 연결을 꼽습니다. 갈등을 제시해 놓고 그것이 어떻게 녹여지는지를 충분히 설득력 있게 제시하지 않은 채 억지스러운 해피엔딩을 내기보다는 갈등이 증폭되는 과정을 찬찬히 보여 주면서, 그와 관련한 질문을 던지면서 마치는 것이 오히려 낫다고 생각합니다.

5. 누가 어떤 역할을 할 것인가가 중요합니다.

일반적인 공연이라면 해당 인물을 가장 잘 보여 줄 수 있는 배우에게 그 역할이 돌아가는 것이 당연하겠지요. 하지만 치료적 공연의 목적은 참여자에게 치료적 변형의 계기를 제공하는 것이며, 그래서 캐스팅에서도 누가 이 역할을 가장 잘 표현하는가가 아니라 이 역할을 누가 하는 것이 가장 도움이 될 것인가가 기준이 됩니다. 특정 역할을 잘 못하면 그것을 반복하여 자신의 역할 체계로 통합할 수 있도록 해당 인물을 맡길 수도 있고, 일상 현실에서 참여자가 습관적으로 연기하는 역할이 자기 자신과 다른 사람에게 어떤 영향을 미치는지를 알아차릴 수 있도록 그와 유사한 인물에 캐스팅할 수도 있으며, 해당 참여자에게 중요한 타인을 이해할 수 있도록 그와 비슷한 인물을 연기하게 할 수도 있습니다. 다시 말해, 캐스팅은 치료적 공연을 일반 공연과 구별하는 매우 중요한 변형의 계기이며, 예술치료사는 각 참여자의 필요에 맞추어 세심하고 신중하게 선택할 필요가 있습니다.

6. 즉흥극에 익숙해지도록 하십시오.

치료적 공연에서도 참여자들이 무대에서 살아 있는 연기를 할 수 있다면 가장 좋을 것입니다. 살아 있는 연기란 전문 배우가 할 법한 세련되고 정교하게 다듬어진 연기가 아니라 상대방과 진짜 감정과 말을 주고받는 것을 말합니다. 그것을 위해 대본을 만들고 거기에 맞는 연기를 따로 연습할 수도 있지만, 그보다는 앞선 작업에서 주제와 관련된 내용을 다양한 방식의 즉흥극으로 반복하고 변형하면서 자연스럽고 편안하게 인물을 연기할 수 있도록 이끌기를 권합니다.

3-21. 치료사의 무력감

> 아직 보호받아야 할 어린 나이인데 부모에게 학대당하거나 거꾸로 부모를 보살펴야 한다거나 돈 이외에는 어떤 것도 도움이 되지 않는다고 일찌감치 마음을 닫아 버린 참여자를 만날 때, 치료사로서 내가 할 수 있는 게 있기는 한 걸까 의구심과 무력감이 들곤 합니다.

A 마음이 참 무거워지는 이야기네요.

한동안 소년원에 수감된 청소년을 대상으로 연극치료적인 작업을 한 적이 있었습니다. 1년 가까이 열댓 명의 아이들과 부대끼다 보니 서로 깊은 마음을 나누게 되었죠. 그 친구들이 꼭 그랬습니다. 아주 어릴 적부터 부모가 거두지 않아 다른 보호자를 찾아 전전해야 했거나, 차라리 부모가 없는 편이 낫겠다 싶을 만큼 모진 학대를 당했거나, 형편이 좋지 않아서 처벌을 받고 나간 뒤가 오히려 걱정되는 경우가 드물지 않았지요.

말이 씨가 될까 속으로만 빌었지만, 그 아이들과 함께 하면서 가장 피하고 싶었던 건 소년원에서 다시 만나게 되는 일이었습니다. 물론 그때 만난 친구 중에는 맘 단단히 고쳐먹고 공부해서 대학생이 되거나 트럭 운전이나 자동차 정비처럼 적성에 맞는 일을 찾아 일찌감치 성공적으로 독립한 경우도 있었습니다. 하지만 4년이 꽤 길었는지, 저의 바람 따위는 안중에 없다는 듯 소년원도 아닌 교도소로 면회를 가는 상황이 생기기도 했지요.

아마 공연 연습이 한창인 때였던 것 같습니다. 누구는 아직 충분히 몸에 익지 않은 장면을 상대와 맞추어 보고, 누구는 무대에서 입을 옷을 입어 보고, 누구는 다 함께 부를 노래를 연습하고, 또 누구는 관객의 참여에 대비해 가능한 반응을 예상하면서 한 주 앞으로 다가온 공연을 다듬고 있었습니다. 저도 분명 그 장면 안에 있었는데, 어느 순간 문득 혼자 빠져나와 멀고 높은 데서 분주한 그들을 바라보는 느낌이 들었습니다.

'행복하구나. 있어야 할 자리에 원하는 모습으로 있구나. 우리를 믿는구나. 서로 의지하는구나.'

그게 보였습니다. 그리고 생각했습니다.

'내가 이 아이들과 함께 한 시간은 한 톨 씨앗에 지나지 않지. 그것이 움터 싹이 될지 흙에 묻혀 썩을지는 내가 알 수 없고, 내게 주어진 몫도 아니다. 나는 이들을 구원할 수 없다. 내가 할 수 있는 것은 그저 씨앗 하나를 정성껏 심는 것뿐. 눈 여겨 보아 주고, 귀 기울여 들어 주고, 따뜻이 어루만져 마음 나누어 준 이 없이 언 땅에 내동댕이쳐진 아이들에게 그렇지 않은 순간, 그렇지 않은 만남의 기억을 갖게 해 주는 것뿐. 그것이 혹시 튼튼한 희망과 믿음으로 자라난다면 더 바랄 것 없겠지만, 쉬이 잊힐 위로라 해도 그대로 온전한 하나의 경험이지. 할 수 없는 것으로 나를 몰아세워 주저앉히지 말자. 다만 할 수 있는 것을 한다.'

씨앗 하나 제대로 심는 것도 쉽지 않지만, 참여자와 그를 둘러싼 세상이 달라지길 바라는 마음이 너무 커서 내가 아무것도 아니게 느껴질 때 저는 이 기억을 다시 꺼내 보곤 합니다.

✳✳✳

소포클레스의 희곡에서 오이디푸스는 테베의 영웅으로 등장한다. 풀기 힘든 수수께끼로 사람들을 괴롭히던 괴물 스핑크스를 물리치고 비어 있던 왕좌에 앉아 불안한 나라에 중심을 세워 준 그를 백성들은 "사람 가운데 가장 뛰어난 자"라고 부르며 추앙한다. 그리고 "구원자"인 그의 발아래 엎드려 다시 한 번 역병으로 죽어 가는 이들을 살려 달라 애원하는 데서 이야기가 시작된다.

테베를 휩쓴 역병의 심상치 않음을 직감한 오이디푸스는 신에게 그 해법을 묻고, 신탁은 선왕 라이오스의 피 값을 제대로 치러야 한다고 말한다. 이에 고무된 오이디푸스는 범인을 잡는 데 온 힘을 기울일 것을 선포하고, 이때부터 이야기는 선왕을 죽인 자가 누구인가를 파헤치는 범죄 스릴러의 형식을 따른다.

오이디푸스는 범인을 잡기 위해 예언자 테이레시아스에게 도움을 청하는데, 앞 못 보는 예언자는 라이오스의 살인자는 바로 당신이라고 말한다. 이해할 수 없는 그 행동에 분기탱천한 오이디푸스는 그가 왕좌를 차지할 목적으로 모략을 꾸민다

오귀스트 르누아르, 〈오이디푸스〉, 1895

고 믿으며 처남인 크레온까지 싸잡아 의심하고 비난한다. 그러나 아내 이오카스테와 아버지의 죽음을 알리러 온 사자와 목동이 속속 등장하여 사건의 배후가 드러남에 따라 오이디푸스는 무고한 자에서 살인자로, 범죄자에서 다시 친부를 살해하고 친모를 유린한 인간 이하의 존재로 전락한다.

그 숨겨진 이야기는 이렇다. 태어날 아이가 장차 제 아비를 죽이고 어미와 동침할 것이라는 신탁을 받은 라이오스와 이오카스테는 두려움에 굴복하여 아이를 낳자마자 남의 손에 주어 산에 버린다. 그런데 이를 불쌍히 여긴 목동이 짐승 대신 다른 이에게 아기를 주고, 그렇게 해서 오이디푸스는 이웃 나라 코린토스 왕의 아들로 자라게 된다. 청년이 된 오이디푸스는 어느 날 자신이 왕의 친자가 아니라는 말을 듣고 신에게 진위를 물으러 갔다가 아비를 죽이고 어미와 동침할 것이라는 무서운 예언을 듣게 된다. 오이디푸스는 끔찍한 운명에서 벗어나기 위해 그 길로 코린토스를 떠나 정처 없는 방랑길에 오른다. 그렇게 얼마가 흘렀을까. 여러 길이 만나는 곳에 이른 오이디푸스는 우연찮게 싸움에 말려들어 여러 사람을 죽이게 되고, 그 뒤에 스핑크스를 만나 수수께끼를 풀면서 테베를 다스리는 자리에 이르게 된다. 그리고 그렇게 알지 못하는 사이에 무시무시한 신탁을 완성하고는 그 결과를 통해 뒤늦게 운명을 확인한다.

참으로 무시무시한 이야기이고 참으로 가엾은 인간이다. 가히 "신이 미워한 자"라 할 만하다. 소포클레스가 오이디푸스를 빌어 하고 싶었던 이야기는 과연 무엇일까? 인간의 행복이란 죽기까지 알 수 없는 것이니 함부로 날뛰지 마라? 신과 운명을 거스를 수 있는 자는 없으니 그 앞에 바짝 엎드려라? 오이디푸스의 비극적 결함(hamartia)인 자만을 타산지석 삼아 까불지들 마라? 너무나 끔찍하고(공포) 너무나 불쌍하지만(연민) 내 이야기가 아니라서 다행이고 또 즐길 만한 값싼 카타르시스?

나는 이 중 어느 것도 아니라고 본다. 내가 읽은 오이디푸스는 한계, '내가 어쩔 수 없는 나'에 관한 이야기다.

인간됨의 본질을 신과의 비교에서 구한다면 그것은 무엇보다 한계를 갖는다는 데서 찾을 수 있을 것이다. 태어나고 죽는다는 시간적인 한계, 몸이라는 공간적인 한계, 그리고 그 둘에서 비롯되는 무수한 한계들. 사실 그 한계는 인간 개개의 삶에 고유한 범위를 설정한다는 점에서 삶의 근거라 바꿔 말할 수도 있다.

그러나 오이디푸스가 주목하는 한계는 그중에서도 너무나 끔찍해서 벗어나고 싶지만 그럴 수 없는 것이다. 존속살해와 근친상간의 운명을 뉘라서 갖고 싶겠는가 말이다. 그래서 부모도 그도 어떻게든 그 올가미에서 도망치려 발버둥 쳤지만 소용없었고, 끝내 운명의 한복판에서 죽임을 당하거나 스스로 목숨을 끊었다. 그러나 이제까지 운명을 거스르려던 오이디푸스는 아내이자 어미의 주검 앞에서 두 눈을 찌르면서 새롭게 태어난다. 자신의 한계를 비로소 자신의 것으로 받아들이게 된 것이다.

고통과 비참함의 크기로만 보면 오이디푸스에게 열린 유일한 문은 죽음일 것이다. 소포클레스도 코러스의 입을 빌어 그렇게 말한다. "장님으로 사느니 더 이상 살지 않는 편이 나을 텐데요." 그러나 오이디푸스는 "내 고통을 견딜 수 있는 사람은 나밖에 없소"라고 말하며, 자신의 한계를 똑바로 응시하고 자기 것으로 받아 안는다. 죽음으로써 자신의 한계에 저항하거나 회피하기를 멈춘 것이다.

'내가 어쩔 수 없는 나를 나로 수용하는 것'은 오이디푸스가 아니더라도 쉽지 않다. 가난한 부모에게서 태어난 나, 이혼한 부모의 자식인 나, 대한민국에 태어난 나, 아스퍼거 장애를 가진 나, 못 생긴 나, 성폭행을 당한 나, 자식을 잃어버린 나, 범죄를 저지른 나, 암에 걸린 나, 이 꼴 보기 싫고 수치스러운 나들을 나로 인정할 때 비로소 내 삶이 바로 보이기 시작할 것이다. 그러지 않고서는 해봤자 소용없는 원망과 분노 그리고 파도, 파도 끝이 없는 자책과 슬픔과 외로움에서 헤어나지 못하고 그 둘 사이를 무한 왕복할 수밖에 없다.

그래서 오이디푸스는 다시 영웅이다. 세상 사람들의 눈으로는 가장 높은 데서 더 이상 낮아질 수 없는 자리로 한없이 추락했지만, 눈 뜨고도 자신이 누구인지 모른 채 방황하다가 참화를 통해 높고 넓은 시야를 확보함으로써 자신의 한계와 위치를 정확히 알게 된다. 내적인 관점에서 오이디푸스는 어두운 자리에서 밝은 자리로 오히려 상승한 것이다. 잔혹한 운명 혹은 한계의 공포를 피하지 않고, 두렵지만 그것을 정면으로 받아 안아 아프게 겪어 내는 주인공/나를 슬퍼하는 것, 그것이 진정한 카타르시스고, 그것을 통해서 변형이 일어난다.

3-22. 에니어그램의 활용

Q 저는 요즘 에니어그램에 푹 빠져 있는 연극치료사입니다. 공부할수록 사람을 이해하는 데 참 좋은 도구라는 생각이 드는데, 에니어그램을 연극치료에서 활용할 수 있는 방법이 있을까요?

A 멋진 경험을 하고 계시겠군요. 저도 에니어그램(Enneagram)을 공부했는데, 무엇보다 저를 이해하는 데 큰 도움이 되었답니다. 내가 무엇을 원하는지, 왜 같은 함정에 자꾸만 빠지는지, 내게 필요한 성장의 방향이 무엇인지 그리고 어떻게 해야 성숙할 수 있는지를 구체적으로 안내해 준 거의 유일한 도구였거든요. 그뿐 아니라 사람에 대한 이해의 폭을 넓히는 데도 결정적이었지요. 그 전에는 도대체 알 수도 없고 알고 싶지도 않았던 사람들이 저마다 어떤 이유와 맥락 속에서 그렇게 행동하는지를 거칠게나마 짐작할 수 있게 되면서 훨씬 편안해졌거든요.

쉽게 말해서, 에니어그램은 MBTI나 DISC처럼 일종의 성격 유형 분류 체계라 할 수 있습니다. 아마도 성격 유형을 분류하는 체계 중에서 가장 오랜 역사를 갖고 있을 텐데, 알려진 바에 따르면 에니어그램은 고대로부터 입에서 입으로 전해지던 비밀스런 지혜를 20세기에 러시아의 신비주의자 게오르기 구르지예프(Georgii Ivanovich Gurdzhiev)가 서구에 소개하면서 그 밀교적 특성을 벗고 계량화된 성격 유형 분류 체계로 자리 잡고 다양한 장면으로 확산되어 왔다고 합니다. 우리나라에는 1984년에 처음 도입되었고, 2001년에 표준화된 한국형 에니어그램 성격 유형 검사가 만들어졌다고 하네요.

에니어그램은 그를 움직여 살게 하는 에너지가 어디서 나오는가에 따라 사람을 크게 세 유형으로 나눕니다. 머리형은 생각에서, 가슴형은 감정에서, 장형은 본능과 의지에서 각각 에너지를 얻습니다. 그리고 그 에너지를 무엇을 위해 쓰는가, 곧 욕망하는 것에 따라 각 범주를 세분하여 흔히 아는 아홉 개의 기본 유형을 구분합니다. 개혁가, 조력자, 성취가, 예술가, 사색가, 충성가, 낙천가, 지도자, 중재자가 그것이지요. 그 다음에는 각 유형별로 지배적으로 드러나지는 않지만 잠재력으로서 갖고 있는 이웃한 유형의 특성을 날개라 표현하고, 두 날개 중 어느 쪽을 더 많이 사용하는지에 따라 다시 18개의 유형으로 세분합니다. '5번 날개의 4번' 혹은 '1번 날개를 주로 쓰는 9번'으로 명명하는 식이지요. 더 깊은 차원으로 들어가면, 자기 보존 본능, 성적 본능, 사회적 본능 중 어떤 본능에 더 집중되어 있는가에 따라 18개에서 다시 54개의 유형으로 나눕니다.

그렇게 성격 유형을 분류한 다음에는 앞서 말했듯이 유형에 따른 성장 및 분열의 방향과 성숙을 위한 훈련 방식을 안내합니다. 1번이 성장하면 건강한 7번을 닮아 가고, 거꾸로 퇴행하면 건강하지 않은 4번을 닮아갈 텐데, 성숙하기 위해서는 완벽하고자 지나치게 엄격한 기준으로 자신과 타인을 괴롭히는 것을 알아차려 그때마다 완벽에 대한 욕망과 가시 돋친 잣대를 내려놓는 것을 연습해야 한다고 알려주는 것입니다.

지금까지가 에니어그램의 개략적 특징이라면, 이제 연극 치료에서 그것을 어떻게 쓸 수 있는지를 말할 차례이지요. 가장 큰 쓰임새는 심리 치료의 밑그림이라고 생각됩니다. 큰 틀에서 인간과 그 심리적 변화에 대한 체계적이고 정교한 이해를 가능케 해 준다는 점을 이야기할 수 있겠지요. 제가 아는 한 에니어그램은 여느 철학과 종교 혹은 심리 치료 이론에 견주어 보아도 뒤지지 않는 매우 간명하고도 깊이 있는 도구입니다.

그 다음은 자연스럽게 그 연장으로서 참여자에 대한 진단 도구로 쓸 수 있습니다. 실제로 저는 작업 초반에 연극 치료의 다른 진단 평가 도구와 함께 에니어그램 성격 유형 검사로 참여자에 대한 정보를 얻고, 그 결과를 참여자와 공유하여 전체적인 작업의 방향을 안내하고 협조를 구하는 편입니다. 다만 현재까지는 성격 유형을 분별할 뿐 그 안에서 성숙과 분열의 정도를 예민하게 측정할 수 있는 검사가 준비되지 않아 사후 평가의 용도로는 쓰기가 어렵지요.

세 번째는 로버트 랜디의 역할 접근법과 연결해 사용하는 것입니다. 아직 모든 유형의 참여자에게 실행하지는 못했지만, 특정 유형 참여자들에게 에니어그램의 유형 분석을 바탕으로 역할 접근법을 접목한 결과가 상당히 만족스럽게 나온 적이 있답니다. 참여자가 반복하는 역할과 반대 역할을 뚜렷이 세우고 그 둘을 통합할 수 있는 안내자를 찾는 작업, 다시 말해 역할 병존의 과정을 에니어그램의 안내에 따라 진행한 것입니다.

저의 실험은 현재 여기까지 진행되었지만, 시도하기에 따라서는 다른 방향과 방식의 연결이 얼마든지 가능할 것입니다. 연극치료가 본래 다면적이고 다층적이어서 어떤 다른 체계와도 접합성이 좋으니까요.

✳✳✳

4번의 별명은 예술가다. 가슴 떨림에 사는 사람들. 그들의 세상은 의미와 무의미로 나뉜다. 그들은 깊고 아름다운 몰입을 통해 의미를 추구하며, 그로써 자신만의 독특한 세계가 구축된다고 믿는다. 샤를 보들레르(Charles Baudelaire)의 시 「취하라」는 4번이 갈구하는 깊고 아름다운 몰입의 여행을 아주 잘 보여 준다.

> 항상 취해 있어야 한다
> 그게 전부다
> 그게 바로 유일한 문제다
>
> 당신의 어깨를 무너지게 하는 가증스러운 시간의 무게를 견더내려면,

당신은 쉴 새 없이 취해 있어야 한다

그런데 무엇에 취하려는가?
포도주든, 시든, 덕이든
그 무엇이든 당신 마음대로
그러나, 어쨌든 취하라

때로는 궁궐의 계단에서
도랑가의 푸른 풀밭에서
혹은 당신 방구석의 음울한 고독 한가운데서
당신이 깨어나게 되고
취기가 가시거나 사라져버리거든
물어보아라

바람이든,
물결이든,
별이든,
새든,
시계든,

지나가는 모든 것,
슬퍼하는 모든 것,
달려가는 모든 것,
노래하는 모든 것,

구스타브 쿠르베, 〈보들레르의 초상〉, 1849

말하는 모든 것에게
지금 어떤 시간인가를

그러면 바람도 물결도 새도 시계도
당신에게 답할 것이다

이제 취할 시간이라고

시간에 학대받는 노예가 되지 않으려면
쉬지 말고 취하라
술이든, 시든, 덕이든
그 무엇이든
당신 마음 내키는 대로

그러나 취기로만 살 수 없는 것이 또 세상이어서 4번의 성숙을 위해서는 의미와 무의미, 범속과 숭고, 독특함과 몰개성을 화해할 수 없는 이질적 세계로 구분하는 것이 자신의 필요에서 나온 임의적 기준일 뿐임을 깨닫는 것이 중요하다. 침소봉대된 주관과 추상의 동굴에서 빠져나와 의미와 상관없이 굴러가는 일상을, 범속과 숭고가 혼연일체인 세상을, 독특함으로 평준화된 생명에 눈을 떠야 한다. 객관과 구상의 세계를 맞세워야 한다. 그럼으로써 죽음과 상실에 대한 집착을 내려놓고 용감하게 삶으로 직진할 수 있게 된다.

4번에게 필요한 시로 마땅한 게 눈에 띄지 않아 꽤 오래 시간이 흘렀는데, 어느 날 노래를 듣다가 이거다 싶은 곡을 만났다.

달려라 달려 로보트야 날아라 날아 태권브이
정의로 뭉친 주먹 로보트 태권
용감하고 씩씩한 우리의 친구
두 팔을 곧게 앞으로 뻗어

적진을 향해 하늘 날으면
멋지다 신난다 태권브이 만만세
무적의 우리 친구 태권브이

달려라 달려 로보트야 날아라 날아 태권브이
정의를 위해 키운 로보트 태권
이 세상에 당할 자 있을까 보냐
평화의 사도 사명을 띠고
악의 로보트 때려 부순다
멋지다 신난다 태권브이 만만세
무적의 우리 친구 태권브이

 만화영화 〈태권브이〉의 주제가다. 이 노래처럼 싸워야 할 적과 지켜야 할 정의 그리고 그 속에서 내가 할 일이 분명하고, 달리고 날아 적과 맞섬에 있어 용감하며, 그런 자신을 자랑스러워할 수 있다면, 천진한 삶의 전사로 거듭날 수 있다면, 4번에게 그보다 멋진 일은 없지 않을까?

3-23. 슈퍼비전

Q 연극치료사는 참여자를 대할 때, 특히 그것이 연극이라는 형식을 취하기 때문에 참여자의 고통을 더 깊이 느낄 것 같아요. 그래도 작업을 이끌기 위해서는 참여자의 아픔에 일정한 거리를 두어야겠지요? 연극치료사가 힘들 때는 어떻게 할까요?

A 참여자를 만나다 보면 가슴이 아플 때가 한두 번이 아니지요. 하지만 말씀하신 것처럼 그런 상황에서도 참여자에게 공감하되 그 슬픔에 지나치게 빠져들지 않는 것이 중요합니다. 참여자와 함께 느끼는 것은 꼭 필요하지만, 감정에 밀착되면 그것을 어떻게 다루어야 할지를 놓치게 되니까요.

누구에게나 그리고 어느 장면에서나 해당되는 것이지만, 특히 치료 장면에서 연극치료사는 전체 작업의 방향을 조망하면서 동시에 한 회기의 참여자의 경험을 극적으로 구조화하고 그 안에서 참여자와 동일한 감정을 겪어야 합니다. 들어가서 느끼기와 빠져나와 생각하기를 동시에 수행해야 한다는 뜻입니다. 그렇게 해야만 참여자와 동행하되 둘이 한꺼번에 길을 잃지 않을 수 있으니까요. 또 집단 작업의 경우에 특정 참여자의 감정에 묶여 다른 참여자들을 살피지 못하는 실수를 범하지 않기 위해서도 미적 거리

(aesthetic distance)를 유지하는 것은 꼭 필요합니다.

하지만 연극치료사가 참여자보다 더 감정에 몰입하여 깊이 느껴야 할 때도 있습니다. 아픔이 너무 커서 그것을 느낄 엄두조차 내지 못하는 경우에 참여자를 대신해 그 고통을 슬퍼하는 것이지요. 물론 그때도 지나치게 오래 슬픔에 머물러 거리 조절에 실패해서는 안 될 것입니다.

미적 거리를 유지하려 노력해도 간혹 참여자의 고통과 그가 처한 상황의 어려움이 고스란히 옮겨와 지나가지 않을 때가 있습니다. 그 경우에는 아프고 무거운 마음을 떨쳐내려고 애쓸 필요는 없지만, 치료 작업 이외에 관심을 갖고 즐길 만한 다른 취미가 있어서 주의를 환기할 수 있다면 도움이 될 것입니다. 그리고 그것은 밖에서 뭔가를 받아들이기보다 몸을 움직이거나 그림을 그린다거나 노래를 하면서 안에 있는 것을 밖으로 내보내는 일이면 더 좋겠지요. 그렇게 시간이 지나도 좀처럼 무거움이 가시지 않는다면, 그 감정은 참여자에게서 촉발되었지만 연극치료사 자신의 것일 가능성이 높으므로 슈퍼비전을 통해 좀 더 깊이 탐험할 필요가 있을 것입니다.

3-24. 건강한 치료사

 건강한 치료사는 어떤 사람일까요?

치료사의 건강함과 치료사가 아닌 사람의 건강함이 크게 다르지 않겠지만, 충분히 건강하지 않은 참여자와 동행하며 그를 더 건강한 자리로 안내하자면 일반적인 건강함에서 좀 더 강조되는 면이 있을 것입니다.

저는 그것을 두 가지로 말하고 싶어요. 치료사에게는 누구나 그 일을 택하게 된 동기가 있습니다. 그것은 막연히 다른 사람을 돕고 싶어서라거나 전공을 살리는 평생 직업으로 적당해서 등의 표면적인 이유가 아니라, 참여자와의 만남을 통해 충족시키고자 하는 마음 깊은 곳의 욕구를 말합니다. 누군가는 참여자와의 관계에서 친밀함과 사랑받는 느낌을 원할 수 있고, 누군가는 성공적인 작업을 통해 자신이 쓸모 있음을 증명하고자 하며, 또 누군가는 안내자로서의 권력과 지위를 추구하는 식이지요.

건강한 치료사는 우선 자신의 욕구 혹은 결핍이 어디에 있는지를 알아야 합니다. 그것을 알아차리지 못하면 치료 작업을 자신의 욕구 충족에 이용하는 전도된 상황이 벌어질 수 있습니다. 치료사가 참여자에게 정서적으로 의존하거나 치료 작업의 성패를 자신의 성과로 여겨 지나치게 집착하거나 부지불식중에 참여자에게 상처를 입히는 것이지요.

알아차린 다음에는 그 결핍과 욕구를 스스로 채워 주어야 합니다. 자기를 있는 그대로 받아들여 사랑하지 않은 채 그 구멍을 타인의 관심과 애정으로 메우려 하는 시도는 결코 성공하지 못합니다. 사랑받는 순간은 달콤하지만 이내 흔적도 없이 사라져 또 다른 사랑을 구걸하게 되지요. 못나고 모자라고 비뚤어진 자신을 바로 보고 그대로도 괜찮다고 스스로 안아 줄 때 비로소 깨진 틈이 채워지고, 그 마음으로 고개를 들면 이미 받은 사랑이 눈에 들어올 것입니다.

치료사는 무엇보다 작업을 잘해야 하고, 그를 위해 최선을 다하는 것이 맞습니다. 하지만 그와 동시에 작업의 성패를 자신과 분리하는 것이 필요합니다. 그렇지 않으면 '성공한 작업은 나의 트로피요, 실패한 작업은 나의 수치'로 여기는 성과 중심적 오류를 범하게 됩니다. 그런 치료사가 실패자의 낙인으로 좌절한 참여자를 어떻게 만날 수 있을까요? 나는 최선을 다할 뿐 그 결과는 성공과 실패를 막론하고 나의 것이 아님을 알아차려야 하며, 자신의 가치가 작업의 성패와 무관함을 확신해야 합니다. 쓸모로써 존재의 가치를 환산하는 것은 지극히 자본주의적이며 동시에 지극히 반(反)치료적인 관점이니까요. 참여자에 대한 우위로써 자신을 증명하려 드는 것 역시 마찬가지입니다.

그러니까 제가 생각하는 건강한 치료사의 첫 번째 조건은 '자족'입니다. 그것이 사랑이든 성공이든 권력이든 타자를 이용하여 그것을 갖지 않아도 될 만큼 스스로 충분한 사람, 다시 말해 지금 행복한 사람입니다.

두 번째는 '겸손'이 아닐까 합니다. 세상 어떤 일도 마찬가지지만, 치료 작업은 처음부터 끝까지 오롯이 치료사의 판단과 선택으로 이루어집니다. 그것의 타당성과 정확성을 기하는 것이 한 축의 노력이라면, 또 다른 축으로는 자신이 본 바가 틀릴 수 있음을 잊지 않는 것이 꼭 필요합니다.

이것은 중립성과도 관련이 있습니다. 심리치료사에게는 흔히 참여자와 그가 처한 상황을 종교적, 정치적 혹은 성적인 편견과 선입견 없이 불편부당한 태도로 대할 것이 요구됩니다. 하지만 몸을 기반으로 한 개별적 정체인 인간에게 중립성이란 애초에 가능하지 않은 일종의 허구입니다. 그러므로 현실에서 가능한 중립성은 자신이 어떤 편파적 견해와 취향을 가지고 있는지를 정확하게 아는 것, 그에 근거하여 적절한 시간 내에 판단하고 선택할 수 있을 만큼 자신을 충분히 확신하는 것, 그럼에도 불구하고 그것이 가능한 하나의 견해에 지나지 않음을 기억하여 언제든지 다르게 볼 수 있도록 귀를 열고 허리를 숙이는 태도일 것입니다.

자족도 겸손도 어느 하나 쉽지 않습니다. 그래도 지금 어디에 있든 그것을 바라보고 나아가는 것이 중요하니까 겸손하게 지금 선 자리에 감사하며 걸어가 보아요, 우리.

✳ ✳ ✳

성서에 달란트 비유라는 게 있다. 내용은 이렇다. 주인이 하루는 종들을 불러 이른다. 한 종에게는 10달란트를 주고, 또 한 종에게는 5달란트를 주고, 마지막 종한테는 1달란트를 주면서, 멀리 여행을 다녀올 터이니 받은 그 돈을 가지고 열심히 일을 해서 이익을 남기라고 말한다. 주인은 그렇게 떠나고, 열 달란트를 받은 종은 장사를 잘해서 꼭 본전만큼 열 달란트를 남긴다. 다섯 달란트를 받은 사람 역시 애초에 받은 돈만큼의 이를 만든다. 그런데 문제는 한 달란트를 받은 종. 그는 받은 돈을 혹시 잃어버리면 어쩌나 염려하며 땅에 파묻어 둔다. 주인이 돌아와 종들의 실적을 조사한다. 그 결과, 열 달란트와 다섯 달란트를 남긴 종에게는 치사를 하고 포상을 하지만, 받은 한 달란트만 고스란히 내놓은 사람에게는 게으르고 악한 종이라 욕하며 집에서 내쫓는다.

'한 달란트 받은 종은 굉장히 열 받았겠다. 똑같은 돈을 주었어야 공정한 경쟁이지 않을까? 애초에 돈을 남기지 않을 경우 어떤 벌이 주어질 거라는 걸 예고했어야지. 아무리 주인이지만 너무한다.'

달란트 비유의 의미를 채 소화하지 못하고 나는 어리석게도 그런 생각들을 했다. 열 달란트와 다섯 달란트와 한 달란트는 단지 우리에게 주어진 능력과 재능의 차이를 빗대어 말한 것이거늘.

밥공기와 간장 종지와 국 대접과 김치보시기와 과일 접시와 비빔 양푼은 모양과 깊이와 재질과 사용 빈도와 가격이 모두 다르지만, 그 고유함으로 상차림에서 제 자리를 빛내는 동일한 값어치를 지닌 그릇들이다. 그러니 이제 작고, 얕고, 깨지기 쉬운 나라는 그릇의 한계를 절망하거나 냉소하지 말자. 문제는 최선이다. 그 안에 담아낼 수 있는 것을 찾아 가장 먹음직하게 가장 보암직하게 간직하고 기꺼이 내주는 것, 그것이면 된다. 불평과 두려움 속에서 받은 달란트를 땅에 묻어 두고 싶어질 때, "게으르고 악한 종아!"라는 주인의 목소리를 기억하자.

> 만일 당신이 산꼭대기의 소나무가 될 수 없다면
> 골짜기의 나무가 되라
> 그러나 골짜기에서 제일가는 나무가 되라
> 만일 당신이 나무가 될 수 없다면 덤불이 되라
> 만일 당신이 덤불이 될 수 없다면 풀이 되라
> 그리고 도로변을 행복하게 만들어라
> 만일 당신이 풀이 될 수 없다면 이끼가 되라
> 그러나 호수에서 가장 생기 찬 이끼가 되라
> 우리는 다 선장이 될 수 없다
> 선원도 있어야 한다
> 우리는 누구나 쓸모 있는 존재다
> 해야 할 큰 일이 있다
> 또한 작은 일이 있다
> 그리고 우리가 해야 할 일은 가까이에 있다
> 만일 당신이 고속도로가 될 수 없다면 오솔길이 되라
> 만일 당신이 해가 될 수 없다면 별이 되라
> 승리와 실패가 문제가 아니다
> 당신의 최선을 다하라
>
> — 더글러스 멜로크(Douglas Malloch), 「최선을 다하라」

지은이의 글

얼마 전 TV를 켜 놓고 집안일을 하다가 주의를 끄는 장면이 있어 보게 되었습니다. 킬러와 전혀 무관하게 살던 한 남자가 킬러가 되겠다고 마음먹고 이미 킬러인 사람들에게 배우기를 청하는 영화의 한 장면이었습니다. 그런데 그를 맞은 사람은 "여기 왜 왔지?" 물으며 다짜고짜 그를 때리기 시작했습니다. 영문을 모르는 남자는 이런저런 대답을 했지만 돌아오는 것은 점점 더 거세지는 주먹뿐이었지요. 장면은 빠르게 바뀌면서 같은 문답이 여러 차례 반복됨을 보여 주었습니다. 그러다가 고통에 반쯤 정신이 나간 남자가 악에 받쳐 소리를 질렀습니다. "나도 내가 누군지 모르겠다고!" 그제야 주먹질이 멈추면서 이야기가 다음 국면으로 넘어가는 것을 보면서 저는 다시 집안일로 돌아갔더랬지요.

그 폭력적인 질의와 응답의 장면은 제게 여러 가지를 생각하게 했습니다. 킬러가 아니었던 사람이 킬러가 되는 것처럼 전격적인 변화는 반드시 기존의 해체와 그로 인한 혼돈에서 출발할 수밖에 없다는 것을 다시 한 번 확인시켜 주었고, 더불어 우리는 자신이 누구인지를 알기 위해 늘 무엇 되기를 통한다는 사실을 새겨 보게 되었습니다. 장면에서 무엇보다 저를 사로잡은 것은 아무런 감정도 실리지 않은 얼굴로 같은 질문을 반복하며 남자에게 주먹을 먹이던 사람이었고, 영화 속 그 인물은 다름 아닌 킬러 곧 남자가 되고자 하는 사람이었습니다. 그러니까 그 피 튀기던 문답은 우리가 하는 일이 우리를 우리의 실체에 접근하도록 이끈다는 것을 위악적으로 비틀어 보여 준 것입니다. 그리고 그 인물은 삶에 대한 은유로 읽을 수도 있을지 모릅니다.

"Why are you here?" "Why do you ask?" "Why do you respond?" "Why do you write?" 저는 중요하거나 사소한 어떤 장면들 앞에서 이 질문들에 얻어맞을 때가 많습니다. 그래서 자주 멍해지고 주저앉기도 하지만, 이 책에 정리한 내용은 그 오랜 싸움에서 맷집을 키우며 얻어 낸 것들입니다.

삶이 그리고 연극치료가 제게 기대하는 정답이 무엇인지는 아직 모르겠습니다. 사는 일에 전문가가 된다면 그때는 환하게 알 수 있을까요? 아무튼 당분간은 그때마다의 정답을 내놓으며 또 다른 난타를 예약해야겠지요.

이 책을 쓰는 동안 혹은 쓸 수 있게 되는 동안 저는 전보다 훌쩍 자랐습니다. 함께 하면서 성장의 동력을 나누어 준 참여자와 학생들, 나의 무서운 질문자들에게 고맙고 사랑

한다고 말하고 싶습니다. 그리고 『억압받는 사람들을 위한 연극치료』를 발간한 이후로 15년을 한결같은 마음으로 연극치료를 지지해 주신 울력의 강동호 님께 깊은 신뢰와 감사를 전합니다. 느릿느릿 멋대로 가는 걸음에 든든한 중심이 되어 주는 사랑하는 남편에게 이 작은 책을 드립니다.

찾아보기

감정 격발 66
거리 두기 214
거리 조절 25, 27, 173, 214, 215, 304
거울 74, 90, 120, 214, 219, 226, 227, 229, 276, 280, 281-2, 283
건강 50, 163, 205, 220
경청 57-60, 212, 213, 215, 239, 244, 247
공격성 152, 258-60
공명 229, 231
공연 28, 29, 30, 36, 37, 63, 74, 107, 148, 193, 247, 284-7, 289
그릇 184, 190, 195, 226-7, 229, 308
극적 발달 과정 181
극적 현실 50, 70, 81, 92, 148, 158, 161, 166, 169, 184, 192, 199, 208, 209, 219, 260, 265, 275, 276
극화 66, 68, 232
근거 기반 치료 200
개인치료 73, 101, 165, 185, 221-4, 225, 228
개입 32, 34, 35, 36, 37, 46, 148, 151, 161, 170, 198, 204, 207, 208-10, 211-5, 220, 222, 229, 257
객관 195, 197, 202-4, 301
관객 9, 13, 22-3, 25, 27, 28-

31, 36, 63, 109, 212, 284, 289

나르키소스 87-8, 261-2, 264
낯설게 하기 61-3
내면 아이 209, 248, 250, 251

다문화 101, 238-40
달란트 비유 307-9
동종 요법 159
되고 싶은 나 183, 184

리어 왕 131-4

마야 87, 88
마음의 지도 183, 209
맹점 83-5
메디아 114-7
모델링 215
몸화 66, 67, 68
무대 8, 10, 17, 58, 96, 107, 109, 189, 212, 244-5, 287
무의식 32, 44, 67, 80-3, 90, 151, 152, 154, 169
밀착 25, 27, 213, 214

바리데기 43-4

반복 강박 81-2, 83
발달 변형 216-8
방어기제 64, 65, 86, 163, 164, 174, 213, 248
방해자 183, 184
변형 18, 20, 36, 39, 41, 48, 73, 81, 96, 139, 151, 152, 163, 164, 169, 170-3, 183, 214, 215, 225, 239, 265, 284, 286
부모 69, 118-21, 198, 209, 234, 249, 288
부정성 편향 135, 136
분노 59, 174, 233, 255, 256, 258-60, 273
분리 25, 26-7, 213
분열 164, 296, 297
불안 26, 64, 125-8, 141, 174, 217, 273, 274
배우 8, 9, 10, 21-31, 69, 71, 78, 95, 96, 177, 181, 193, 286, 287

사이코드라마 73-5, 194, 216, 219, 271
사회성 181, 225, 241-5
상실 237, 250, 255, 301
상처 입은 치유자 41

상황극 76
샤머니즘적 접근법 216, 219
샤먼 39-41, 219
성격/인성 35, 69, 82-3, 94, 152-3, 163-4, 198, 218, 278
수치심 160, 247, 248-9, 264
스토리텔링 48, 49
시뮬레이션 77, 168, 169, 222
신경가소성 33-4, 35
신경-극 놀이 10, 177, 178, 181, 219
신경증 80, 142, 155, 156
신념 87, 120, 151, 154, 199, 206, 207, 248, 249, 275
신체상 10, 179
신체적 은유 278, 279

아리아드네 252-5
약물 124, 151, 155, 156, 157
역지사지 181, 196
역할 10, 22, 26, 27, 86, 87, 96, 172, 173, 180, 194, 215, 218, 219, 266, 267, 268, 269, 286
역할극 76, 77-8
역할 바꾸기 74, 194-7, 214, 219
역할 연기적 접근법 220

역할 접근법 94, 95, 96, 97, 216, 218-9, 220, 297
연극성 8-11, 49, 177, 179, 181, 219
연기 31, 71-2, 104, 191-3, 215, 218, 287
연출 104, 191
영웅 41-4, 180
오이디푸스 290-4
애도 209, 248, 250
애착 10, 91, 138, 154, 178, 181, 218, 247
액팅 아웃 64-8, 258
에니어그램 295-8
에코 261-4
예술 치료 16, 48-9, 101, 102, 147-9, 154, 157, 225, 284, 285
외상 13, 35, 151, 160, 161, 169, 174-6, 249
외상 후 스트레스 장애(PTSD) 174
위약 효과 14
이미지 트레이닝 14
이야기 23-4, 57-60, 68, 69, 70, 158, 172, 175, 232-8, 268, 285

이카로스 121-4
인식 198-200, 213, 215
일상 현실 70, 158, 168, 199, 208, 217, 219, 275, 276, 286

자격증 101, 103, 105-6
자기연민 250-2
자기주장 243, 244, 258, 260
자존감 112, 113, 132-3, 165, 246-9
자존심 129-30
자전 공연 107-9
자크 라캉 90-3
작업 기간 185-7
적응 8, 34, 164, 188
정상증 73
정신과 치료 149, 154-6
정신분석(학) 48, 64, 65, 67, 69, 80, 81, 83, 86, 90, 151, 207
정신증 155
정신 질환 진단 및 통계 편람 (DSM-5) 150
조력자 31, 44, 183, 296
조현병 150, 153, 155, 157-9
주관 9, 195, 202-3, 204, 301
주술성 12, 14, 20
죽음 19, 39, 40, 41, 43, 50, 55, 56, 63, 82, 163, 171, 236, 301
중립성 202, 307
즉흥/즉흥극 76, 78-9, 217, 218, 240, 282, 283, 287
지금의 나 183, 184
지위 238-40, 305
진단 46, 202-4, 205, 211
질 들뢰즈 95
집단치료 73, 165, 186, 221-4, 225, 226, 227, 228
재미 19, 20
제의/의식 12, 14, 28, 39-41

초기 기억 120, 207
초연극 31
천일야화 236, 237
체현 10, 86, 87, 168, 172, 173, 178, 179, 181, 219, 266, 267, 268, 269
치료 28, 32-5, 37, 38, 45-7, 198, 199, 200, 214, 276
치유 35, 37, 59
치유자 39, 41, 182, 183, 184

타인/타자 10, 25, 63, 94, 180, 241-5, 286
통과의례 109, 170, 171

통합 27, 48, 164
통합 예술 치료 48-9
투사 10, 86-8, 89, 172, 173, 179-80, 181, 219, 266-7, 268, 269

판도라 53-6
표준화 200
프로메테우스 53, 136-9
피해자 109, 161, 162, 182, 285
패턴/형태 32, 33, 35, 142, 143, 164, 170, 217, 224

학습 45-6, 70, 230
한계 55, 56, 163, 293-4
혼돈 59, 60, 142, 144
홀가분함 146
후광효과 278, 279
후성유전학 34-5
훈습 83
핵심 감정 207
행복 50-1, 54
회복 탄력성 213
희망 53, 54-6
히스테리 89